廉洁合规：
国际标准与中国因应

吴秀尧　卢雯雯　潘国振　编著

Integrity Compliance: International Standards and China's Coping

本书聚焦于：

廉洁合规治理

廉洁合规体系建设

有效的廉洁合规计划

SPM 南方传媒 | 广东人民出版社

·广州·

图书在版编目（CIP）数据

廉洁合规：国际标准与中国因应 / 吴秀尧 , 卢雯雯 , 潘国振编著 . —
广州：广东人民出版社，2022.8
ISBN 978-7-218-15894-5

Ⅰ . ①廉⋯　Ⅱ . ①吴⋯　②卢⋯　③潘⋯　Ⅲ . ①企业—廉政建设—法规
—研究—世界　Ⅳ . ① D912.114

中国版本图书馆 CIP 数据核字（2022）第 128951 号

LIANJIE HEGUI: GUOJI BIAOZHUN YU ZHONGGUO YINYING
廉 洁 合 规 ： 国 际 标 准 与 中 国 因 应

吴秀尧　卢雯雯　潘国振　编著

出 版 人：肖风华

责任编辑：王庆芳　范先鋆
责任技编：吴彦斌　周星奎

出版发行：广东人民出版社
地　　址：广州市越秀区大沙头四马路 10 号（邮政编码：510199）
电　　话：（020）85716809（总编室）
传　　真：（020）83289585
网　　址：http://www.gdpph.com
印　　刷：珠海市豪迈实业有限公司
开　　本：787 mm×1092 mm　1/16
印　　张：22.5　　**字　数**：356 千
版　　次：2022 年 8 月第 1 版
印　　次：2022 年 8 月第 1 次印刷
定　　价：68.00 元

如发现印装质量问题，影响阅读，请与出版社（020-85716849）联系调换。
售书热线：（020）85716863

前　言

在世界各国的法律中并不存在廉洁合规这一概念，即廉洁合规并不是一个法律上的正式概念。然而，作为一种风靡全球的新兴事物，廉洁合规在国际上和比较法上都获得了极大的关注。廉洁合规的独特之处主要在于以下几点。

第一，廉洁合规是一个完全崭新的概念和理论，而非陈词滥调或"新瓶装旧酒"。"新"意味着前所未有，虽隐含着不确定性，但也孕育着无限可能，前景广阔、未来可期。同时，"新"也意味着尚有许多空白需要填补，尚有许多处女地需要开垦尤其是有待精耕细作。在这个过程中，不可避免地会伴随着一些不理解、质疑甚或反对。要想打破局面，就需要拿出令人信服的理论研究成果，或者证明搞廉洁合规能带来实实在在的好处。

第二，廉洁合规属于新兴的跨学科、交叉学科研究和前沿课题，超越了传统的法学及其部门法学研究的范畴。廉洁合规在法学内部跨越了法理学、刑法学、刑事诉讼法学、经济法学（包括金融法学）、国际经济法学、民商法学、环境法学等部门法学，在法学外部跨越了经济学、管理学、政治学、心理学、社会学、审计学、会计学等学科。这虽然为廉洁合规研究和实操增加了难度，但也提供了丰富的理论增长点，赋予了广阔的想象和创新空间。

第三，廉洁合规既是一个理论或学理上的问题，也是一个实践或实务中的问题。理论与实践是辩证统一的关系，理论创新离不开实践创新，实践创新离不开理论创新，实践是理论创新的源泉和基础。对于廉洁合规而言，既要进行理论探索和创新，也要深入实践，从现实中发现问题，然后通过理论研究来解决问题，进而实现理论上的突破。换言之，如果无法解决实践中的问题尤其是棘手的现实难题，理论研究就很难谈得上有用；但如果缺少了坚实的理论支撑，实践创新也很容易闹出笑话甚至违背最基本的常识。

第四，廉洁合规理论研究与实践创新不是闭门造车，也非埋首故纸堆，而是要放眼看世界，以海纳百川的胸怀与外界融合、与世界接轨。现代意义上的廉洁合规在很大程度上是舶来品，因此，运用历史和比较研究方法研究国外相关立法、执法和司法的产生、发展及最新动向是不可或缺的。而且，随着我国越来越多的企业"走出去"参与国际竞争、"一带一路"建设的不断推进以及"双循环"战略的提出，开展廉洁合规治理有助于加强企业等组织机体自身的建设以面对外部冲击尤其是国外反腐败执法和制裁，有效防范包括廉洁合规风险在内的境外合规风险。

第五，廉洁合规是一个法律问题，更是一个管理和治理问题。廉洁合规不仅仅是一个涉及遵纪守法合规的法律问题，更是一个涉及制度、文化、人性、道德、价值观等众多元素的管理和治理问题。无论是廉洁治理、合规管理，还是廉洁合规治理，都要求首先准确把握廉洁合规的定位，即不能仅停留在法律层面，而要从管理和治理层面进行理解。从"法律"到"管理"再到"治理"的跨越，是对廉洁合规的内涵和实践意义认识的一种深刻转变。

第六，廉洁合规不仅是企业的事情，也是个人、政府以及其他各种类型的组织或机构的事情。即，除了强调企业廉洁合规治理，还要强化个人廉洁合规意识，并推动国家和各种类型的组织或机构开展廉洁合规治理。在现阶段，我国亟须解决的问题早已不是要不要廉洁合规、要不要搞廉洁合规治理，而是如何结合我国国情、现实背景和外部约束条件，形成具有中国特色的廉洁合规治理体系——包括体制、机制、制度、模式等。

第七，廉洁合规旨在为组织创造价值、守护和促进组织发展，而非只会增加组织负担或者阻碍组织发展。廉洁合规与组织发展绝不是对立的，廉洁合规是组织生存发展的基础、健康发展的基石、高质量发展的有效途径、可持续发展的长久之道。廉洁合规体现的是一个组织的担当和对社会责任的切实履行。因此，组织及其所有人员尤其是最高管理层应当重视廉洁合规，增强廉洁合规意识，开展廉洁合规治理，并在需要时建立有效的廉洁合规体系或合规管理体系。

从全球廉洁合规的演变过程和趋势看，各国的廉洁合规治理、制度和法律趋同化现象日益明显，例如，越来越多的国家通过立法禁止海外腐败尤其是跨国贿赂，并已经或正在实施以下策略。

一是建立暂缓起诉协议（Deferred Prosecution Agreements）或类似制度。美国最早在执法实践中建立了暂缓起诉协议和不起诉协议（Non-Prosecution Agreements）制度。在借鉴该制度的基础上，英国通过《2013 年犯罪和法院法》（Crime and Courts Act 2013）、新加坡通过《2018 年刑事司法改革法》（Crimind Justice Reform Act 2018）、澳大利亚通过《2019 年刑事立法修正案（打击公司犯罪）法案》〔Crimes Legislation Amendment（Combatting Corporate Crime）Bill 2019〕分别建立了本国的暂缓起诉协议制度。与之不同的是，巴西通过 2014 年《清廉公司法》（Clean Company Act）[1] 和 2015 年《第 8420 号法令》（Decreto n° 8·420）建立了宽大处理协议（Leniency Agreements）制度，法国通过 2016 年《萨宾第二法案》（Sapin Ⅱ Law）建立了公共利益司法协议（Convention Judiciaire d'Intérêt Public）制度，加拿大通过 2018 年《第 C-74 号综合预算执行法案》（Omnibus Budget Implementation Bill C-74）建立了补救协议（Remediation Agreements）制度。由于这些协议达成的前提是企业符合某些条件，尤其是合规要求，而且适用最多的基本是贿赂和（或）腐败案件，因此大大推动了企业廉洁合规治理。

二是设置商业组织未能防止贿赂罪——一种新型的"未能防止"罪（"Failure To Prevent" Offences）。英国《2010 年反贿赂法》（Bribery Act 2010）第 7 条规定，如果相关商业组织的关联人出于为该商业组织获得或保留业务或者为其在经营活动中获得或保留优势地位的意图而贿赂他人，并且该关联人已构成或将要构成本法规定的行贿罪或行贿外国公职人员罪（不论该关联人是否已因该犯罪而被起诉），则该商业组织构成商业组织未能防止贿赂罪，

---

[1] 国内对巴西反腐败法案"Clean Company Act"的译法主要有《清洁公司法》《清白公司法》《反公司腐败法案》等，但根据本书第一章第一节对"clean"一词的研究，建议将该法案译为《清廉公司法》，这样既能显示其反腐败性质和对公司提出的廉洁要求，又尽可能确保与其英文表述相对应。

但如果相关商业组织可以证明自己已经建立了"充分程序"以预防其关联人实施贿赂行为，则构成抗辩。这里的"充分程序"指的就是"充分的合规程序"，或者说是"充分的廉洁合规程序"。

为了释明何谓"充分程序"，英国《2010 年反贿赂法》第 9 条要求国务大臣发布配套的反贿赂合规指引，即该条款将制定和修订相关指引的权力授权给了国务大臣。据此，英国司法部于 2011 年 3 月 30 日发布了《〈2010 年反贿赂法〉：商业组织防止关联人贿赂程序指引》（The Bribery Act 2010: Guidance about Procedures which Relevant Commercial Organisations can put into Place to Prevent Persons Associated with them from bribing）（详见本书第四章第二节），它虽不具有强制性但发挥着重要的指导作用。类似地，马来西亚总理根据《2018 年马来西亚反腐败委员会（修正案）法》〔Malasian Anti-corruption Commission（Amendment）Act 2018〕的授权发布了自 2020 年 7 月 1 日起实施的《依据〈2009 年马来西亚反腐败委员会法〉第 17A 条第（5）款的充分程序指引》（Guidelines on Adequate Procedures: Pursuant to Subsection〔5〕of Section 17A Under the Malasian Anti-corruption Commission Act 2009），以帮助商业组织了解如何通过建立充分的反腐败合规程序来预防腐败。这种做法成功地将商业组织和社会各界的注意力吸引到如何建立充分的廉洁合规程序上，而且此处所指的"程序"是广义上的，除了程序，还包括原则、规则、流程、措施等。

三是建立强制合规尤其是反腐败合规制度。法国《萨宾第二法案》第 17 条及相关条款明确规定，符合条件的企业及其负责人应当履行强制合规尤其是反腐败合规义务，如果未能建立符合法律规定的合规制度，企业及其负责人都将被处以高额罚款（企业最高可被处以 100 万欧元罚款，负责人最高可被处以 20 万欧元罚款），并被强制要求建立合规制度。事实上，《萨宾第二法案》的立法目的主要是促使法国企业采取预防性的反腐败合规措施并建立符合国际标准的反腐败合规制度。可见，暂缓起诉协议或类似制度和商业组织未能防止贿赂罪是通过减轻或免予处罚或定罪诱使企业建立充分的廉洁合规程序，而法国的强制合规制度则是直接通过法律强制性规定迫使企业建立廉洁合规制度。换言之，前者是不做就得不到好处，后者是不做就会受到惩罚。

关于上述问题，本人在自己编著的《廉洁合规：英国反贿赂治理之道》和作为核心成员参与编写的《反海外腐败合规实践指引》这两本书及其他相关研究中，进行了初步的探讨。

本书可以看作是上述两本书所研究议题的延续，要回答的核心问题是：既然廉洁合规如此重要，那么廉洁合规的国际标准是什么？为什么要回答这个问题？原因很简单，做任何事情往往都要有一个参照物（或参照系）。国际上通行的廉洁合规标准就是一个国家或组织搞廉洁合规的基本参照物。本书所回答的具体问题包括：廉洁合规治理的标准是什么？廉洁合规体系的建设标准是什么？廉洁合规体系的有效性评价标准是什么？有效廉洁合规计划的评估标准是什么？当前有哪些较为成熟且得到普遍认可的廉洁合规国际标准，其具体内容是什么？国外代表性企业尤其是大型跨国企业如何根据或参考这些国际标准制定自己的廉洁合规政策，其效果如何？我国应当如何对这些廉洁合规国际标准作出因应之策？等等。

从国家层面看，标准化"是国家治理现代化的必然要求"，"是社会主义法治建设的重要体现"，"是实现基本公共服务均等化的重要手段"，"是一些国家治理领域与国际接轨的有效途径"，"是形成科学有效社会治理体制的基础工程"。[1] 因此，廉洁合规治理或廉洁合规体系的标准化具有重大的战略意义。但在此之前，首先应当对廉洁合规的国际标准及其演进进行全面、深入、系统的剖析，因为这些标准是国外许多年宝贵经验教训的总结，基本上得到了利益相关方的公认，是国际交流与合作的基础性规则，在全世界范围内具有高度的先进性、权威性和普适性。一言以蔽之，我们可以"摸着别人的石头过河"，从而大大降低改革创新的成本，降低失误犯错的可能性并实现"稳妥前进"。

为此，本书围绕廉洁合规国际标准展开论述。正文部分共有七章，大体

---

[1] 参见高鹰忠：《发挥标准化在国家治理中的重要作用》，载《人民日报》2015年10月21日第7版。

可分为四个部分：一是尝试厘清廉洁合规及相关概念，从法经济学的视角对廉洁合规进行理论阐释，并总结我国推进廉洁合规治理的重要价值和意义；二是对国际组织、美国、英国以及其他国家的廉洁合规标准进行归纳、总结和解读；三是选取国外代表性企业，对其廉洁合规政策进行解析；四是总结全书，并结合我国实践，初步且粗浅地提出我国因应廉洁合规国际标准的对策建议。

本书的编著者及其分工如下：

吴秀尧：前言、第一章、第二章、第三章、第四章、第七章；

卢雯雯：第五章、第六章；

潘国振：第一章第一节、第七章、附录Ⅰ—Ⅲ。

吴秀尧负责全书统校。

最后，感谢广东人民出版社综合分社社长王庆芳女士，她为本书和本人另一本书《廉洁合规：英国反贿赂治理之道》的策划出版付出了大量心血和努力，总是非常专业、高效、耐心地帮我们解决所遇到的困难和问题，其认真负责的态度和敬业精神令人钦佩。

受水平所限，书中错误、纰漏之处在所难免，敬请指正，不吝赐教！

吴秀尧

2021 年末于深圳南山

目录

第一章　廉洁合规的基本理论

第二章　国际组织的廉洁合规标准解读

第三章　美国的廉洁合规标准解读

第五章　其他国家的廉洁合规标准解读

第六章　国外代表性企业的廉洁合规政策解析

第七章 结论与建议

附录Ⅰ ISO 37301《合规管理体系—— 要求及使用指南》介绍

附录Ⅱ 深圳市《反贿赂管理体系》 （SZDB /Z 245—2017）

附录Ⅲ 广州市南沙区《反贿赂管理规范》 （GZNSBZ 1—2018）

第一章
廉洁合规的基本理论

对于所有寻求成功、可持续发展和良好治理以及以负责任的态度运作与经营管理的组织而言，廉洁合规不仅是其根基，更是其机遇。对于个人而言，廉洁合规同样意义重大，可以引人向善，助其形成良好的道德观、价值观和人生观，并促其成为一名廉洁自律、守法合规的好公民。本章将尝试探讨廉洁合规的基本理论，包括对廉洁合规及相关概念进行辨析，从法经济学的视角对廉洁合规进行阐释，以及对我国推进廉洁合规治理的价值和意义进行分析。

第一节　廉洁合规及相关概念辨析

一、腐败与贿赂

一般而言，腐败是指滥用职权（尤其是公权）谋取私利。根据《联合国反腐败公约》（Untied Nations Convention against Corruption）第 3 章的规定，腐败的主要类型包括：贿赂；贪污、挪用或以其他类似方式侵犯财产；影响力交易；滥用职权；资产非法增加；等等。可见，腐败的外延包含贿赂，贿

赂是腐败的一种表现形式。（见图 1.1）

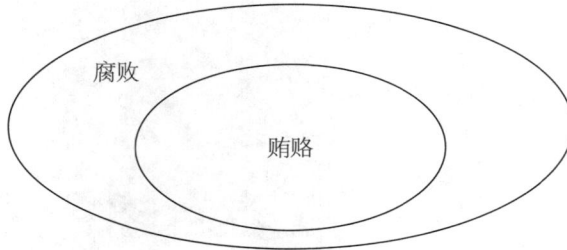

图 1.1　腐败与贿赂的关系示意图

作为最普遍、对社会危害最大的腐败形式，贿赂是指"为了不适当地影响行为或决定而给予利益"[1]。从分类上看，贿赂可分为：（1）主动贿赂和被动贿赂，前者是指行贿，后者是指受贿；（2）实质性贿赂和非实质性贿赂，前者是指行贿和受贿，后者如商业组织未能防止贿赂；（3）公共部门的贿赂、私营部门的贿赂和非营利部门的贿赂，其中，公共部门的贿赂又称公职贿赂，私营部门的贿赂又称商业贿赂；（4）自然人实施的贿赂和组织特别是商业组织实施的贿赂，其中，商业组织通常分为法人和非法人组织，在国外也被称作法人和非法人团体（或实体）；（5）国内贿赂和国外贿赂，后者又称国际贿赂、域外贿赂或海外贿赂，往往涉及跨国贿赂；（6）贿赂国内公职人员和贿赂外国公职人员；（7）商业组织的对外贿赂（outbound bribery）和对内贿赂（inbound bribery），前者是指员工对外行贿，后者是指内部员工受贿；等等。

值得注意的是，无论是在国内外相关立法和法律文件中，还是在学者和实务界人士的论述中，腐败和贿赂经常会被一起并列使用，而不对两者进行严格区分。而且，在国外一直存在"贿赂和腐败（bribery and corruption）""反贿赂和反腐败（anti-bribery and corruption，简称 ABC）"的固定搭配。

我国亦是如此。例如，《企业境外经营合规管理指引》（发改外资

---

[1] See United Nations Office on Drugs and Crime, UN Guide for Anti-Corruption Polices, November 2003, p.29.

〔2018〕1916 号）第 8 条规定，"企业开展对外承包工程，应确保经营活动全流程、全方位合规，全面掌握关于……反腐败、反贿赂等方面的具体要求"。第 9 条规定，"企业开展境外日常经营，应确保经营活动全流程、全方位合规，全面掌握关于……反腐败、反贿赂……方面的具体要求"。该部门规范性文件中的两个条款均并列使用了反腐败和反贿赂。

笔者认为，这种用法更多的是为了在强调腐败或反腐败的同时突出贿赂或反贿赂的重要性，而非严格按照概念外延进行学理区分。简言之，反腐败首要的是反贿赂，反贿赂是反腐败的最重要内容，但在某些情况下，为了强调贿赂或反贿赂，会使用"贿赂和腐败""反贿赂和反腐败"的惯常用语。

二、廉洁、廉政与清廉

廉洁（integrity）是一个与腐败相对的概念，指的就是不腐败或反腐败（anti-corruption）。同时，廉洁也有诚实、正直、诚信和遵守道德规范等含义，其反面就是欺诈或舞弊（fraud）等。因此，狭义上的廉洁可以理解为不腐败或反腐败（包括不贿赂或反贿赂），而广义上的廉洁则可以理解为不仅包括狭义上的廉洁，还包括不欺诈或反欺诈（或者说不舞弊或反舞弊）等。由于欺诈或舞弊等不法行为与贿赂和腐败差异较大，因此本书仅关注狭义上的廉洁。

通过分析经济合作与发展组织（Organization for Economic Co-operation and Development，OECD，简称"经合组织"）对廉洁类型的划分可知，廉洁的两种最重要表现形式是公共廉洁（public integrity）和商业廉洁（business integrity），前者是指政府等公共部门的廉洁，后者是指企业等私营部门的廉洁（见表 1.1）。其中，公共廉洁是指"始终符合并遵守共同的道德价值观、原则和准则，从而在公共部门中维护公共利益并将其置于个人利益之上"[1]。公共廉洁意味着：（1）做正确的事，即使没有人监督；（2）将公共利益置于个人利益之上；（3）以一种能经得起公众监督的方式履行职责，即如果一个

---

[1] See https://www.oecd.org/gov/ethics/integrity-recommendation-zh.pdf.

人的行为第二天被报纸报道，根据其当时所掌握的信息，每个人都会认同其做了正确的事情。[1]

表 1.1　经合组织关于公共廉洁和商业廉洁的介绍 [2]

	公共廉洁	商业廉洁
核心内容	◆ 廉洁是健全的公共治理体系的基石，对整个社会的经济繁荣和福祉至关重要 ◆ 廉洁能够确保政府是为了公民的利益，而不仅仅是为了特定少数人的利益 ◆ 传统的反腐败对策是基于创建更多的规则、过于严格的遵从制度和更严厉的执法，但效果有限 ◆ 经合组织为决策者提供了公共廉洁战略的愿景，它吸收了许多关于廉洁的现有知识，但将重点转移到整个社会培育廉洁文化上	◆ 清廉、高效和有竞争力的公司有助于确保市场更健康、投资者信心更强 ◆ 政府可以通过鼓励公司采取更强有力的内部控制、道德要求和反腐败合规，促使商业部门：加强廉洁；建立强有力的公司治理体系；确保跨国企业以负责任和透明的方式开展业务往来；确保尽职调查；意识到风险；在与国内外政府打交道时，公平、公开地参与竞争

可见，公共廉洁即通常所说的廉政。例如，我国香港廉政公署（Independent Commission Against Corruption，ICAC）和澳门廉政公署（Comissariado contra a Corrupção，CCAC）都使用了"廉政"二字，但按照其英文或葡萄牙文字面意思翻译过来分别是"反腐败独立委员会"和"反腐败委员会"。而且，ICAC 和 CCAC 的职责范围都包括公共部门和私营部门活动范围内的腐败犯罪及其相关犯罪。因此，ICAC 和 CCAC 的核心任务都是反腐败，即全面涵盖公共廉洁和商业廉洁，而非仅仅限于廉政。

需要指出的是，在我国港澳地区，腐败习惯被称为"贪污""贪腐"，反腐败习惯被称为"反贪""反贪污""反贪腐"。例如，在香港特别行政区，

---

[1] See https://www.oecd-ilibrary.org/sites/ac8ed8e8-en/1/3/1/index.html?itemId=/content/publication/ac8ed8e8-en&_csp_=676f6ac88ad48a9ffd47b74141d0fc42&itemIGO=oecd&itemContentType=book.

[2] See https://www.oecd.org/corruption-integrity/explore/topics/business-integrity.html; https://www.oecd.org/corruption-integrity/explore/topics/public-integrity.html.

ICAC 有权"调查包括订明人员涉嫌滥用职权而触犯的勒索罪，以及调查任何与贪污有关连或会助长贪污的订明人员行为"[1]。在澳门特别行政区，经第 4/2012 号法律修改的第 10/2000 号法律《澳门特别行政区廉政公署组织法》第二 -A 条第 1 款之规定，CCAC 的任务是依本身职责，针对在公共部门及私营部门活动范围内的贪污犯罪及与贪污相关联的欺诈犯罪进行防止及调查的行动。通过分析其英文原文可知，其中所指的"贪污"对应的都是"corruption"，即腐败。但是，这种用法在我国内地非常容易引发歧义，因为贪污有其特定含义。根据 2020 年修订的《中华人民共和国刑法》第 382 条的规定，贪污罪是指国家工作人员利用职务上的便利，侵吞、窃取、骗取或者以其他手段非法占有公共财物的行为。而且，如前文所述，贪污只是腐败的一种表现形式。

与廉洁、廉政相似的常用语还有"清廉"（clean）一词，它一般是指"清正廉洁"，与廉洁几乎同义（见图 1.2）。例如，德国西门子公司的愿景"Only Clean Business is Siemens Business"就可以翻译为"西门子只做清廉的业务"。

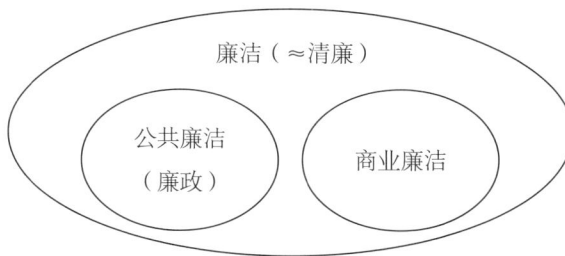

图 1.2　廉洁、廉政、清廉等概念的关系示意图

综上所述，廉洁主要是指不腐败或反腐败，其中包括不贿赂或反贿赂；廉洁主要包括公共廉洁和商业廉洁，前者是指公共部门的廉洁，即廉政，后者是指私营部门的廉洁；廉洁与清廉（即清正廉洁）几乎同义，一般可替换使用；在我国港澳地区，腐败的习惯用语是"贪污""贪腐"，反腐败的习惯

---

[1]　See https://www.icac.org.hk/tc/about/power/index.html.

用语是"反贪""反贪污""反贪腐"，但在我国内地为了避免引发歧义应谨慎使用。

三、合规、廉洁合规与反腐败合规

（一）合规

广义上的合规（compliance）涉及各种组织的合规。根据 ISO 37301《合规管理体系——要求及使用指南》（Compliance management systems—Requirements with guidance for use）的规定，合规是指履行组织的所有合规义务（即组织强制必须遵守的和自愿选择遵守的要求）；合规风险是指不合规发生的可能性和未履行组织的合规义务所造成的不合规后果。其中，组织是指为实现其目标（即待达到的结果）而具有自身职责、权力和关系的个人或群体，包括但不限于个体经营者、公司、法人、商行、企业、权威机构、合伙企业、慈善机构等组织以及组织的部分或组合，而不论其是否为法人、公营或私营。

在我国，中央和地方的金融监管机构、国资委、国家发改委等部门相继发布了关于合规管理的规章、规范性文件、综合规定等，其中明确界定了合规、合规管理和合规风险的概念（见表1.2）。

表 1.2　国内有关法律文件对合规等概念的界定

名称	合规	合规管理	合规风险
《企业境外经营合规管理指引》（发改外资〔2018〕1916号）	合规，是指企业及其员工的经营管理行为符合有关法律法规、国际条约、监管规定、行业准则、商业惯例、道德规范和企业依法制定的章程及规章制度等要求	—	合规风险，是指企业或其员工因违规行为遭受法律制裁、监管处罚、重大财产损失或声誉损失以及其他负面影响的可能性

（续表）

名称	合规	合规管理	合规风险
《中央企业合规管理指引（试行）》（国资发法规〔2018〕106号）	合规，是指中央企业及其员工的经营管理行为符合法律法规、监管规定、行业准则和企业章程、规章制度以及国际条约、规则等要求	合规管理，是指以有效防控合规风险为目的，以企业和员工经营管理行为为对象，开展包括制度制定、风险识别、合规审查、风险应对、责任追究、考核评价、合规培训等有组织、有计划的管理活动	合规风险，是指中央企业及其员工因不合规行为，引发法律责任、受到相关处罚、造成经济或声誉损失以及其他负面影响的可能性
《省出资企业合规管理指引（试行）》（鄂国资法规〔2021〕8号）	合规，是指省出资企业及其员工的经营管理行为符合法律法规、监管规定、行业准则和企业章程、规章制度以及国际条约、规则等要求	合规管理，是指以有效防控合规风险为目的，以企业和员工经营管理行为为对象，开展包括制度制定、风险识别、合规审查、风险应对、责任追究、考核评价、合规培训等有组织、有计划的管理活动	合规风险，是指省出资企业及其员工因不合规行为，引发法律责任、受到相关处罚、造成经济或声誉损失以及其他负面影响的可能性
《商业银行合规风险管理指引》（银监发〔2006〕76号）	合规，是指使商业银行的经营活动与法律、规则和准则（即适用于银行业经营活动的法律、行政法规、部门规章及其他规范性文件、经营规则、自律性组织的行业准则、行为守则和职业操守）相一致	商业银行合规风险管理的目标是通过建立健全合规风险管理框架，实现对合规风险的有效识别和管理，促进全面风险管理体系建设，确保依法合规经营	合规风险，是指商业银行因没有遵循法律、规则和准则可能遭受法律制裁、监管处罚、重大财务损失和声誉损失的风险
《保险公司合规管理办法》（保监发〔2016〕116号）	合规，是指保险公司及其保险从业人员的保险经营管理行为应当符合法律法规、监管规定、公司内部管理制度以及诚实守信的道德准则	合规管理是保险公司通过建立合规管理机制，制定和执行合规政策，开展合规审核、合规检查、合规风险监测、合规考核以及合规培训等，预防、识别、评估、报告和应对合规风险的行为	合规风险，是指保险公司及其保险从业人员因不合规的保险经营管理行为引发法律责任、财务损失或者声誉损失的风险

（续表）

名称	合规	合规管理	合规风险
《证券公司和证券投资基金管理公司合规管理办法》（证监会令〔2020〕166号）	合规，是指证券基金经营机构及其工作人员的经营管理和执业行为符合法律、法规、规章及规范性文件、行业规范和自律规则、公司内部规章制度，以及行业普遍遵守的职业道德和行为准则	合规管理，是指证券基金经营机构制定和执行合规管理制度，建立合规管理机制，防范合规风险的行为	合规风险，是指因证券基金经营机构或其工作人员的经营管理或执业行为违反法律法规和准则而使证券基金经营机构被依法追究法律责任、采取监管措施、给予纪律处分、出现财产损失或商业信誉损失的风险
《上海保险专业中介机构合规管理暂行办法》（沪银保监通〔2021〕26号）	合规，是指保险专业中介机构及其全部从业人员的保险经营管理行为应当符合法律法规、监管规定、行业自律规则、公司内部管理制度以及诚实守信的道德准则	合规管理是保险专业中介机构通过建立合规管理机制，制定和执行合规政策，开展合规审核、合规检查、合规风险监测、合规考核以及合规培训等，预防、识别、评估、报告和应对合规风险的行为	合规风险，是指保险专业中介机构及其全部从业人员因不合规的保险经营管理行为引发法律责任、财务损失或者声誉损失的风险

参考 ISO 37301《合规管理体系——要求及使用指南》和上述国内法律规定，可以得出合规、合规管理和合规风险的一般定义。

◆ **合规**，是指组织（如企业、机构等）及其人员（如员工、工作人员、从业人员等）的特定行为（如经营管理行为、执业行为等）符合所有合规义务，包括组织强制必须遵守的要求和自愿选择遵守的要求（如法律法规、监管规定、内部章程和规章制度、国际条约、国际标准、行业自律规则、商业惯例、职业道德和行为准则等）。

◆ **合规管理**，是指以有效防控合规风险为目的，以组织及其人员的特定行为为对象，开展一系列有组织、有计划的管理活动，包括：制定和执行合规管理制度；建立合规管理机制；制定和执行合规政策；对合规风险进行预防、识别、评估、监测、报告和应对；开展合规审查（或审核、检查）、责任追究及考核评价；开展合规培训；培育合规文化；等等。

◆ **合规风险**，是指不合规发生的可能性和未履行组织的合规义务所造成的不合规后果，即组织及其人员因不合规行为引发法律责任、被采取监管措施、受到相关处罚、遭受法律制裁、造成经济或声誉损失以及其他负面影响的可能性。

在我国，由于受到加入世界贸易组织（World Trade Organization，WTO）的影响，金融行业出台合规有关法律文件的时间相对较早。比如银行业，2005 年 11 月，上海银监局发布了《上海银行业金融机构合规风险管理机制建设的指导意见》，要求上海法人银行和商业银行分行应于 2005 年年底前，其他银行业金融机构应于 2006 年年底前设立独立的合规管理部门。2006 年 10 月 27 日，我国银监会正式出台了《商业银行合规风险管理指引》，该指引成为银行业风险监管的一项核心制度。再比如保险行业，2006 年 1 月 5 日，我国保监会在《关于规范保险公司治理结构的指导意见（试行）》（已失效）中首次提出：保险公司董事会除履行法律法规和公司章程所赋予的职责外，还应对"合规""内部控制""风险"负最终责任；保险公司应设合规负责人职位，并设立合规管理部门。2007 年 9 月 7 日，我国保监会正式颁布《保险公司合规管理指引》（已失效）并要求保险业自 2008 年 1 月 1 日起开始实施合规管理。

其中，《商业银行合规风险管理指引》（银监发〔2006〕76 号）第 6 条第 3 款规定，"董事会和高级管理层应确定合规的基调，确立全员主动合规、合规创造价值等合规理念，在全行推行诚信与正直的职业操守和价值观念，提高全体员工的合规意识，促进商业银行自身合规与外部监管的有效互动。"自此之后，全员合规、主动合规和合规创造价值的合规理念逐渐被广为传播。《证券公司和证券投资基金管理公司合规管理办法》（证监会令〔2020〕166 号）第 4 条规定，证券基金经营机构应当树立全员合规、合规从管理层做起、合规创造价值、合规是公司生存基础的理念。《证券投资基金管理公司合规管理规范》（中基协发〔2017〕7号）第5条指出，基金管理公司应当树立并坚守以下合规理念：全员合规、合规从高层做起、合规创造价值、合规是公司生存基础。可见，在我国金融业，全员合规、主动合规、合规创造价值、合规从高层（管理层）做起、合规是公司生存基础的合规理念已经成为明确的监管要求。

后来，随着我国企业现代治理体系的发展，许多行业越来越重视合规管理工作，合规管理不再限于金融行业。例如，我国国务院反垄断委员会于2020年9月11日印发《经营者反垄断合规指南》（国反垄发〔2020〕1号），为经营者加强反垄断合规管理提供了指引。实际上，我国当前的合规已经不局限于企业等商业组织的合规，而是已经得到了探索性扩展。例如，深圳市司法局在2021年8月10日发布的《关于推进城市合规体系建设的指导意见（征求意见稿）》指出，围绕政府合规、企业合规、社会组织合规、公民合规以及重点领域区域先行示范五个方面，探索城市合规管理范本，在城市治理领域率先取得突破。该指导意见不仅提到企业合规，还更广泛地提出了政府合规、社会组织合规和公民合规的概念。

目前，我国已经有多部法律明确将"合规"写入其中。2020年3月1日起实施的《中华人民共和国证券法》（2019年修订）第130条规定证券公司的业务活动，应当与其治理结构、内部控制、合规管理、风险管理以及风险控制指标、从业人员构成等情况相适应，符合审慎监管和保护投资者合法权益的要求。2020年10月17日发布的《中华人民共和国出口管制法》第5条第4款规定要引导出口经营者建立健全出口管制内部合规制度，第14条规定出口经营者建立出口管制内部合规制度，且运行情况良好的，国家出口管制管理部门可以对其出口有关管制物项给予通用许可等便利措施。2021年8月20日发布的《中华人民共和国个人信息保护法》第54条规定个人信息处理者应当定期对其处理个人信息遵守法律、行政法规的情况进行合规审计；第58条第1款要求提供重要互联网平台服务、用户数量巨大、业务类型复杂的个人信息处理者，要按照国家规定建立健全个人信息保护合规制度体系。

需要指出的是，合规的依据又被称为"外法内规"。"外法"是指组织外部的法律法规、监管规定、行业准则、商业惯例、道德规范以及国际条约、国际规则、国际标准等；"内规"是指组织内部的章程、规章制度等。而且，合规所依据的，既有依靠国家强制力保证实施的"硬法"，也有不依靠国家强制力保证实施的"软法"（soft law），因此合规就具有"软性执行"（soft enforcement）的特点。具体而言，"软法"是指一项法律文件所采取的形式，例如不具有约束力的指引或建议，或者法律文件、条款的内容是不明确或劝告性的，而"软性执行"则是指法律文件的争端解决机制的性质，例如采用不具有约束力的合规程序。[1]

例如，2020 年《美国〈反海外腐败法〉资源指引（第二版）》（A Resource Guide to the U. S. Foreign Corrupt Practices Act, Second Edition）指出："本指引旨在为企业和个人提供有关《反海外腐败法》（Foreign Corrupt Practices Act，FCPA）的信息。本指引由美国司法部刑事司（Criminal Division of the U. S. Department of Justice）和证券交易委员会执行司（Enforcement Division of the U. S. Securities and Exchange Commission）的工作人员编写。本指引反映了执行司的意见，但不是（证券交易）委员会的声明，（证券交易）委员会既不赞成也不反对其内容。它本质上是非约束性、非正式和概要性的，于此文件中所包含的信息不构成（政府）规章（rules）和条例（regulations）。"[2] 通过分析国内外的专项领域合规可知，出台这种不具有约束力或者约束力较弱的指引（或指南），即"软法"，并采取"软性执行"是当前廉洁合规治理的一个趋势。

（二）廉洁合规与反腐败合规

如前文所述，廉洁主要是指不腐败或反腐败，因此，廉洁合规主要是指反腐败合规，而按照习惯用法也可以称为反贿赂和反腐败合规（见图 1.3）。其

---

[1] See Cecily Rose, The UK bribery act 2010 and accompanying guidance: Belated implementation of the OECD anti-bribery convention, The International and Comparative Law Quarterly, 2012, Vol.61, No.2, p.485.

[2] See Criminal Division of the U.S. Department of Justice and the Enforcement Division of the U.S. Securities and Exchange Commission, A Resource Guide to the U.S. Foreign Corrupt Practices Act（Second Edition）, July 2020, https://www.justice.gov/criminal-fraud/file/1292051/download.

中，企业廉洁合规（治理）是廉洁合规（治理）的最常见类型。当前，廉洁合规（治理）几乎已经全面涵盖公共部门、私营部门和非营利部门的各类组织。

图 1.3　合规、廉洁合规和反腐败合规的关系示意图

需要指出的是，廉洁和合规实际上是两个不同的概念，但两者之间有交集。例如，在很多情况下，廉洁或不腐败就代表着合规，而合规往往也意味着廉洁或不腐败。2021 年 4 月 16 日由八家广州企业共同发起成立的"广州粤港澳大湾区企业廉洁与合规管理联合会"在名称中就使用了"廉洁与合规"，并强调"廉洁治理"和"合规管理"，前者如"提升廉洁意识，防控廉洁风险"，后者如"加强合规建设，培育合规文化"，但与此同时，该联合会也使用了廉洁合规的概念，如"联合会将……引导会员落实廉洁合规倡议，增强廉洁合规经营意识，提升廉洁合规管理能力，争当廉洁合规、诚信经营表率"。[1] 概言之，廉洁和合规可以有两种理解：一是两者合在一起，将廉洁合规视为合规的一个专项领域；二是两者分开，虽作为不同的概念，但相互之间有所交集。（见图 1.4）

第一种理解：

第二种理解：

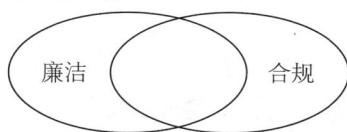

图 1.4　廉洁与合规的关系示意图

---

[1] 参见《广州粤港澳大湾区企业廉洁与合规管理联合会成立》，2021 年 4 月 17 日，http://www.gz.gov.cn/qt/zscd/content/post_7226965.html。

从历史的角度看，反贿赂和反腐败并不是新鲜事，但反贿赂和反腐败合规却是自 20 世纪 70 年代才逐渐发展起来的。在国外，最早得到重视和发展的合规领域是反海外贿赂合规，它是在美国 1977 年《反海外腐败法》"反贿赂条款"和 1997 年经合组织《关于打击国际商业交易中行贿外国公职人员行为的公约》（Convention on Combating Bribery of Foreign Public Officials in International Business Transactions，简称《经合组织反贿赂公约》）的推动下在全球推广开的。后来，特别是随着英国《2010 年反贿赂法》的出台，美英等国的反海外贿赂合规很快扩大到整个反贿赂合规。而从国际实践来看，包括反贿赂合规在内的整个反腐败合规也早已是国际组织和许多国家或地区关注的焦点所在。

可以说，反腐败合规（即狭义廉洁合规）是现代意义上合规起源的领域。当前，"合规已经成为良好治理的一个基本要素，也是当今大多数组织的战略优先事项。毫不奇怪，当前的经济、监管、社会和道德环境，加上利益相关方对有效廉洁合规治理的期望越来越高，已经将企业合规推到了企业优先事项的最前沿。"[1] 而且，随着国际组织和各国政府对合规重视程度的不断提高，合规的重点领域已经从反腐败合规，扩大到出口合规、制裁合规、反垄断合规、信息保护与数据合规、环保合规、人权合规等。值得注意的是，上述合规重点领域是在国内外立法中均有所明确规定或提及的。对于那些尚未得到各国法律和国际普遍认可且大有滥用之势的合规领域，建议暂时谨慎对待，因为并非简单地加上"合规"二字就是新的合规领域或类型。

四、纪检、监察与合规

在我国，纪检是指中国共产党的纪律检查。2017 年修改的《中国共产党章程》第 46 条第 1 款和第 2 款规定，党的各级纪律检查委员会是党内监督专责机关，主要任务是：维护党的章程和其他党内法规，检查党的路线、方针、政策和决议的执行情况，协助党的委员会推进全面从严治党、加强党风

---

[1] See https://assets.ey.com/content/dam/ey-sites/ey-com/en_gl/topics/assurance/assurance-pdfs/ey-integrity-compliance-ethics.pdf.

建设和组织协调反腐败工作。党的各级纪律检查委员会的职责是监督、执纪、问责，要经常对党员进行遵守纪律的教育，作出关于维护党纪的决定；对党的组织和党员领导干部履行职责、行使权力进行监督，受理处置党员群众检举举报，开展谈话提醒、约谈函询；检查和处理党的组织和党员违反党的章程和其他党内法规的比较重要或复杂的案件，决定或取消对这些案件中的党员的处分；进行问责或提出责任追究的建议；受理党员的控告和申诉；保障党员的权利。

监察，是指国家监察，之前也被称为行政监察。[1]《中华人民共和国宪法》第 123 条规定：中华人民共和国各级监察委员会是国家的监察机关。《中华人民共和国监察法》第 3 条规定：各级监察委员会是行使国家监察职能的专责机关，依照本法对所有行使公权力的公职人员进行监察，调查职务违法和职务犯罪，开展廉政建设和反腐败工作，维护宪法和法律的尊严。第 11 条规定，监察委员会依照本法和有关法律规定履行监督、调查、处置职责。2021 年 9 月 20 日，国家监察委员会公布了《中华人民共和国监察法实施条例》，这是我国第一部监察法规。该条例第 3 条规定：监察机关与党的纪律检查机关合署办公，坚持法治思维和法治方式，促进执纪执法贯通、有效衔接司法，实现依纪监督和依法监察、适用纪律和适用法律有机融合。第 5 条规定：监察机关应当坚定不移惩治腐败，推动深化改革、完善制度，规范权力运行，加强思想道德教育、法治教育、廉洁教育，引导公职人员提高觉悟、担当作为、依法履职，一体推进不敢腐、不能腐、不想腐体制机制建设。

2019 年 1 月 1 日起实施的《中国共产党纪律检查机关监督执纪工作规则》第 6 条规定：党的纪律检查机关和国家监察机关是党和国家自我监督的专责机关，中央纪委和地方各级纪委贯彻党中央关于国家监察工作的决策部署，审议决定监委依法履职中的重要事项，把执纪和执法贯通起来，实现党内监督和国家监察的有机统一。可见，在我国"党和国家监督体系中，纪检

---

[1] 李晓明教授指出："传统意义上的'监察'仅指'行政监察'，随着《国家监察法》的颁布与实施，就由原来的'行政监察'上升为'国家监察'。"参见李晓明：《从行政监察到国家监察及其学科原理的建构》，载《法治研究》2021 年第 1 期，第 60 页。

监察机关处于主干地位","纪检机关是党内监督的专责机关,监察机关是国家监督的专责机关","纪检与监察合署办公,实行一套工作机构、两个机关名称",但"党内监督是第一位的,国家监察是党内监督的延伸和拓展"[1]。简言之,党的纪律检查机关和国家监察机关合署办公,统称为纪检监察机关。

通过分析上述有关规定可知,纪检和监察在产生程序、机构性质、履职依据、职责、监督范围、调整行为、提出建议权、反腐败职能等方面存在诸多联系和区别。对于理解这两个概念而言,它们之间的区别更需要厘清(见表1.3)。

表 1.3　纪检和监察的区别

	纪检	监察
产生程序	纪律检查委员会由党的本级代表大会选举产生,接受同级党委和上级纪律检查委员会的双重领导	国家监察委员会由全国人大选举产生,对全国人大及其常委会负责并接受监督。地方各级监察委员会由地方各级人大选举产生,对本级人大及其常委会和上一级监察委员会负责并受监督
机构性质	党的纪律检查机关	国家监察机关
	党内监督是第一位的	是党内监督的延伸和拓展
履职依据	党章党规党纪(即依纪)	宪法法律法规(即依法)
职责	监督、执纪、问责	监督、调查、处置
监督范围	党组织和党员,特别是党员领导干部	所有行使公权力的公职人员
调整行为	违纪行为	违法行为(职务违法犯罪)
提出建议权[2]	向党组织提出纪律检查建议	向监察对象所在单位提出监察建议
反腐败职能	组织协调反腐败工作	开展廉政建设和反腐败工作

[1] 参见王希鹏:《纪检监察学基础》,中国方正出版社2021年版,第5、243—244页。

[2] 有观点认为:"对既存在违反党规党纪事实又存在违反法律法规事实,需要就同一事项向同一党组织、单位提出整改建议的……可以直接发纪检监察建议书"。参见:https://www.ccdi.gov.cn/hdjl/ywtt/202006/t20200622_220554.html。

结合前文关于合规的定义，纪检监察和合规之间必然存在交集，因为它们都强调反腐败。需要指出的是，纪检监察与合规的显著区别是：前者针对的主要是廉政风险，其监督对象是党组织、党员和所有行使公权力的公职人员；后者针对的是合规风险，其管理对象是整个组织及其人员，即强调贯穿全程全域、覆盖全员全时。但通过分析前文可知，廉政是廉洁的重要组成部分，廉洁风险是合规风险的重要组成部分，因此纪检监察与合规的交集主要是廉洁合规。即，廉洁合规治理是纪检监察工作和合规管理工作的交集，但前者通常仅限于廉政（即公共廉洁）。

近年来，我国纪检监察部门越来越多地参与企业廉洁合规治理。例如，在国企内部，一般都设有纪检部门或专职纪检人员，负责在企业内部开展纪检工作，其中廉洁风险管理是纪检工作的重点。党的十九大以来，随着国企党建工作的加强，纪检部门在廉洁治理方面发挥的作用越来越大，且形式更加多样化，例如开展专项检查、违纪案例警示教育、廉洁文化教育、选人用人专项廉洁谈话、设立信访举报渠道等。同时，很多国企越来越重视"大监督"体系建设，即在党委统一领导下，整合企业的纪检、合规、财务、内审、风控、法务等内部监督力量，形成监督合力，共同开展监督管理工作，各司其职、相互补充，形成信息共享、手段互补、协同配合的格局。

2020 年，本书编著者中的两人有幸以课题组核心成员的身份，参与了深圳市纪委委托的"美国、英国和法国反海外腐败法律制度研究"项目。该项目得到了时任深圳市纪委主要领导的高度重视和大力支持，旨在对美国、英国和法国的反海外腐败法律制度进行深入研究，对典型的执法案例进行剖析和比较，并提出切实可行的反海外腐败合规实践指引，从而帮助企业提升廉洁合规意识、防控廉洁风险、加强廉洁合规治理、建立完备的合规管理体系。该项目的最终成果《反海外腐败合规实践指引》一书于 2021 年 5 月由法律出版社出版，是全国首部聚焦美英法反海外腐败立法与执法新动态的著作。

在 2021 年 4 月召开的深圳市第七次党代会对"建设好粤港澳大湾区、深圳先行示范区作出全面部署"，包括"将着力在推进大湾区廉政机制协同、破解同级监督难题、推进企业廉洁合规治理、防控国企境外投资廉洁风险、运用大数据监督和法治方式反腐败等方面先行示范，努力打造全面从严治党和廉洁治理高地，为深圳改革发展营造更加公平公正、廉洁法治的环境，让监督效能成为发展的动能、廉洁净土成为发展的沃土。"[1] 前海在推进廉洁合规治理的过程中，也提出"探索廉洁治理新路径新方式"，"探索成立前海企业廉洁促进与合规治理联合会，将腐败治理向行业协会、民营企业等新经济组织和新社会组织拓展延伸。"[2] 显然，深圳在全国走在了探索和推进廉洁合规治理的前列。

习近平总书记在党的十九届中央纪委五次全会上强调，要将正风肃纪反腐与深化改革、完善制度、促进治理贯通起来。可以预见，在我国纪检监察体制改革的背景下，纪检监察部门必将更多地参与全社会的廉洁合规治理，尤其是对企业等组织而言，纪检监察工作与合规管理工作之间的界限会更加模糊，所产生的交集会更多甚至在一定程度上出现相互融合的趋势。例如，中国石化集团公司党组纪检组和监察局"通过制定《合规官（纪检专员）履职管理办法（试行）》《合规官（纪检专员）履职考核评价办法（试行）》（联合石化公司），创新实施合规官（纪检专员）制度"[3]。该合规官（纪检专员）制度就是这样的尝试。

五、合规与法务、内控、稽核、审计等

与合规或合规管理相关的概念还有法务或法务管理、内部控制、风险管理、稽核、审计等。实践中，企业等组织由于对这些职能及纪检、监察职能之间的关系不是很清楚，或者是出于管理成本等方面的考虑，普遍存在将上述职能中的两个或多个放在同一内设机构或部门的现象。因此，笔者尝试对它们之间的联系和区别略作理论上的分析，以便更好地理解合规尤其是廉洁合规。

---

[1] 参见杨文佳、左翰嫡：《找准切入点着力点强化政治监督　保障粤港澳大湾区建设廉洁高效》，2021 年 5 月 18 日，https://www.ccdi.gov.cn/toutiao/202105/t20210518_242115.html。

[2] 参见侯颖、黄秋霞：《制度化推进前海廉洁建设》，2021 年 9 月 14 日，https://www.ccdi.gov.cn/yaowen/202109/t20210914_250016.html。

[3] See https://www.ccdi.gov.cn/yaowen/201809/t20180910_179454.html.

（一）合规与法务（合规管理与法务管理）

法务，是指法律事务。法务人员，是指组织中专门从事法律事务工作的人员，经常被称为"法务"。法务管理，是指对法律事务进行管理。

与合规管理针对的是合规风险不同，法务管理针对的是法律风险。根据我国《企业法律风险管理指南》（GB/T 27914—2011）的规定，法律风险是指基于法律规定或合同约定，由于组织外部环境及其变化，或者组织及其利益相关方的作为或不作为导致的不确定性，对组织实现目标的影响。通过分析该指南第 5.1 条规定可知：法律风险管理是组织全面风险管理的有机组成部分，贯穿于组织决策和经营管理的各个环节；法律风险管理过程包括明确法律风险环境信息、法律风险评估（包括风险识别、分析和评价）和法律风险应对三个环节以及贯穿这三个环节的监督检查、沟通和记录。2013 年 10 月 25 日发布的国务院国有资产监督管理委员会《关于加强中央企业国际化经营中法律风险防范的指导意见》（国资发法规〔2013〕237 号）第 2 点指出，要按照"事前防范和事中控制为主、事后补救为辅"的原则，建立健全以经营合同、规章制度和重要决策全面实现法律审核为主要内容的法律风险防范机制制度。

结合前文关于合规、合规管理和合规风险的分析可知，合规管理与法务管理的最大区别在于：前者针对的是合规风险，以组织及其人员的特定行为为对象，开展一系列有组织、有计划的主动管理活动；后者针对的是法律风险，以经营合同、规章制度和重要决策全面实现法律审核为主要内容，开展相应的应对型、被动管理活动。除此之外，法务人员和合规管理人员在企业中承担的法定义务也不同：法务人员并无主动向外部检举、报告公司违法违规情况的法定义务，而合规管理人员承担着向监管等有关部门报告所发现的违法违规行为的法定义务。

尽管如此，在实务中，法务人员和合规管理人员常常在一起工作，很多企业的法务人员往往承担部分合规管理职责，而且法律专业人士也是目前合规管理人才的主要来源。例如，我国《关于发布〈证券公司和证券投资基金

管理公司合规管理办法〉相关问题解答的通知》（机构部函〔2017〕2777号）
对此也有肯定。该通知第8条指出：合规管理人员不得承担与合规管理相冲
突的职责。专职合规管理人员原则上只能承担合规管理职责，因所属部门或
分支机构需要，可以承担风控、法务相关职责。

（二）合规管理与内部控制、风险管理

法律上和实务界对合规管理、内部控制和风险管理之间关系的理解存
在较大差异。例如，根据《上海保险专业中介机构合规管理暂行办法》（沪
银保监通〔2021〕26号）第6条的规定，合规管理是组织全面风险管理的
一项重要内容，也是实施有效内部控制的一项基础性工作。《证券公司和证
券投资基金管理公司境外设立、收购、参股经营机构管理办法》（证监会令
〔2021〕179号）第27条规定：证券基金经营机构应当建立并持续完善覆盖
境外机构的合规管理、风险管理和内部控制体系……合规负责人和风险管理
负责人每年度结束后30个工作日内，向证券基金经营机构报送年度合规专
报和风险测评专报。又如，平安集团设立了集团内部控制中心，并下设合规
部、风险管理部、稽核监察部，负责风险事前评估、事中监控、事后监督。[1]
归根结底，首先要厘清三者之间的关系。

通过分析国内有关法律文件对内部控制的规定可知，内部控制一般是指
组织通过制定和实施系统化的制度、流程和方法，实现合规、发展、经营目
标、风险管理有效性等控制目标的动态过程和机制（见表1.4）。

---

[1] See http://ir.pingan.com/gongsizhili/fengxianguanli.shtml.

表 1.4 国内有关法律文件对内部控制的规定

名称	内部控制	内部控制的目标
《商业银行内部控制指引》（银监发〔2014〕40号）	商业银行内部控制，是指商业银行董事会、监事会、高级管理层和全体员工参与的，通过制定和实施系统化的制度、流程和方法，实现控制目标的动态过程和机制	（1）保证国家有关法律法规及规章的贯彻执行；（2）保证商业银行发展战略和经营目标的实现；（3）保证商业银行风险管理的有效性；（4）保证商业银行业务记录、会计信息、财务信息和其他管理信息的真实、准确、完整和及时
《证券公司内部控制指引》（证监机构字〔2003〕260号）	证券公司内部控制，是指证券公司为实现经营目标，根据经营环境变化，对证券公司经营与管理过程中的风险进行识别、评价和管理的制度安排、组织体系和控制措施	（1）保证经营的合法合规及证券公司内部规章制度的贯彻执行；（2）防范经营风险和道德风险；（3）保障客户及证券公司资产的安全、完整；（4）保证证券公司业务记录、财务信息和其他信息的可靠、完整、及时；（5）提高证券公司经营效率和效果
2016年《私募投资基金管理人内部控制指引》	私募基金管理人内部控制是指私募基金管理人为防范和化解风险，保证各项业务的合法合规运作，实现经营目标，在充分考虑内外部环境的基础上，对经营过程中的风险进行识别、评价和管理的制度安排、组织体系和控制措施	（1）保证遵守私募基金相关法律法规和自律规则；（2）防范经营风险，确保经营业务的稳健运行；（3）保障私募基金财产的安全、完整；（4）确保私募基金、私募基金管理人财务和其他信息真实、准确、完整、及时
《小企业内部控制规范（试行）》（财会〔2017〕21号）	小企业内部控制，是指由小企业负责人及全体员工共同实施的、旨在实现控制目标的过程	合理保证小企业经营管理合法合规、资金资产安全和财务报告信息真实完整可靠

可见，内部控制是一个更大的概念，包括了合规管理和风险管理。至于合规管理和风险管理，两者之间有密切的联系：如果从合规的角度看，风险管理必然是全面合规管理的重要组成部分；而如果从合规管理旨在防控合

规风险的角度看，合规管理也必然是全面风险管理的重要组成部分。而且如前文所述，法律风险管理也是全面合规管理或全面风险管理的重要组成部分。实务中，合规管理部门和风险管理部门协同工作的机会较多，尤其是在针对具体风险事件的管理上呈现出明显的相辅相成关系。合规管理部门根据风险管理部门发现的风险点，能够更好地履行合规管理职能，而合规管理部门通过制度设计、机制安排等工作可以很大程度地降低组织运作过程中各类风险的发生概率。因此，合规管理部门和风险管理部门往往由一个公司领导负责管理，比如大部分基金公司的督察长同时管理合规管理部门和风险管理部门。

尽管如此，两者之间的不同之处也比较明显。在很多时候，合规管理部门和风险管理部门会同时关注某一特定风险，但风险管理侧重于对业务的实时监控，而合规管理更侧重于从制度建设、机制设计、考核问责等方面予以关注。

（三）合规与稽核、审计

稽核，是指组织内部的稽查和复核，是银行业等部门的传统用语。例如，《关于发布〈证券公司和证券投资基金管理公司合规管理办法〉相关问题解答的通知》（机构部函〔2017〕2777号）第2条指出：证券公司应当将合规管理部门与承担稽核、风控、内审、法务职责相关的部门进行区分；基金管理公司应当将合规管理部门与承担风控职责相关的部门进行区分。《证券公司和证券投资基金管理公司境外设立、收购、参股经营机构管理办法》（证监会令〔2021〕179号）第22条规定：证券基金经营机构应当建立健全对境外子公司的内部稽核和外部审计制度，完善对境外子公司的财务稽核、业务稽核、风险控制监督等，检查和评估境外子公司内部控制的有效性、财务运营的稳健性等。外部审计每年不少于一次，内部稽核定期进行。可见，稽核（主要指财务稽核和业务稽核）不同于审计（包括内部审计和外部审计），而合规则很明显是与稽核和审计完全不同的职能。

审计一般可分为组织的内部审计和外部审计以及国家审计，其中国家审计又称政府审计。相对而言，外部审计和国家审计较容易理解，而内部审计和合规管理之间的关系则需要进一步分析。根据《企业境外经营合规管理指引》（发改外资〔2018〕1916号）第26条的规定，企业合规管理职能应与内部审计职能分离；企业审计部门应对合规管理的执行情况、合规管理体系的适当性和有效性等进行独立审计；审计部门应将合规审计结果告知合规管理部门，合规管理部门也可根据合规风险的识别和评估情况向审计部门提出开展审计工作的建议。实践中，较大的企业一般都设有独立的合规管理部门和审计部门，而一些业务范围单一、业务规模较小的企业的审计岗位往往设立在合规管理部门内部（比如绝大部分基金公司），但其承担的工作职责与合规管理人员的工作职责有明显的区别。可见，在企业等组织内部，合规管理和内部审计是完全不同的职能，应当相互分离，但两者之间可协作开展某些工作，比如审计发现的问题可以帮助合规管理部门查缺补漏，并以此完善合规管理体系。

第二节　廉洁合规的理论阐释——法经济学的视角

从全世界范围看，在大概10年前，"反腐败合规只是少数国家感兴趣的话题，但在过去10年间，全球各地的公司中都出现了反腐败合规体系。各种因素促使私营部门的公司设计旨在预防、识别和应对腐败风险的体系。这些因素包括法律和监管要求、执法与声誉风险，以及需要更密切关注交易风险的公司变化。"[1]换言之，现代意义上的廉洁合规是过去10年间的新兴事物，但迅速席卷全球，引发了国际组织、许多国家或地区的一系列反腐败立法、执法和司法行动，并大大推动了企业等各种组织的廉洁合规治理、廉洁合规体系和合规管理体系建设。本节将尝试从法经济学的视角对廉洁合规进行理论上的阐释。

---

[1] See OECD, Corporate Anti-Corruption Compliance Drivers, Mechanisms and Ideas for Change, 2020, p.3, https://www.oecd.org/corruption/Corporate-anti-corruption-compliance-drivers-mechanisms-and-ideas-for-change.pdf.

一、"烂苹果" vs. "烂桶" vs. "烂果园"

"烂苹果"理论（"rotten apple" theory），是指当丑闻发生时，一种常见的反应是将其归咎于一个人或一小群孤立行动的人，即它是少数"烂苹果"行为的结果，而组织的其他成员是正常的，因此公司、监管者甚至政府都可以找到少数"烂苹果"，把它们拿走，然后说问题已经解决了。然而，尽管"烂苹果"理论很有吸引力，但"腐败问题很少能简单地通过驱逐一小群罪犯来解决。公司需要扪心自问：如果真的有'烂苹果'，是什么导致了它们的腐烂？它们是在任何公司环境中都会腐烂的苹果，还是特定的环境中有什么因素导致了其腐烂？如果是后者，是仅与公司本身有关，例如不合常理的激励计划，还是与公司经营所在的商业部门或司法管辖区有关？"因此，要"超越桶里有几个'烂苹果'的组织理论，去检查桶的完整性、果园的健康状况以及农民园艺实践的合理性"。[1]

"烂苹果"理论和与之相应的"烂桶"理论（"rotten barrel" theory）、"烂果园"理论（"rotten orchards" theory），源自对美国、澳大利亚、加拿大等国警察越轨行为（deviance）和犯罪的研究，广泛涉及警察越轨、犯罪、腐败、虐待、暴行、道德和廉洁等概念。这三个理论的实质是：违法犯罪行为尤其是腐败到底是少数"烂苹果"的个人行为，还是由于盛放苹果的"桶"烂掉抑或整个"果园"坏掉的缘故，即是否出现了集体、组织（如企业）、行业甚至整个社会体系的失灵。

1973年，美国"涉嫌警察腐败调查委员会"［Commission to Investigate Alleged Police Corruption，非正式名称为克纳普委员会（Knapp Commission），以其主席惠特曼·克纳普（Whitman Knapp）的名字命名］在对美国警察系统内部的不法行为进行了为期两年的深入调查之后，发布了长达296页的《克纳普委员会关于警察腐败的报告》（Knapp Commission Report on Police Corruption）。在这份报告中，"克纳普委员会发现尽管程度不一，但腐败现象普遍存在"，而"反腐败工作的最大障碍是警察队伍中的集体忠诚感，这会

---

[1] See Incentivising Ethics: Managing incentives to encourage good and deter bad behavior, 2016, p.3, https://www.transparency.org.uk/sites/default/files/pdf/publications/Incentivising_Ethics_TIUK.pdf.

对揭露腐败的企图产生敌意，并随之导致沉默。该委员会建议成立一个监察服务局来牵头开展全面打击，包括减少腐败和诱发腐败的机会、增加行贿者和受贿者的风险，以及改变某些警察程序以减少部门对腐败的责任。"[1] 这意味着，克纳普委员会正式抛弃了"烂苹果"理论，认为美国警察系统的腐败不是少数警察腐败的问题，而是系统性腐败问题，因此需要改革体制并打击腐败的制度化。[2]

通常情况下，这种系统性腐败往往伴随着"内部控制薄弱，对外部控制怀有敌意，拿走几个'烂苹果'但赞扬勇敢的大多数，当然也就不存在组织的学习改进"，因此，腐败"不是坏人的问题，而是坏的或运行不良的体系的问题。此外，腐败作为一种严重的有组织的不法行为，是经常发生的，而且具有恢复力，其形式和时间会发生变化，并对控制产生适应性和出现新的腐败机会。"[3]

国外有学者在总结前人研究的基础上，提出了警察越轨行为的二维矩阵框架。（见图1.5）该框架区分了两个维度，一是层级维度，从个人到由多人组成的集体，再到整个组织；二是类别维度，从违法犯罪到滥用职权谋取私利的腐败，再到主动参与的掠夺性行为，表明违法及违反价值观和道德行为性质的逐渐加重。通过分析该矩阵框架可知，"烂苹果"理论强调的是个体失灵，"烂桶"理论强调的是集体文化失灵，"烂果园"理论强调的是组织系统性失灵。

---

[1] See U. S. Department of Justice Office of Justice Programs, Knapp Commission Report on Police Corruption, https://www.ojp.gov/ncjrs/virtual−library/abstracts/knapp−commission−report−police− corruption.

[2] See The New York Times, "Rotten Apples", 1972, https://www.nytimes.com/1972/08/08/archives/ rotten−apples.html.

[3] See Maurice Punch, Police corruption: apples, barrels and orchards, Criminal Justice Matters, 2010, Vol.79, Iss.1, p.11.

类别

个人	违法犯罪
"烂苹果"理论（个体失灵的个人主义模型）	违反部门规则、政策、程序［如拿酬金（免费用餐、折扣等）、出于个人用途不当使用官方资源（给朋友、亲戚好处等）、安全违规、语言下流等］。此外，可能包括以"崇高目的"为幌子的不法行为（如伪造或篡改证据以确保定罪）。

集体

"烂桶"理论（文化失灵的职业社会化模型）

组织

"烂果园"理论（系统性失灵的制度化模型）

腐败

关键因素是滥用职权谋取利益［如受贿、通过遗漏相关信息"固定"（fix）刑事起诉、毒品交易、虐待和暴行（具有攻击性的遏止和搜查、过度使用武力）等］。此外，腐败还可能涉及与有组织犯罪和（或）政客勾结从事犯罪活动。

越轨行为（不符合规范、价值观或道德的行为）的"滑坡"

掠夺性治安管理

主动参与掠夺性行为（如通过向公众或罪犯提供保护和其他服务向其勒索钱财）。

层级

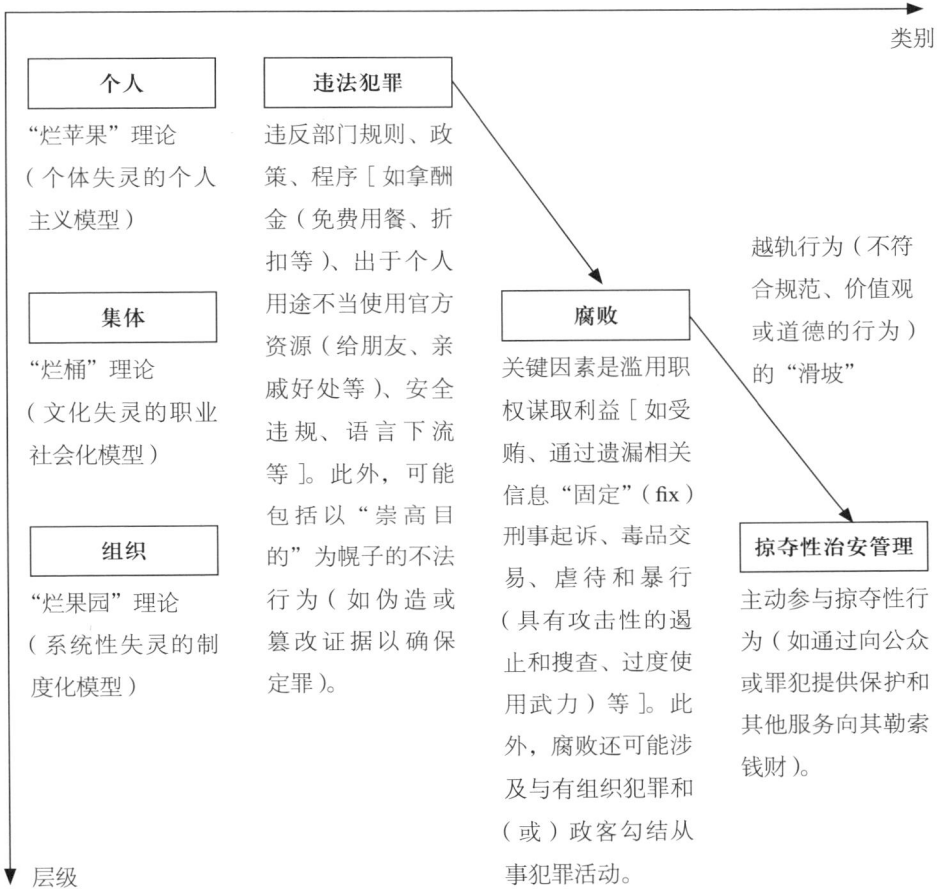

图 1.5　警察越轨行为的二维矩阵框架 [1]

"烂苹果"理论、"烂桶"理论和"烂果园"理论的启示是：当问题出现时，不仅要检查盛放苹果的桶里有几个"烂苹果"，把它们拿走，还要检查桶的完整性、果园所有水果（不仅包括苹果这一种水果，还包括其他种类水果）和土壤的健康状况、园艺技术水平、整个果园的营养状况等。由此可以推导出，就廉洁合规而言，发现、惩处从事腐败等违法犯罪行为的少数人，在法律层面解决问题往往只是开始，因为如果上升到管理和治理层面，就不

---

[1] See Geoffrey Dean, Peter Bell and Mark Lauchs, Conceptual Framework for Managing Knowledge of Police Deviance. Policing and Society, Vol.20, Iss.2, pp.204−222.

仅要关注个体，防止发生个人层面的个体失灵，还要关注集体，防止发生职业社会化层面的文化失灵，同时更要关注组织，防止发生制度化层面的系统性失灵。

二、走出"囚徒困境"：实现互利共赢的"非零和博弈"

尽管"经济学家研究理性个人和利润最大化厂商所作出的选择"，但在现实的许多情况下，行为主体往往会采取"策略行为"（strategic behavior），即"考虑到其他人可能的反应而作出决策"，或者说是"决策和选择必须考虑到其他人的潜在反应"[1]。聚焦于激励和信息的博弈论为研究策略行为提供了许多模型，其中一个最基本的模型是极具启发性的"囚徒困境"博弈模型。

"囚徒困境"的实质是个人利益最大化和集体利益最大化之间的矛盾问题。在"囚徒困境"博弈模型中（见图1.6），假设局中人（即博弈的参与者）囚犯A和囚犯B共同实施了犯罪，同时假设他们都是理性的且相互之间知道对方是理性的，即他们都追求自身的利益最大化。对于他们各自而言，最优的"策略行为"都是保持沉默，因为不认罪可以获得较轻的处罚（被监禁1年）。也就是说，囚犯A和囚犯B都不认罪能够实现集体利益最大化（两人共被监禁2年）。但是，由于存在坦白从宽、抗拒从严的激励机制，导致他们各自实现个人利益最大化的最优"策略行为"都是坦白：如果一方坦白、另一方保持沉默，那么坦白的一方会被宽大处理（仅被监禁3个月），而保持沉默的一方则会被加重处罚（被监禁5年）。最终，两人都会选择坦白，却各自会被处以比两人都选择保持沉默时更重的处罚（被监禁3年），而且无法实现集体利益最大化（两人共被监禁6年）。

---

[1] 参见〔美〕约瑟夫·E.斯蒂格利茨、卡尔·E.沃尔什：《经济学》（第四版），黄险峰、张帆译，中国人民大学出版社2013年版，第320页。

囚犯 B

	坦白	保持沉默
坦白	B 被监禁 3 年 A 被监禁 3 年	B 被监禁 5 年 A 被监禁 3 个月
保持沉默	B 被监禁 3 个月 A 被监禁 5 年	B 被监禁 1 年 A 被监禁 1 年

（左侧纵列标注：囚犯 A，坦白／保持沉默）

图 1.6　"囚徒困境"博弈模型 [1]

　　"囚徒困境"普遍存在于几乎所有的社会科学领域，因为它完美诠释了为何集体或组织中的个人选择能够实现个人利益最大化的"策略行为"，但不仅无法实现集体利益最大化，还会使个人都得到更坏的结果，即并未实现个人利益最大化（即个人的净利益减少），最终损人不利己。以腐败为例，对于一个集体或组织而言，每个人都不腐败无疑是能够实现集体利益最大化的最优"策略行为"，但如果没有适当的激励机制，个人一定会选择腐败这种能够实现各自的个人利益最大化的最优"策略行为"，最终损害集体利益并使个人处于更糟的处境，例如堕落、腐化甚至身陷囹圄。

　　最简单的"囚徒困境"博弈属于完全信息静态博弈，是只需要行为人采取一次行动就可完成的。在现实世界中，"囚徒困境"博弈的情形要复杂得多，除了最基本的完全信息静态"囚徒困境"博弈，即图 1.6 中的博弈模型，至少还有两种较为复杂的"囚徒困境"博弈模型，一是完全信息动态"囚徒困境"博弈，又称有限次重复"囚徒困境"博弈；二是不完全信息动态"囚徒困境"博弈，又称无限次重复"囚徒困境"博弈。其中，动态指的是"重复"博弈，而非一次行动即可完成的静态博弈。静态博弈就是通常所说的"一锤子买卖"，除非未来还有可能存在新的合作机会，否则很容易产生欺诈等不合作行为。正是由于现实世界中很多博弈都是动态博弈，才使得合作成为可能，也使得研究如何走出"囚徒困境"变得更有意义。

---

[1] 参见〔美〕约瑟夫·E.斯蒂格利茨、卡尔·E.沃尔什：《经济学》（第四版），黄险峰、张帆译，中国人民大学出版社 2013 年版，第 321 页。

走出"囚徒困境"的方法主要有以下三种：一是信誉机制，例如如果在单次博弈或重复博弈的前几回合中赢得了不腐败的好声誉，就有可能在其他博弈或未来回合的博弈中获得好处或回报，这实际上是从解决信息不对称的角度走出"囚徒困境"；二是制度约束，例如各种反腐败法律制度由于具有国家强制力和国家权威，可以有效促进集体利益最大化和个人利益最大化的统一；三是承诺，例如行为主体都承诺不腐败。

其中，建立在充分尊重个人选择自由和个人利益基础上的制度约束是走出"囚徒困境"的关键所在。无论是法律制度，还是其他制度，都应当为受其约束的行为主体提供一个对未来的稳定预期，从而使人们可以放心选择合作，并为集体利益、长远利益着想且付诸行动。因此，"制度设计不仅仅要合理，还需要考虑制度对个体行为方式的影响，以及能否有效地调节社会个人的行为方式"，要"让制度既合理又容易被人们接受，让制度在满足个人理性的前提下最大化集体利益"[1]。概言之，为了尽最大可能促进集体利益最大化和个人利益最大化的统一，包括法律制度在内的制度需要：（1）设计得尽可能科学、合理、完备；（2）尊重和保护个人利益，容易得到人们的接受；（3）具有权威性，能够为人们提供稳定预期；（4）能够真正得到执行，从"纸上的制度"变为"行动中的制度"。

2021年7月1日，在庆祝中国共产党成立100周年大会上，习近平总书记高瞻远瞩地指出："新的征程上，我们必须高举和平、发展、合作、共赢旗帜，奉行独立自主的和平外交政策，坚持走和平发展道路……坚持合作、不搞对抗，坚持开放、不搞封闭，坚持互利共赢、不搞零和博弈。"合作、互利共赢以及不搞零和博弈是我们党和国家作出的重大战略部署，其中蕴含着博弈论的理论内核，也为世界各国构建人类命运共同体、实现共同发展指明了方向。全球有影响力的思想家之一、美国前总统克林顿的智囊罗伯特·赖特从生物进化论的角度研究并发现：人类命运的逻辑是"非零和博弈"，即"世界和人类发展的推动力和最终趋向并不是你死我活的竞争关系，而是互

---

[1] 参见刘小山、唐晓嘉：《基于囚徒困境博弈的理性、信息与合作分析》，载《西南大学学报（社会科学版）》2019年第1期，第30页。

利共赢的合作关系"，最终会走向"非零和"时代。[1] 走出"囚徒困境"，避免"零和博弈"，实现合作和互利共赢的"非零和博弈"，是从国家到组织和集体再到个人都应当遵循的基本原则。

三、激励机制的目的："外部性内部化"

根据新古典微观经济学理论，外部性是指"个人或厂商采取的一种行动直接影响到他人，却没有对其有害后果付费，或因其有益后果获得补偿"，即"当存在外部性时，就意味着，厂商或个人没有承担其行为的全部后果"[2]，从而导致资源配置的无效率，社会也就无法实现帕累托最优状态或福利最大化。

外部性分为负外部性和正外部性。负外部性是指社会主体没有为其行动或行为支付全部成本，即只支付了私人成本而未支付给他人造成的社会成本，这通常会导致该等行动或行为过多；正外部性是指社会主体没有获得其行动或行为带来的全部收益，即只获得了私人收益而未获得带给他人的社会收益，这通常会导致该等行动或行为过少。不合规和腐败等违法犯罪行为就具有典型的负外部性，而廉洁合规则具有典型的正外部性。

为了解决外部性导致资源配置无效率的问题，往往需要通过激励机制防止人们从事或过度从事具有负外部性的行动或行为，鼓励人们多从事具有正外部性的行动或行为。概言之，"个体活动的外部性产生了激励的需要……激励的目的就是把个体行为的外部性内部化（internalization of extermality），通过规则的强制，迫使产生外部性的个体将社会成本和社会收益转化为私人成本和私人收益，使得行为主体对自己的行为承担完全责任，从而通过个体的最优选择实现社会最优。这就是激励理论所讲的激励相容（incentive compatibility）。在这个意义上，我们可以把激励机制理解为责任规则（reliability rules），也就是如何使行为主体对自己的行为承担责任的规则。法律实际上是一种责任规则。"[3]

---

[1] 参见〔美〕罗伯特·赖特：《非零和博弈——人类命运的逻辑》，新华出版社 2019 年版。

[2] 参见〔美〕约瑟夫·E.斯蒂格利茨、卡尔·E.沃尔什：《经济学》（第四版），黄险峰、张帆译，中国人民大学出版社 2013 年版，第 260 页。

[3] 参见张维迎：《信息、信任与法律》，生活·读书·新知三联书店 2003 年版，第 72 页。

如上文所述，激励相容是在设计和制定政策、制度、法律时必须考虑到的一个重要约束条件。同时，成本最小化或效益最大化，或者说是效益既定下的成本最小化或成本既定下的效益最大化，也是一个重要的外部约束条件。[1] 如果设计和制定出来的政策、制度、法律是激励不相容的、成本大于效益的，即它们是设计不当的，轻则导致其只能停留在"纸上"，根本无法得到执行，重则直接变为不良政策、坏制度、"恶法"。此外，还要考虑到另外两个外部约束条件：一是"有限责任"约束，或者说是个人财富约束，即现实生活中的行为主体，由于财务能力有限和生存需要的约束，通常只有有限的责任承担能力；二是参与约束，或者说是个人理性约束，即行为主体获得的期望收益或效用要大于其在其他机会下可以获得的最大期望收益或效用，否则任何理性的行为主体都不会积极参与或作为。[2] 因此，任何组织在设计和制定政策、制度、规定尤其是激励机制时，都要考虑到激励相容约束、成本最小化或效益最大化约束、"有限责任"约束和参与约束。

我们党和国家早就认识到了反对腐败这种负外部性和倡导廉洁这种正外部性的重大意义，将"反腐倡廉"建设提到了关乎党和国家生死存亡的高度，并始终坚持"反腐败永远在路上""反腐败是一场输不起的斗争"等，以最终夺取反腐败斗争压倒性胜利。就"反腐败、倡廉洁"而言，无论是我们党和国家，还是企业等其他各种组织，要考虑的问题都是：如何在激励相容约束、成本最小化或效益最大化约束、"有限责任"约束和参与约束下，通过设计和制定政策、制度、规定尤其是激励机制把个体行为的外部性内部化。简言之，要确保行为主体对自己的行为承担责任，即对任何个体或行为主体都是可问责的。

外部性是一种典型的市场失灵。尽管"个体行为的外部性构成政府干预、法律存在的依据，但并不是所有的外部性都要用法律手段来解决。"[3] 现代激励理论的基本出发点是信息不对称，"激励机制设计的目的，就是通过

[1] 参见席涛：《我们所知道的法律和不知道的法律——法律经济学一个分析框架》，载《政法论坛》2010年第1期。

[2] 参见张维迎：《信息、信任与法律》，生活·读书·新知三联书店2003年版，第90—91页。

[3] 参见张维迎：《信息、信任与法律》，生活·读书·新知三联书店2003年版，第73页。

将对行为主体的奖惩与其提供的信息或外在可观察的信息联系起来，从而将行为的社会成本和收益内部化为决策者个人的成本与收益。"[1] 重要的激励理论主要有五种，其中四种是显性激励，即"激励是通过将代理人的收益与委托人观察到的或代理人报告的信息相联系的正式的合约保证"；一种是隐性激励，又称信誉机制，是指"行为主体基于维持长期合作关系的考虑而放弃眼前利益的行为"，或者说是"出于对自己声誉的考虑，当事人会自觉地限制自己的机会主义行为"，优点在于能够节约交易成本、节约用法律解决纠纷的成本、节约监督成本、节约风险成本，但条件是博弈必须是重复的（见表 1.5 ）。[2]

表 1.5　五种重要的激励理论 [3]

类型	激励理论	惩罚	含义
显性激励	逆向选择理论	合同或法律制裁	事前存在一方知道但另一方不知道的信息，即信息劣势方无法获得更多信息
	道德风险理论		事后存在一方知道但另一方不知道的信息，即信息劣势方无法获得更多信息
	效率工资理论		通过提高某种行为的机会成本遏制该行为的发生
	团队生产理论		团队中每个人的"贡献"都与其他人的行为有关
隐性激励	信誉机制理论	未来合作机会的中断	行为主体出于对自己声誉的考虑而放弃眼前利益、自觉限制自己的机会主义行为

实践中，"激励历来是许多行业腐败行为的主要驱动因素之一。实现目标的压力、'完成任务'的紧迫性以及赢得业务的需要，经常导致各种形式的腐败和不道德行为，包括欺诈、影响力交易、反竞争行为以及提议、许诺

[1] 参见张维迎：《信息、信任与法律》，生活·读书·新知三联书店 2003 年版，第 76 页。
[2] 参见张维迎：《信息、信任与法律》，生活·读书·新知三联书店 2003 年版，第 86—89 页。
[3] 参见张维迎：《信息、信任与法律》，生活·读书·新知三联书店 2003 年版，第 76—87 页。

或支付贿赂"，因此，"为了激励员工按预期工作并避免不合情理和扭曲的结果，公司必须首先确保其拥有一种开放和合乎道德的文化，鼓励员工做正确的事情，并使其感到能够挑战他们认为不道德或不正常的管理决策和目标"，而且，"激励计划不应仅仅与价值观和道德规范保持一致，还要积极鼓励道德行为"。[1] 无论是正式激励（formal incentives），还是非正式激励（informal incentives），都存在腐败或偏离道德的隐患，而且导致隐患的原因有所不同（见表 1.6 和表 1.7）。

表 1.6　激励的类型、措施、隐患及原因 [2]

	正式激励	非正式激励
内涵	是指旨在影响员工和关键第三方（如销售代理或分销商）行为的经济激励或非经济激励	是指组织环境或文化中的固有特性
外延	（1）短期经济激励，包括年度激励计划、浮动奖金计划、利润分享计划、收益分享计划、团队/小组激励、项目奖金、留任奖金等；（2）长期经济激励，包括长期奖金或现金支付计划、股份、股票期权；（3）非经济激励，包括奖品、礼品、表彰、休假、晋升、培训和发展机会、弹性工作制等	（1）强烈的团队精神，即团队成员希望支持团队并符合团队目标；（2）强烈的忠诚感；（3）同龄人和管理层的压力；（4）拯救自己或他人工作的愿望
隐患	正式激励的风险来自人们的响应方式，特别是他们对作为激励和绩效管理计划组成部分的指标、目标和目的的响应方式。这些计划通常基于这样的假设：人们是"经济人"和"理性人"，除非受到激励，否则不会以某种方式行动。但在实践中，与绩效相关的薪酬——借此将薪酬与作为预期结果衡量方式的指标和目标挂钩，确实会影响个人和团队绩效，但不一定会如预期的那样	非正式激励会影响员工行为的好坏。一些非正式激励可以理解为"风险因素"，如果不加以控制，可能导致腐败或不道德行为，扭曲正式激励的运行，或凌驾于道德上的信息传递、期望和义务之上

---

[1] See Incentivising Ethics: Managing incentives to encourage good and deter bad behavior, 2016, p.1, https://www.transparency.org.uk/sites/default/files/pdf/publications/Incentivising_Ethics_TIUK.pdf.

[2] See Incentivising Ethics: Managing incentives to encourage good and deter bad behavior, 2016, pp.4–11, https://www.transparency.org.uk/sites/default/files/pdf/publications/Incentivising_Ethics_TIUK.pdf.

（续表）

	正式激励	非正式激励
导致隐患的原因	（1）目标和措施：由于依赖绩效指标，积极追求目标可能会产生意外后果。目标造成的风险包括：选择了较差的目标；目标未完全涵盖绩效；设定目标时不了解不同目标之间如何作用；目标将员工的注意力仅局限于实现目标；目标激励员工竭尽全力实现目标，包括偷工减料、伪造数字、曲解规则或违规甚至违法；员工与绩效衡量博弈 （2）绩效奖金和其他报酬：在大多数工作需要创造力的现代环境中，金钱激励实际上会降低整体绩效；外部激励会缩小人的注意力；人在达到绩效目标后往往会完全停止工作；经济激励也可以激励不道德行为，例如奖励的上瘾性可能扭曲决策，导致冒险和错误；低于预期的浮动奖励可能会产生负面效果	（1）外部驱动因素：短期主义和投资者期望；行业问题和商业模式；监管；地域问题 （2）内部驱动因素：同侪压力（peer pressure）[1]；社会化；隔离；复杂性 （3）个人驱动因素：合理化（rationalisation）；自欺欺人（self-deception）；道德距离（ethical distance）

表 1.7　导致非正式激励出错的因素 [2]

三重因素	具体表现
外部驱动因素	◆ 短期主义和投资者期望：公司在面临外部压力（如利润和股价目标）时，容易采取欺诈等不法行为，而且会关注短期利益、牺牲长期利益 ◆ 行业问题和商业模式：有的行业比其他行业更容易受到腐败的影响，部分原因是投资者、监管和商业模式问题；如果商业模式容易受到外部冲击的影响，那么公司容易采取短期行为甚至腐败行为 ◆ 监管：当监管与公司利益不一致时，就会有人试图阻挠或规避监管，这会转化为激励，促使员工通过积极寻找监管漏洞来提高销售或财务绩效 ◆ 地域问题：不同地域国家对腐败的不同态度会影响激励措施的运作

[1] 同侪压力，指的是一种信念，即"一个人必须与同龄人和社会群体中的其他人一样做同样的事情，以得到他们的喜爱或尊重"。参见 https://www.merriam-webster.com/dictionary/peer%20pressure。

[2] See Incentivising Ethics: Managing incentives to encourage good and deter bad behavior, 2016, pp.9–11, https://www.transparency.org.uk/sites/default/files/pdf/publications/Incentivising_Ethics_TIUK.pdf.

（续表）

三重因素	具体表现
内部驱动因素	◆ 同侪压力：同事或雇主期望员工从事不道德或腐败行为时，就会产生同侪压力，这可能是不道德行为最有力的驱动因素之一 ◆ 社会化：新来者被诱导接受和实施持续的不道德行为。社会化有四种类型：一是共同选择，是指激励会促使人们改变对不道德行为的态度；二是渐进主义，是指所从事不道德行为的性质会逐渐变得恶劣；三是妥协，是指人们会为了避免冲突而做一些他们认为不道德的事情；四是委婉的语言，例如贿赂被称作"通融费"，以使其看起来是例行的和无害的 ◆ 隔离：与组织其他部门的隔离意味着更广泛的文化隔离，并可能导致"微观文化"，会出现不同的价值观和行为，从而容易发生和隐藏腐败；在压力大、信息隐秘的组织中，高绩效团队很可能会逃避审查，甚至会形成一种其他人不敢质疑的神秘感 ◆ 复杂性：复杂性创造了掩盖腐败和其他不道德行为的机会，特别是在与隔离相结合的情况下
个人驱动因素	◆ 合理化：在大多数腐败丑闻中有一个共同要素，即员工们会通过合理化为实施腐败行为辩解。合理化的例子包括否认自己有责任、否认造成了危害、认为受害者活该、认为其他人也在做、以忠诚为借口、用目的证明手段的正当性、认为自己享受福利理所应当等 ◆ 自欺欺人：人们相信自己对其不道德行为的解释，并且相信自己实际上没有做错什么，甚至可能认为自己是道德的，而实际上却从事了腐败行为 ◆ 道德距离：人们离他们的行为结果越远，他们的感情就越少。如果一个人不知道自己的行为会危害谁，那么他就更有可能从事腐败行为

那么，如何设计旨在鼓励道德行为的激励机制呢？可以采取以下五个步骤，包括：

（1）建立并维持强大的文化和价值观；

（2）对风险进行评估；

（3）设计道德激励；

（4）将道德激励嵌入整个组织内部；

（5）开展监控和评估（见表1.8）。

表 1.8　如何设计旨在鼓励道德行为的激励机制 [1]

步骤	关键原则
确保强大的文化和价值观	（1）确保组织文化支持并鼓励合乎道德的、可持续的商业实践 （2）确立强有力的高层基调，并设定与员工产生共鸣的、明确的价值观 （3）通过与高层基调一致的行动展示对合乎道德的商业行为的承诺
风险评估	（4）识别和评估现有激励结构产生的风险 （5）采用跨职能的方法进行风险识别和管理，包括人力资源、道德和合规以及风险职能，并将激励评估纳入现有的风险评估流程
设计道德激励	（6）确保激励的总体方法与公司的价值观和文化保持一致，并且不会无意中破坏公司的价值观和文化 （7）设定在不采取非法、不道德或疏忽行为的情况下可以实现的目标 （8）设定道德目标或使用道德阈值 [2] 奖励，以区分结果和实现结果的手段 （9）避免纯粹根据产出指标为员工支付绩效报酬，鼓励员工追求内在回报 （10）确保员工在违反公司原则的情况下不会得到晋升或奖励，即使他们达到或超过了目标
嵌入道德激励	（11）通过培训和沟通，强调道德行为高于目标的实现 （12）倾听员工的意见，创造机会让他们从道德的角度考虑其工作和行为
监控和评估	（13）确保内部职能部门（如人力资源、道德与合规、风险、内部审计、财务、销售）监控员工可能被激励违反公司道德规范的信号 （14）记录所有违反道德规范的行为，并酌情调整激励结构

　　基于上述五个步骤及各自的关键原则，可以针对关于激励的关键风险提出相应的缓释措施（见表 1.9）。其中，前文所述的五种激励理论在其中都有所体现，而且，部分缓释措施已经超脱了这五个理论的范畴。但归根结底，它们的目标都是为了实现"外部性内部化"。

---

[1] See Incentivising Ethics: Managing incentives to encourage good and deter bad behavior, 2016, pp.13−29, https://www.transparency.org.uk/sites/default/files/pdf/publications/Incentivising_Ethics_TIUK.pdf.

[2] 阈值，又称临界值，是指高于或低于某事要发生或将要发生的水平、点或值，当高于或低于该水平、点或值时该事物就不会发生或将要发生。参见 https://www.merriam−webster.com/dictionary/thresholds。

表 1.9　关于激励的关键风险和缓释措施 [1]

风险	缓释措施
偷工减料，绕过公司程序和（或）违法	在发放绩效工资之前将道德阈值纳入其中，并在目标中引入道德和品质考量
与绩效衡量博弈	确保目标或衡量标准恰当反映个人或团队期望实现的目标以及他们应该如何实现目标
歪曲产出或结果，或者伪造数字，以制造实现目标的表象	确保提供的资源能实现目标，并考虑限制奖金和其他奖励的规模，因为高回报的高目标最有可能诱发腐败
目标缺失或现有目标未涵盖所需的绩效	对激励体系进行监控、审查和评估，因为它可能会导致绩效过低或过分强调某些活动，而牺牲其他可取的行为
目标将注意力仅局限于实现目标，而忽略了其他重要行为	鼓励员工追求内在奖励，并根据这些标准衡量员工的满意度。鼓励管理层定期听取员工的担忧，并鼓励员工反馈目标的适当性以及目标是否偏离了其他优先事项
风险因素	**缓释措施**
价值观、指标和业务目标不一致	董事会应考虑公司里的价值观是否与所声明或支持的价值观相同。阐明价值观的层次结构，以便人们知道在出现明显冲突时该怎么办。确保员工能够讨论任何关于优先级或价值冲突的担忧
降低了的道德基调与高层基调不匹配	确保董事会和管理层的行动完全符合公司价值观和行为准则。向员工证明董事会和管理层是认真的，而不是简单地说说而已。建立开放的文化，鼓励思考、质疑和报告任何不一致或不协调
对报告担忧或不法行为的人进行报复	鼓励而非劝阻报告担忧或不法行为。传达和执行禁止报复举报者的政策，并提供匿名或保密举报渠道。管理层应确保"说出来"（speak up）或提出担忧的员工得到适当的倾听和理解，而不是惩罚
禁止向外部报告非法或不道德行为	解除禁止。确保劳动合同、保密政策和程序不禁止直接向执法部门或监管机构报告潜在的非法或不道德行为

---

[1] See Incentivising Ethics: Managing incentives to encourage good and deter bad behavior, 2016, pp.35–37, https://www.transparency.org.uk/sites/default/files/pdf/publications/Incentivising_Ethics_TIUK.pdf.

（续表）

风险因素	缓释措施
一种"故意视而不见"的文化	让所有人知道，腐败没有借口，每个人都有责任举报不法行为，任何参与或共谋腐败的人都有可能失去工作
对不法行为的不当处罚	使惩罚与不法行为相适应。要警惕制裁的意外后果。惩罚性措施的效果有限，但每个人都要为其不法行为承担责任
提升或奖励违反行为准则或不践行公司价值观的员工	在绩效评估中引入道德和品质考量。在支付奖金或晋升之前将需要达到的道德阈值纳入其中
在投资者和股东压力下追求短期业务目标	董事会和高级管理层应确保投资者的压力不会转化为员工无法承受的压力，并确保员工有足够的资源去做他们期望的事情
竞争对手的压力导致"竞次"现象[1]	董事会应确保其了解公司商业模式对激励高风险行为的任何特殊敏感性，确保投资者理解商业模式和平衡长短期决策的重要性
监管负担或漏洞产生了改变、规避或违反规则的激励	不断强化行为准则和遵守法律法规及其精神的重要性。引入并实施治理"政治参与"的原则、政策和程序，确保其符合公司准则、反贿赂和反腐败计划
地域和文化差异导致从事了公司认为腐败或不道德的行为	了解地域问题如何影响激励结构的运作。使用量身定制的沟通和培训，确保员工理解公司政策，并了解在高风险情况下（如礼品和招待、裙带关系等）公司对其行为的期望。为员工提供就行为准则和道德困惑寻求建议的渠道
认为必须"不惜一切代价"实现业务目标	如果员工感到有需要"不惜一切代价"实现目标或满足指标的压力，就需要创造一个环境，使其能够与管理层成员沟通。董事会应确保管理层成员没有提出不合理要求的动机
员工不认真对待组织的行为准则	确保董事会和管理层不断强调行为准则的重要性

[1]"竞次"（race to the bottom）现象，是指"公司、地方或国家试图通过牺牲质量标准或工人安全（通常无视监管）或者降低劳动力成本来降低竞争价格的竞争局面。各地区之间也可能会出现'竞次'……'竞次'一词被用来描述疯狂的针锋相对的竞争，这种竞争跨越了道德界限，可能对相关各方造成破坏性或毁灭性后果"。参见：https://www.investopedia.com/terms/r/race-bottom.asp。

（续表）

风险因素	缓释措施
员工相信自己将因结果得到奖励，而不是因实现结果的手段	确保管理层用语言和行动传达以下信息：实现结果的方式至少与实现结果同等重要
员工担心如果达不到目标，会失去工作或错过晋升机会	确保员工可以与管理层讨论工作，并且员工不需要为实现目标而偷工减料、欺骗或弄虚作假。高层的正确基调至关重要，正如更低层级的管理层所表达的基调一样
员工对适用于其工作的标准缺乏了解	提供培训，并确保管理层成员提供指导，鼓励员工在不确定需要什么时寻求建议
员工缺乏时间等资源，无法在不偷工减料的情况下完成工作	创造一个环境，让员工在时间压力过大的情况下可以与管理层对话，并确保管理层不会提出不合理的要求。倾听员工的意见，如果是其觉得没有时间或资源做好工作，则应作出适当回应
员工认为政策和程序易于不理会（被抓住或制裁的风险很小）	加强控制和"说出来"（举报）渠道。强调政策和程序的重要性，并鼓励员工在沟通和培训中不要"故意视而不见"。通过分析对员工的调查和离职面谈，识别并定位业务的高风险领域
员工试图改变或打破规则，不断强化自己的个人利益	实施强有力的控制，不断强化道德行为的重要性，并鼓励其他员工不要"故意视而不见"
同侪压力	使用基于团队表现而非个人表现的奖金时要小心，因为这可能会增加同侪压力
隔离	在警惕风险的同时，可以鼓励和创造机会，让团队进行混合，并让员工借调到其他团队
社会化 合理化 自欺欺人	考虑组织举办道德研讨会和反思会，让员工讨论其工作的道德含义。如果出现不法行为，请与员工面谈，以了解是否存在这些因素，但要记住，即使相关员工也可能不知道这些因素
道德距离	使用助推（nudge）让员工更加了解他人，可以举办道德研讨会和反思会，并在培训中鼓励员工不要使用委婉的语言来掩饰不道德行为

四、搜寻和信号传递:"酒香也怕巷子深"

在市场上,"一个基本的信息问题是,消费者必须了解市场上有什么商品、价格是多少、在哪里出售。家庭必须了解就业机会和投资机会。同理,厂商必须清楚它们所面对的需求曲线以及在什么地方、以什么价格可以获得投入品。换句话说,市场的供求双方都必须清楚它们的机会集合",而"获取这类信息的过程称为搜寻(search)","搜寻是一项重要的、成本很高的经济活动",因为"搜寻的预期边际收益会随着搜寻量的增加而递减",而且"额外搜寻的边际成本会随着搜寻量的增加而上升"[1]。简言之,搜寻的成本(包括机会成本)很高。

"酒香也怕巷子深",说的就是这个道理,即酒家把酒酿得再好,如果是在很深的巷子里,也难免会有人不知道,也就无法把酒卖给更多的顾客。原因很简单,当顾客需要花费很高的成本才能搜寻到酒家时,顾客很可能早在找到酒家之前就停止搜寻行为了。

现代社会是一个信息爆炸的时代,信息超载(informations overload)现象日益突出,进一步增加了人们的搜寻成本。信息超载一词由美国纽约市立大学(City University of New York)亨特学院(Hunter College)政治学教授伯特伦·格罗斯(Bertram Gross)在其 1964 年的著作《组织管理》(Managing of Organizations)中首创,后来由美国作家阿尔文·托夫勒(Alvin Toffler)在其 1970 年的《未来冲击》(Future Shock)一书中进行了推广。格罗斯对信息超载的定义是:当系统的输入量超过其处理能力时,就会出现信息超载,而决策者的认知处理能力相当有限,因此当信息超载时,决策质量就会降低。[2]信息超载意味着,虽然当前人们获得信息的途径和载体的种类、数目繁多,但往往真假难辨,甚至充斥着大量的不完全信息、冗余信息、复杂信息、模糊信息、虚假信息等,因此很难在信息劣势方一端解决搜寻问题。

为此,可以设计一种激励机制,诱使信息优势方主动提供信息或者降低

---

[1] 参见〔美〕约瑟夫·E.斯蒂格利茨、卡尔·E.沃尔什:《经济学》(第四版),黄险峰、张帆译,中国人民大学出版社 2013 年版,第 350—354 页。

[2] See Information Overload, Why it Matters and How to Combat It, https://www.interaction-design.org/literature/article/information-overload-why-it-matters-and-how-to-combat-it.

信息成本。相对于市场上的其他主体和市场监管者而言，企业等组织处于明显的信息优势地位，掌握着其他方不具有的信息，因此可以主动提供信息让其他市场主体和市场监管者知道其真实的价值。在经济学中，信号传递理论讲的就是如何"传递高质量的信号（signal）"[1]，即企业等组织如何通过传递信号使其自身、产品或服务等与其他组织或其产品、服务等有效区分开来。例如，"在资本市场上，由于存在信息不对称问题，一些企业为了将自己与其他企业区别开来，通常会采取一系列的行动，以向市场传递相关的信息，并且企业采取的行动通常具有一定的成本，使其他企业难以轻易模仿"，其中"常见的信号传递方式有提高股利支付率、提高资产负债率、聘请高质量审计师等"[2]。

有学者指出，"信号传递理论的核心是信号"，而"信号是运载信息的工具，是消息的载体"，"主要包括产品、价格、品牌等与生产经营相关的信息"，通过由传递、接收和反馈组成的一套循环系统，信号传递"在解决信息不对称方面起着至关重要的作用"[3]（见图 1.7）。

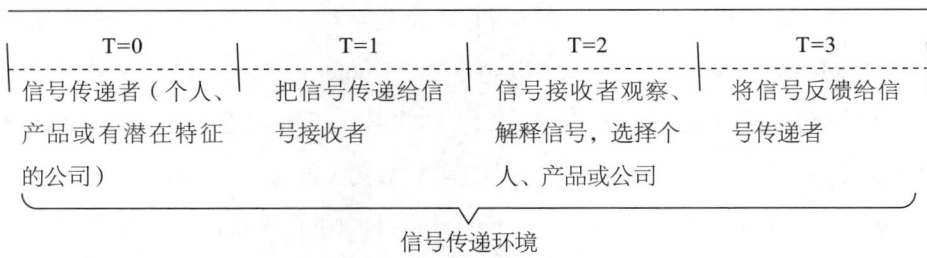

T=0	T=1	T=2	T=3
信号传递者（个人、产品或有潜在特征的公司）	把信号传递给信号接收者	信号接收者观察、解释信号，选择个人、产品或公司	将信号反馈给信号传递者

信号传递环境

注：T 代表时间

图 1.7　信号传递时间轴[4]

[1] 参见〔美〕约瑟夫·E. 斯蒂格利茨、卡尔·E. 沃尔什：《经济学》（第四版），黄险峰、张帆译，中国人民大学出版社 2013 年版，第 343 页。

[2] 参见谭雪：《行业竞争、产权性质与企业社会责任信息披露——基于信号传递理论的分析》，载《产业经济研究》2017 年第 3 期，第 17 页。

[3] 参见范培华、吴昀桥：《信号传递理论研究述评和未来展望》，载《上海管理科学》2016 年第 3 期，第 70 页。

[4] 参见 Connelly, Brian L., Certo, S. T., Ireland, R. D., Reutzel, Christopher R., Signaling Theory: A Review and Assessment, Organization Science, 2012, 2012, 23（4）：1175−1190。转引自范培华、吴昀桥：《信号传递理论研究述评和未来展望》，载《上海管理科学》2016 年第 3 期，第 70 页。

那么，如何"设计一个诱使信息优势方说真话的激励机制"呢？答案是"拥有'好'私人信息的人应该得到信息租金"[1]，即说真话的信息优势方应当获得高于市场平均收益的超额回报。而且，信号传递，特别是激励信息优势方说真话，或者说是向外界传递能够显示其真实价值的信号，不仅可以降低搜寻成本、解决逆向选择导致的市场失灵问题，还可以增进人与人之间的信任，降低交易成本和整个社会的运行成本，以及减少因不信任而导致的本不该有的社会矛盾。[2]

实践中，寻求某某第三方认证、成为某某联盟成员、被评选为某某示范企业、登上某某信用企业名单等做法，都是企业试图主动传递信号的典型做法。

但需要注意的是，政府或社会组织在组织开展类似认证或评选等活动时，至少应当注意以下几个方面的问题。

（1）如何确保权威性和可信性？如果没有足够的权威性和可信性，这种活动的实际意义有多大？

（2）如何使广大受众知晓此类活动，并易于获得有关信息？如果此类活动仅是闭门造车、自娱自乐，那么开展此类活动能给企业带来多大好处？

（3）如何确保公众对企业的真实感受与认证或评选结果是一致的？如果被认定为优质或守信的企业名不符实、公众不认可甚至嗤之以鼻，那么此类活动的价值和意义何在？

（4）是否做到了认证或评选等活动的程序公开、公正、公平？是否在不增加企业负担的前提下开展了此类活动？是否杜绝了各种藏污纳垢现象和贿赂、腐败等不法行为？

（5）如何确保此类活动真正有价值、有意义，能够真正起到降低搜寻成本和信号传递的作用，而非一时兴起，很快便不了了之？

（6）如何确保说真话的企业真正获得信息租金？如果是鱼龙混杂，甚至出了钱、活动关系就可以加入，那么好企业还有什么动力来参加？

---

[1] 参见张维迎：《信息、信任与法律》，生活·读书·新知三联书店 2003 年版，第 77—78 页。
[2] 参见张维迎：《信息、信任与法律》，生活·读书·新知三联书店 2003 年版，第 2—6 页。

相对而言，国际标准认证不仅可以证明企业的廉洁性和（或）合规性，还可以证明企业负责任的态度和所遵守的高标准，并向企业内外展示其采用国际上得到认可的最佳实践做法的决心。例如，我国中兴通讯股份有限公司（简称中兴通讯）于 2020 年 11 月通过了 ISO 37001 认证并获得证书，成为第一家获得由英国标准协会（British Standards Institution, BSI）认证并带有美国国家标准协会 – 美国质量学会国家认证委员会（ANSI-ASQ National Accreditation Board）认可的 ISO 37001 证书的中国企业。2021 年 9 月，中兴通讯 5G 产品再次通过英国标准协会审核，并获得 ISO/IEC 27701《隐私信息管理体系》国际标准认证。[1] 获得国际标准认证已经成为中兴通讯合规管理体系建设水平的有力印证，足以证明其在反腐败合规、数据合规等专项合规领域取得的成就。

五、"以人为本"：来自行为科学和助推理论的洞见

在前面四个方面的经济分析中，都暗含一个经典的新古典经济学假设前提，即"理性人""经济人"或"理性选择"假设，指的是"每当人们必须作出选择时，他们会衡量每种可能性的成本和收益。这一假设基于这样的设想——在个人和厂商有合理的、明确界定的爱好和目标，以及对如何达到这些目标有合理的解释的条件下，个人和厂商的行为具有一致性"。其中，"就个人来说，理性假设是指他会基于自身利益而作出选择和决策"，即"理性的、追求自身利益的"；"就厂商而言，理性假设是指厂商经营的目标是使得利润最大化"，即"理性的、追求利润最大化的"[2]。

但是，现实世界中的人并不是完全理性的，而是非完全理性的，主要有以下四种表现形式。[3]

（1）有限理性（bounded rationality），是指人们通常只有有限的认知能

---

[1] 中兴通讯 5G 产品曾于 2020 年 5 月 9 日获得该认证，但当时的有效期仅到 2021 年 5 月 22 日。此次于 2021 年 9 月 8 日获得的认证的有效期将到 2024 年 5 月 22 日。

[2] 参见〔美〕约瑟夫·E. 斯蒂格利茨、卡尔·E. 沃尔什：《经济学》（第四版），黄险峰、张帆译，中国人民大学出版社 2013 年版，第 24、27 页。

[3] 参见吴秀尧：《行为法经济学视角下的人性假设理论框架研究》，载《时代法学》2014 年第 1 期，第 61—65 页。

力、信息搜寻和处理能力、计算能力和决策能力等。

（2）有限意志力（bounded willpower），是指人们往往只有有限的自制力，会因缺乏自制力而无法总能做出最佳选择，它强调情感因素和对情感的不完美控制，并和判断未来发生结果有关，即人们会采取明知有悖于其短期利益和长期利益的行动。

（3）有限自利（bounded self-interest），是指人们关心公平和他人的幸福，所引发的核心问题是公平对待，这种对完全自利的偏离对于法律以及法律和规范系统之间的关系来讲尤为重要，因为这会显著改变行为人的行为模式。

（4）情境依赖（contextual dependence）或情境效应（contextual effect），是指个人偏好高度依赖情境或情境线索，或者说选择方式会影响行为人的选择，即个人偏好不是既定的，而是受情境影响的。

专门研究人的非完全理性与公共政策的一个领域是行为科学，其中的一个研究进路被称为行为洞见[1]。行为洞见，实质上是一种政策制定的归纳法，它将心理学、认知科学和社会科学的洞见与旨在发现人们是如何做出选择的实证检验结果结合在了一起。[2] 关注"人们是如何做出选择的"就是关注人的行为，因为真实世界的人普遍表现出高度的人性化、情绪化和社交性，而传统的反腐败对策之所以更强调制度和刚性约束就是由于采取了以"理性人"或"经济人"为假设的理性决策模型而忽视了人性因素。

自 2013 年以来，经合组织一直处于支持公共机构运用行为洞见改善公共政策的最前沿，发布了一系列具有开创性的研究报告，为各国如何将行为洞见应用于公共政策提供了指引。2018 年 2 月，经合组织发布了一份名为《关于公共廉洁的行为洞见：利用人性因素反腐败》（Behavioural Insights for Public Integrity: Harnessing the Human Factor to Counter Corruption）的报告。该报告明确指出，廉洁政策已经由狭隘地关注威慑和执法转向了在公共部门

---

[1] 需要指出的是，行为洞见（Behavioural Insights）在我国港台地区多被译为"行为慧见"，而在我国内地（大陆）学界还存在"行为洞察""行为透视"等其他译法。根据美国《韦氏大字典》的解释，洞见是指"理解事物的内在本质或直观地看到事物的行为或结果"。参见 https://www.merriam-webster.com/dictionary/insight。

[2] See http://www.oecd.org/gov/regulatory-policy/behavioural-insights.htm.

和社会中促进基于价值观的决策，因此，经合组织依据关于公共廉洁的行为洞见，率先提出并倡导"利用人性因素"的廉洁政策。事实上，经合组织是在全面总结各成员国的实践经验基础上得出以下结论的，即将行为洞见引入廉洁治理这一公共政策领域，能够有效提升廉洁政策的效率和有效性。

就廉洁治理而言，行为洞见作为一种政策工具，至少能够将以下两个经常被忽视的方面纳入廉洁政策，从而帮助政策制定者设计出有别于传统的、更有效的廉洁政策：（1）廉洁的核心是基于个人道德反思的道德选择；（2）社会动态会影响个人行为，因为廉洁会受到社会、同龄人、邻居和同事等的影响。[1] 概言之，"以人为本"的廉洁政策重视人性因素，强调利用社会、心理、情感、认知等因素通过干预人们的行为达到反腐败和公共廉洁的目的。需要指出的是，传统的廉洁政策也重视塑造廉洁文化、开展廉洁教育等，但这些并没有运用到行为洞见，不属于将行为洞见应用于廉洁政策的范畴。

如前文所述，通过将行为洞见引入廉洁治理这一公共政策领域，使得"以人为本"的廉洁政策不再强调刚性约束，而是注重柔性助推。在 2008 年出版的《助推：如何做出有关健康、财富与幸福的最佳决策》一书中，2017年诺贝尔经济学奖获得者、行为经济学家理查德·塞勒（Richard Thaler）和美国白宫信息与规制事务办公室前主任、法学家凯斯·桑斯坦（Cass R. Sunstein）明确将助推定义为：任何一种能够以可预见的方式改变人们行为的选择架构，这种非强制性的干预无须禁止任何选项或者显著改变其经济激励，而且人们容易以较小的代价使之无效。[2] 显然，柔性助推是"以人为本"的廉洁政策的关键所在。经合组织指出，"行为研究为决策者制定新的、目标明确的廉洁政策提供了丰富的见解"，例如"专注于制度和机构往往会导致廉洁的人性层面被忽视"，因为"廉洁取决于个人的选择"，而且，"越来越多的证据揭示了腐败网络如何运作、个人如何从腐败中获利，以及人们如

---

[1] See OECD, Behavioural Insights for Public Integrity: Harnessing the Human Factor to Counter Corruption, OECD Public Governance Reviews, OECD Publishing, Paris, 2018.

[2] See Richard H. Thaler, Cass R. Sunstein, Nudge: Improving Decisions About Health, Wealth, and Happiness, Yale University Press, 2008, p.6.

何对反腐败措施提供的激励作出反应"[1]。

英国著名的"行为洞见团队"［Behavioural Insights Team，BIT，又称"助推小组"（Nudge Unit）］认为行为科学可以为反腐败作出重要贡献，并提出了六个具有启发性的议题。[2]

（1）关注行为：（a）可以将腐败理解为个人行为的集合，每个行为都发生在特定的背景下和特定的决策点；（b）针对具体的腐败行为，而不是试图制定一整套政策，有助于揭示如何阻止此类行为，并有可能揭示如何解决腐败问题。

（2）更好地理解激励因素的作用范围和腐败背后的心理学：（a）个人的腐败行为并非都是由其自身利益驱动的，也并非都是天生的坏人所为；（b）腐败的心理学告诉我们，社会压力、精神上的"道德许可"（如"我的工资不能反映我工作的价值，因此我应该得到更多的钱"）、互惠（如"我需要回应我得到的好处"）和自利偏差（self-serving bias）（如"对我有利的行动对其他人也是好的，或者至少不会伤害他们"）都有可能影响个人从事腐败行为。

（3）人们的行为方式与其期望他人采取的行为方式相同：（a）腐败行为在社会中普遍存在的程度可能会影响人们对诚实的期望，从而影响其腐败行为；（b）人们会利用环境中的信息更新其对社会规范的看法，即对社会规范的普遍遵守会影响不诚实行为。

（4）流行的社会资本（social capital）很重要：（a）在社会学上，社会资本是指"促进群体内部和群体之间合作的网络及共同规范、价值观和理解"[3]；（b）历史上社会信任水平较低（即人们认为其社会中的大多数其他人都不可信）的国家的腐败程度较高；（c）了解特定背景下社会网络、责任和信任的模式，将有助于设计机制，以鼓励彼此陌生的行为者相互之间合作。

（5）腐败绝不是无受害人犯罪（victimless crimes）：（a）由于责任的

[1] See https://www.oecd.org/governance/ethics/behavioural-insights-integrity/.

[2] See Corruption: Can a Behavioural Approach Shift the Dial?, 2016, https://www.bi.team/blogs/corruption-can-a-behavioural-approach-shift-the-dial/.

[3] See https://www.oecd.org/insights/37966934.pdf.

分散，某些腐败行为可能会被视为无受害人犯罪，但实际上总有受害者；（b）在决策过程中的关键点上，让腐败的影响更加突出并与个人相关，可以帮助人们更充分地认识到自己的不廉洁行为对他人的影响。

（6）现代工具和技术可以提供帮助：（a）数据收集能力可发挥重要作用，而且越来越具有可用性；（b）技术使人们能够实时报告、创建支持网络、让不受欢迎的行为可见，并通过将私人知识与大数据分析相结合鼓励举报，例如专门的举报网站；（c）应以一种理解并鼓励特定个人行为的方式设计数字平台，例如使人们举报腐败变得简单。

经合组织也提出了关于廉洁的四个行为洞见。[1]

（1）廉洁取决于人们的选择：廉洁政策需要将行为纳入考虑范围。

（2）廉洁并不全是关于控制和执行：过分严格的控制会降低积极性，而信任更有效。

（3）没有"道德超人"：人们在做决定时，有数百种方法可以使其忘记道德。

（4）责任分散时，内疚感较小：集体决策和信息披露并不能保证一定能够做出合乎道德的选择。

"以人为本"的廉洁政策具有"人性化、低成本、少干预、效果好"的显著特点。因此，通过将行为科学和行为洞见作为廉洁政策的理论支撑，可以显著提升廉洁政策的科学性、合理性和有效性。英国、美国、澳大利亚等发达国家和经合组织、欧盟、世界卫生组织等国际组织正是不断通过理论创新，继而实现公共政策和制度创新，并持续推动社会进步的。

那么，什么是"以人为本"的廉洁政策？根据英国"行为洞见团队"于2014年提出的将行为洞见应用于公共政策的"EAST"框架，可以尝试依据行为洞见从简化、吸引力、社交性、及时性四个方面设计"以人为本"的廉洁政策，从而通过助推促进廉洁治理创新（见表1.10）。

---

[1] See https://www.oecd.org/governance/ethics/behavioural-insights-integrity/.

表 1.10　将行为洞见应用于公共政策的"EAST"框架 [1]

"EAST"框架	助推	行为科学解释
简化（Easy）	（1）利用默认选项的力量。人们强烈倾向于同意默认或预设的选项，因为这样做很容易。将一个选项设为默认会使其更有可能被选择	惰性（inertia）
	（2）减少接受服务时的"麻烦因素"。如果采取一项行动很费力，人们往往会望而却步。减少费力程度可以提高参与率或反应率	摩擦/麻烦成本（friction/hassle costs）
	（3）简化信息。把信息说清楚通常会显著提高人们对通信的响应率，特别是对于确认如何将复杂的目标分解为更简单、更容易的行动而言很有用	信息超载（information overload）
吸引力（Attractive）	（1）吸引注意力。人们更有可能做一些注意力被吸引的事情。可以使用图像、颜色或个性化设置等吸引人们的注意力	显著性偏差（salience bias）
	（2）设计奖励和惩罚以达到最大效果。经济激励通常是非常有效的。但是，替代性激励方案（例如抽彩给奖法）也很有效，而且往往成本更低	行为激励（behaviourally incentive）
社交性（Social）	（1）表明大多数人会采取所期望的行为。通过描述大多数人在特定情形下会采取的行为鼓励其他人也这样做。类似地，政策制定者应当警惕：强调有问题行为的高发率会无意中助长这种行为	社会规范（social norms）
	（2）利用网络的力量。人们嵌入在社会关系网络中，所接触的人会塑造其行为。政府可以培育网络，以促成集体行动、提供相互支持以及鼓励某种行为以点对点的方式进行传播	社会互动（social interactions）
	（3）鼓励人们对他人作出承诺。人们经常以承诺手段来自愿地"锁定自己"提前做一些事情。这些承诺的社会性往往至关重要	承诺；互惠（commitment; reciprocity）

[1] 本表是在英国"行为洞见团队"于 2014 年 4 月 11 日发布的报告《EAST：运用行为洞见的四种简单方式》基础上，经进一步研究而得出。See Owain Service, Michael Hallsworth, David Halpern, et. al., EAST: Four simple ways to apply behavioural insights, The Behavioural Insights Team, 2014, https://www.bi.team/wp-content/uploads/2015/07/BIT-Publication-EAST_FA_WEB.pdf.

（续表）

"EAST"框架	助推	行为科学解释
及时性（Timely）	（1）在人们最容易接受的时候提醒他们。同一个提议在不同的时机作出，会有截然不同的成功程度。当习惯已经被打乱时，比如在发生重大的生活事件期间，行为通常更容易改变	情境依赖（context dependence）
	（2）考虑眼前的成本和收益。相对于延迟的成本和收益而言，人们更容易受到即时成本和收益的影响。政策制定者应当考虑是否调整（哪怕是轻微调整）眼前的成本或收益，因为它们的影响非常大	现时偏差（present bias）
	（3）帮助人们制定对事件作出反应的计划。意图和实际行动之间存在很大的差距。一个行之有效的解决方案是促使人们找出行动的障碍，并制定一个用来解决这些障碍的具体计划	—

（1）利用简化（或便捷性）设计廉洁政策。行为科学研究表明，一些看似无关紧要的小细节往往会阻碍良好政策的实施，而原因却是人们因惰性、摩擦／麻烦成本或信息超载等而无限期拖延、消极应对或不知所措。（a）利用默认选项的力量，尤其是区分使用"选择退出"（opt-out）规则和"选择加入"（opt-in）规则，前者是指除非人们明确表示拒绝否则推定其同意，后者是指除非人们明确表示同意否则视为其拒绝，因为它们会对人们产生显著不同的影响，甚至直接决定其行为和选择，例如使用"选择退出"规则往往能够获得更高的同意率。（b）很多人面对某些政策会由于"太麻烦"或"很费力"选择不参与或难以及时退出，这说明是政策本身的设计出了问题，因此在设计廉洁政策时要尽可能去除"麻烦因素"，以提高受众的参与率或反应率，并确保其能够及时退出。（c）信息并非越多越好，网络时代的海量信息会使人们面临信息超载的烦恼，因此在制定廉洁政策时要尽可能简化信息，从而提高人们对通信的响应率，并真正高效率地为人们提供有用的信息。例

如，可以简化表格、去除不必要的冗余信息、在文件的开头就呈现最关键的信息、使用简洁的语言、明确列出建议采取的行为等。

（2）注重廉洁政策对人们的吸引力。人们更容易对新奇的、简单的、易懂的激励作出反应，因此，可以通过外部因素吸引人们的注意力，也可以通过成本和效益等激励促使人们作出反应。（a）可以使用图像、颜色或个性化设置等外部因素吸引人们的注意力。特别值得注意的是，通过个性化吸引人们的注意力是各国政府长期以来一直强调的，但直到近些年由政府和其他机构发送的个性化信息产生行为影响才开始得以实现。以发送廉洁短信为例，可以在提醒信息中强调以下不同的因素：道德因素，如"记住，你应该报告并上交你全年接受的礼物。表现出你的诚实吧"；个人因素，如"某某某，别忘记参加道德调查"；身份因素，如"作为一名优秀的警官，你承诺廉洁……"；价值因素，如"接受礼物会损害你作为公职人员的大公无私"；社会因素，如"你 96% 的同事已经提交了财产申报"。[1]（b）廉洁政策可以运用奖励或惩罚，也可以运用经济激励或荣誉等替代性激励，尤其是通报表扬、报道先进事迹等方式能以更低的成本、更直观的效果达到廉洁治理的目的，但也要注意这种表扬和报道等不是形式主义的，而是要在官员和民众之间得到认可、引起共鸣。

（3）利用人们的社交性设计廉洁政策。人们的社交性表现为人们的决策往往是由社会动机驱动，比如忠诚、建立信任、回报恩惠、帮助某人摆脱困境等，这说明人们做决定既是为了自己的利益最大化，也关心他人的想法和行为，即表现出有限自利。社会动机可能有利于廉洁，但也可能成为产生腐败行为的原因。利用人们的社交性设计廉洁政策主要有三种方式：（a）着力宣传大多数人在特定情形下会采取的廉洁行为，以鼓励其他人也这样做，同时避免过度强调腐败或其他不廉洁行为的高发率，以防无意中助长这种行为；（b）利用网络的力量，促成对廉洁治理有益的集体行动、倡导人们相互提供支持以及鼓励某些廉洁行为以点对点的方式进行传播；（c）利用承诺和

---

[1] See OECD, Behavioural Insights for Public Integrity: Harnessing the Human Factor to Counter Corruption, OECD Public Governance Reviews, OECD Publishing, Paris, 2018.

互惠，前者如要求人们在高腐败风险决策程序中签署廉洁承诺、在项目开始前要求其在表格顶部签署利益冲突声明等，后者如将容易诱发腐败的直接互惠变为有助于促进廉洁的间接互惠，即用自己的廉洁换取其他人的廉洁，但这需要法律和道德等进行约束。

（4）注重廉洁政策的及时性。信息出现的时机会影响甚至决定人们的反应，因此利用好传递信息的时机可以设计出效果更好的廉洁政策。（a）选择特定的时机，例如入党时、入职时、职务晋升时、入党纪念日等特定时间及时提醒人们奉行廉洁。例如，深圳政务信息平台会在党员的入党纪念日推送短信息，提醒在深圳的中共党员"不忘初心、牢记使命、勇当尖兵，为深圳建设中国特色社会主义先行示范区贡献自己的一份力量"。（b）时刻提醒人们计算清楚腐败行为的真实成本与收益，防止其只顾眼前利益而不管将来的悲惨下场，可以在培训和谈话时讲清楚一个人的腐败行为会对其家庭和亲人造成何等伤害。（c）提前帮助人们制定对潜在腐败因素作出适当反应的预案。实践中，很多人是在不知不觉中被拉下马并从事了腐败行为的，为其提供帮助不仅仅是威慑和提醒，更是要使其认清与潜在腐败作斗争会遇到的障碍，例如通过制定预防腐败清单，真正帮助其知道如何预防腐败和奉行廉洁。

第三节　推进廉洁合规治理的价值和意义

一、帮助"走出去"企业防范境外廉洁合规风险

2017年5月14日，习近平总书记在出席"一带一路"国际合作高峰论坛时指出，我们要加强国际反腐合作，让"一带一路"成为廉洁之路，将"一带一路"建成文明之路。我国国家发展改革委、外交部、商务部、人民银行、国资委、外汇局、全国工商联在2018年12月26日联合印发的《企业境外经营合规管理指引》（发改外资〔2018〕1916号）指出，合规是企业"走出去"行稳致远的前提，合规管理能力是企业国际竞争力的重要方面。显然，企业无论是参与共建"一带一路"，还是"走出去"参与国际竞争，

都必须廉洁合规。

企业"走出去"的过程，就像船舶离开风平浪静的内陆湖泊，进入波涛汹涌的大海，将直面各种复杂的海上状况及风险。在大海上，既有自然界力量引起的狂风巨浪、海啸等自然灾害，又有搁浅、触礁、沉没、火灾等意外事件，甚至还有海盗等惊心动魄的海上劫杀。但是，大海有内陆湖泊所没有的良机。例如，白令海峡上抓捕阿拉斯加帝王蟹的捕蟹人，几乎可以称得上是世界上最危险的职业，工人们每天要在极度的严寒中，面对时速超过一百公里的狂风和几米到十几米的巨浪，每天只有几个小时的休息时间，这使得其伤亡率是普通工人的 50 倍。但是，捕蟹船老板和工人们的收获也是巨大的，这是内陆湖泊无法比拟的。

一方面，企业"走出去"之后，就会面临有关国家的反腐败执法风险。美国《反海外腐败法》、英国《2010 年反贿赂法》、法国《萨宾第二法案》等许多国家的反腐败法都是非常严格的，而且普遍确立了"长臂管辖"原则，一旦违反其规定，就极有可能被处以严厉处罚尤其是巨额罚款。事实上，反腐败等领域的专项合规在某种意义上已经成为以美国为首的西方国家对我国重要企业尤其是头部企业、跨国企业、高科技企业实施打击的一种手段。根据英国《2010 年反贿赂法》第 11 条的规定，凡构成该法第 1 条行贿罪、第 2 条受贿罪、第 6 条行贿外国公职人员罪和第 7 条商业组织未能防止贿赂罪者，无论是自然人还是商业组织，一经公诉程序定罪，均可被处以无限额罚金。在美国《反海外腐败法》的十大执法案件中，这些跨国公司受到的经济制裁总金额超过了 152 亿美元，其中最少的被罚了 7 亿多美元，最多的被罚了 35 亿多美元（见表 1.11）。

表 1.11　美国《反海外腐败法》十大执法案件的情况

排名	涉案公司	制裁金额（亿美元）	所属国家	年份
1	奥德布雷希特股份有限公司（Odebrecht S.A.）	35.57626137	巴西	2016
2	高盛集团（The Goldman Sachs Group, Inc.）	26.17088	美国	2020
3	空客公司（Airbus SE）	20.91978881	荷兰／法国	2020
4	巴西石油公司（Petroleo Brasileiro S.A.）	17.86673797	巴西	2018
5	爱立信电话公司（Telefonaktiebolaget LM Ericsson）	10.60570832	瑞典	2019
6	泰利亚公司（Telia Company A.B.）	9.65604372	瑞典	2017
7	移动电信公共股份公司（Mobile Telesystems Public Joint Stock Company）	8.500004	俄罗斯	2019
8	西门子股份公司（Siemens Aktiengesellschaft）	8.00002	德国	2008
9	维姆佩尔康有限公司（VimpelCom Ltd）	7.95326798	荷兰	2016
10	阿尔斯通公司（Alstom S.A.）	7.722912	法国	2014
总计	—	152.97162417	—	—

　　另一方面，企业"走出去"之后，就会面临世界银行集团（World Bank Group，WBG，简称世界银行或世行）的反腐败制裁风险。世界银行在1996年正式建立了反腐败制裁机制，即通过对几个指引进行修改，增加了打击腐败和欺诈的条款，同时设立了专门处理腐败和欺诈行为的机构，并自1999年开始对违反这些条款的企业和个人采取反腐败制裁措施——制裁范围包

括腐败行为（corrupt practice）、欺诈行为（fraudulent practice）、共谋行为（collusive practice）、胁迫行为（coercive practice）以及妨碍行为（obstructive practice）；制裁措施包括谴责信（letter of reprimand）、除名（debarment）、有条件不除名（conditional non-debarment）、有条件除名（debarment with conditional release）以及退款或救济（restitution or remedy）。[1] 因此，在世界银行的反腐败制裁机制下，只要公司及其代理人参与了世界银行的项目，且存在腐败、欺诈、共谋、胁迫、妨碍这五类行为，就有可能成为世界银行的制裁对象。

在上述反腐败制裁措施中，有条件不除名和有条件除名这两种制裁措施都包含了"廉洁合规不制裁"的理念，前者的适用条件之一是"企业已经全面、主动地采取救济性和预防性措施"，而且"只要企业满足了世行提出的条件，可以不对企业予以除名制裁"；后者意味着"企业虽然被世行除名，但是符合条件之后，即可恢复其参与世行项目的资格"，这些条件包括"建立和完善其内部廉洁制度"等，而且在这种情况下，世行专门设置了廉洁合规官（Integrity Compliance Officer）来监督企业，只有当廉洁合规官"确认企业已经符合了世行设定的条件，企业才可以恢复资格"。[2] 这两种措施也是世界银行使用最频繁的反腐败制裁措施，即，如果企业有世界银行认可的廉洁合规措施或制度（详见本书第二章第五节），就有可能免予或减轻制裁。

可以说，"廉洁合规是中华传统美德和国际社会共识，也是企业主动适应国际规则、做强做优做大的必然选择"[3]。同时，廉洁合规也是我国"走出去"企业防范境外廉洁合规风险、实现可持续发展和永续经营的不二选择。

二、推进我国国家治理体系和治理能力现代化

2013 年 11 月，中共十八届三中全会通过的《中共中央关于全面深化改

---

[1] 参见陈一峰：《世界银行反腐败制裁机制与全球治理》，载《国际法研究》2015 年第 6 期，第 78—83 页。

[2] 参见陈一峰：《世界银行反腐败制裁机制与全球治理》，载《国际法研究》2015 年第 6 期，第 82—83 页。

[3] 参见王卓：《"一带一路"参与企业发起廉洁合规倡议 让走出去的步伐更稳健》，2020 年 11 月 28 日，https://www.ccdi.gov.cn/toutiao/202011/t20201127_230859.html。

革若干重大问题的决定》首次提出：全面深化改革的总目标是完善和发展中国特色社会主义制度，推进国家治理体系和治理能力现代化。2019年10月，党的十九届四中全会审议通过了《中共中央关于坚持和完善中国特色社会主义制度　推进国家治理体系和治理能力现代化若干重大问题的决定》，其中明确指出：（1）构建系统完备、科学规范、运行有效的制度体系，加强系统治理、依法治理、综合治理、源头治理，把我国制度优势更好转化为国家治理效能；（2）加强和创新社会治理，完善党委领导、政府负责、民主协商、社会协同、公众参与、法治保障、科技支撑的社会治理体系，建设人人有责、人人尽责、人人享有的社会治理共同体；（3）推进反腐败国家立法，促进反腐败国际合作，加强思想道德和党纪国法教育，巩固和发展反腐败斗争压倒性胜利。

有学者指出，国家治理现代化，即国家治理体系和治理能力现代化，可以被认为是继我国工业现代化、农业现代化、国防现代化、科学技术现代化"四个现代化"之后的"第五个现代化"，其中，国家治理是指一国范围内的所有治理，它既包含各个领域的治理，也包含了政府治理、政党治理、市场治理、社会治理等各个方面的治理。[1]我国在国家治理现代化上选择了一条适合自己国情的中国道路，其独特的价值理念包括以人民为中心、平等和公平正义、共建共治共享以及法治。[2]有观点认为，"五治"，即政治引领、法治保障、德治教化、自治强基、智治支撑是推进国家治理现代化的基本方式。[3]可以预见，如何推进国家治理现代化在未来将有待继续探索。

如前文所述，廉洁合规是一个法律问题，更是一个管理和治理问题。廉洁合规治理（包括廉洁治理和合规管理）广泛涵盖系统治理、依法治理、综合治理、源头治理、政府治理、政党治理、市场治理、社会治理等各种类型、各个方面的治理，涉及国家、企业等组织以及个人等几乎所有社会主体和所有行业或领域。廉洁合规治理是国家治理的重要组成部分。国家治理现

---

[1] 参见许耀桐：《应提"国家治理现代化"》，载《北京日报》2014年6月30日第18版。
[2] 参见鞠成伟：《国家治理现代化的中国道路》，载《中国纪检监察报》2019年12月26日第5版。
[3] 参见陈一新：《"五治"是推进国家治理现代化的基本方式》，载《求是》2020年第3期。

代化的实现离不开廉洁合规治理现代化的实现。概言之，通过推进廉洁合规治理，有助于切实推进我国国家治理体系和治理能力现代化。

三、培育廉洁合规文化，提升全社会的廉洁合规意识

只有全社会都参与到廉洁合规建设中来，尤其是在合适的情况下开展有针对性的廉洁合规教育，才能使人们真正认识到廉洁合规能够带来的好处，降低人们对腐败的容忍度，形成一种全社会对腐败零容忍和倡导廉洁合规的文化。

2018 年，经合组织发布了《廉洁教育：关于反腐败、价值观和法治的教学》（Education for Integrity: Teaching on Anti-Corruption, Values and the Rule of Law），目的是向人们传授关于如何开展廉洁教育的知识、技能和活动方式，以打击腐败并为社会建立新的行为规范和价值观，从而建立可持续的廉洁文化和帮助人们实现更美好的未来。[1]通过分析可知，廉洁教育的核心内容是帮助人们了解反腐败、廉洁价值观以及法治。

但实际上，培育廉洁合规文化的路径远不止于教育。经合组织在 2021 年发布的《经合组织对墨西哥州的廉洁审查：培育廉洁文化》中指出，建立公共廉洁文化的要点如下。[2]

（1）为廉洁设定高标准，包括：（a）使道德监管框架与国家反腐败体系的立法相一致，例如制定行为标准、《道德守则》（Code of Ethics）和处罚；（b）提高透明度，制定由原则和价值观构成的《道德守则》；（c）《行为守则》（Codes of Conduct）和《廉洁规则》（Integrity Rules）应强调管理利益冲突，并确保它们得到真正实施。

（2）确保将廉洁标准转化为实践和行为改变，包括：（a）编制指引性材料，帮助员工识别和管理利益冲突；（b）支持员工识别和处理道德困境，以更好地符合道德标准；（c）优化沟通方式，提高员工的意识，并就《道德守则》《行为守则》《廉洁规则》对员工进行培训；（d）与管理人员一起培养道

---

[1] See https://www.oecd.org/corruption/ethics/integrity-education.htm.

[2] See https://www.oecd-ilibrary.org/sites/91a7f1fe-en/index.html?itemId=/content/component/91a7f1fe-en.

德领导意识和技能；（e）为廉洁奠定基础。

（3）进一步完善旨在鼓励举报腐败行为和保护举报人的框架，包括：（a）避免举报不法行为被大多数人认为是无用或浪费时间的，并确保举报人知道该向谁举报；（b）采取防止举报不法行为者遭受报复的具体保护措施，即加强对举报人的保护。

（4）最大限度地发挥税务、财产和利益申报的作用，包括：（a）对员工在其税务、财产和利益申报中登记的信息进行有效核查，可以更好地发现潜在的利益冲突情况和非法致富；（b）简化财产申报制度；（c）应考虑以风险为基础的方法来确定需要申报的范围。

（5）采取基于证据（evidence-informed）的廉洁政策，即通过开展对员工的调查为廉洁政策以及监控和评估该政策的执行情况提供证据基础，其中包括考虑将调查范围扩大。

实际上，这些要点不仅可用于培育公共部门的廉洁文化，也可用于培育私营部门和非营利部门的廉洁文化；不仅可用于培育廉洁文化，也可用于培育廉洁合规文化。从外延上看，廉洁合规治理基本全面涵盖了上述措施，而且更为广泛。因此，推进廉洁合规治理，有助于在社会上营造廉洁合规的积极氛围，进而培育廉洁合规文化，并提升全社会的廉洁合规意识。

四、创新一体推进不敢腐、不能腐、不想腐体制机制

2017 年 10 月，党的十九大报告提出，坚持反腐败无禁区、全覆盖、零容忍，坚定不移"打虎""拍蝇""猎狐"，不敢腐的目标初步实现，不能腐的笼子越扎越牢，不想腐的堤坝正在构筑，反腐败斗争压倒性态势已经形成并巩固发展；强化不敢腐的震慑，扎牢不能腐的笼子，增强不想腐的自觉，通过不懈努力换来海晏河清、朗朗乾坤。2018 年 1 月，党的十九届中央纪委二次全会将深化标本兼治和构建不敢腐、不能腐、不想腐的体制机制作为巩固发展反腐败斗争压倒性态势的重要内容。2019 年 1 月，党的十九届中央纪委三次全会进一步强调，坚持标本兼治、固本培元，构建不敢腐、不能腐、不想腐的有效机制；一体推进不敢腐、不能腐、不想腐。

2019 年 10 月，党的十九届四中全会的决定明确将"构建一体推进不敢腐、不能腐、不想腐体制机制"作为坚持和完善党和国家监督体系的重要内容。2020 年 1 月，习近平总书记在党的十九届中央纪委四次全会上明确指出，一体推进不敢腐、不能腐、不想腐，不仅是反腐败斗争的基本方针，也是新时代全面从严治党的重要方略。2020 年 10 月，党的十九届五中全会明确要求，坚持无禁区、全覆盖、零容忍，一体推进不敢腐、不能腐、不想腐，营造风清气正的良好政治生态。

可见，一体推进不敢腐、不能腐、不想腐经过短短几年时间的实践探索和理论发展，已经被提升到了我国反腐败斗争基本方针和新时代全面从严治党重要方略的战略高度。[1] 一体推进不敢腐、不能腐、不想腐真正实现了"把惩治震慑、制度约束、提高觉悟结合起来"[2]，它"是中国特色反腐倡廉道路的实现路径"，"是反腐败顶层设计，是对反腐败规律的深刻把握"[3]。

既然一体推进不敢腐、不能腐、不想腐是我国反腐败斗争的基本方针，那么"不敢腐、不能腐、不想腐"不仅是对党员领导干部、所有公职人员提出的要求，更是对全社会尤其是企业等组织提出的要求。廉洁合规治理是一项系统性工程：一是它需要全社会所有人员的参与和支持，并需要政府的干预；二是它同时包含对腐败和不合规行为的惩治震慑和制度约束以及对个人觉悟的提高，而且其内容远远不止于此。推进廉洁合规治理尤其是企业廉洁合规治理，可以促进一体推进不敢腐、不能腐、不想腐体制机制创新，例如它可以从理念、框架、原则、规则、措施等方面提供现成的工具箱、武器库。

2021 年 9 月，中央纪委国家监委与中央组织部、中央统战部、中央政法委、最高人民法院、最高人民检察院联合印发了《关于进一步推进受贿行

---

[1] 参见吴秀尧：《一体推进"三不腐"揭示标本兼治基本规律》，载《清风》2020 年第 9 期，第 8—10 页。

[2] 参见何韬：《学习贯彻党的十九届五中全会精神 一体推进不敢腐不能腐不想腐》，2020 年 12 月 26 日，https://www.ccdi.gov.cn/toutiao/202012/t20201226_232555.html。

[3] 参见薛鹏、张祎鑫、代江兵：《贯彻落实中央纪委三次全会精神之七 一体推进不敢腐、不能腐、不想腐》，2019 年 3 月 3 日，https://www.ccdi.gov.cn/special/2019qglh/yw_2019qglh/201903/t20190303_189763.html。

贿一起查的意见》，对进一步推进受贿行贿一起查作出部署。该意见显示了我国同时从贿赂的需求侧（即受贿）和供给侧（即行贿）打击贿赂的坚定决心。有观点认为，"解决腐败的路径，既可以是解决政府官员的贿赂需求问题，也可以是解决公司和个人的贿赂供给问题"[1]。其中，从供给侧减少腐败的关键在于要超越遵守法律，更多地关注非法律机制，例如企业采用自愿性标准和报告制度、确立问责指标、采取集体行动等。[2] 无疑，推进廉洁合规治理尤其是企业廉洁合规治理，能够为从需求侧和供给侧尤其是供给侧打击腐败提供有力抓手。

五、打造国际一流营商环境，提升我国国际声誉

2017 年 7 月 17 日，在中央财经领导小组第十六次会议上，习近平总书记发表重要讲话强调，要改善投资和市场环境，加快对外开放步伐，降低市场运行成本，营造稳定公平透明、可预期的营商环境，加快建设开放型经济新体制，推动我国经济持续健康发展。在 2017 年的全面推进"多证合一"改革电视电话会议上，李克强总理作出重要批示强调，进一步营造国际化法治化便利化营商环境。2020 年 10 月，党的十九届五中全会通过的《中共中央关于制定国民经济和社会发展第十四个五年规划和二○三五年远景目标的建议》提出，要持续优化市场化法治化国际化营商环境。

我国于 2019 年 10 月 22 日发布并自 2020 年 1 月 1 日起实施的《优化营商环境条例》，从制度层面为持续优化营商环境提供了有力的保障和支撑。该条例第 2 条规定，营商环境是指企业等市场主体在市场经济活动中所涉及的体制机制性因素和条件。第 4 条规定，优化营商环境应当坚持市场化、法治化、国际化原则，以市场主体需求为导向，以深刻转变政府职能为核心，创新体制机制、强化协同联动、完善法治保障，对标国际先进水平，为各类市场主体投资兴业营造稳定、公平、透明、可预期的良好环境。

---

[1] See Alvaro Cuervo-Cazurra, Corruption, in Wiley Encyclopedia of Management, edited by Cary Cooper, 2014, Marblehead, MA: John Wiley & Sons.

[2] See Cathy Stevulak and Jeffrey Campbell, Supply-Side Corruption: Perspectives on a Trillion-Dollar Problem, The Journal of Corporate Citizenship, No. 29（Spring 2008）, p. 33.

廉洁合规，不仅意味着要从国家层面打击腐败和维护法治，还意味着要促进企业等组织的廉洁合规治理和改革，这对于打造国际一流营商环境而言至关重要。英国专门负责打击严重或复杂的欺诈、贿赂和腐败犯罪的严重欺诈办公室（Serious Fraud Office，SFO）提出了四个战略目标，包括：（1）调查和起诉最严重或最复杂的欺诈、贿赂和腐败案件；（2）维护法治，为受害者伸张正义，追回经济（金融）犯罪所得；（3）威慑犯罪分子，要求违法公司进行改革，以保护英国经济和作为安全投资和营商之地的全球声誉；（4）与英国和海外的伙伴合作，确保从事严重经济（金融）犯罪者没有避风港。[1] 实际上，严重欺诈办公室始终强调捍卫英国在开放、经济和法治方面的全球声誉，从而维护英国作为安全营商和投资之地的廉洁性。[2] 我国香港特别行政区之所以能够摆脱"贪污之城"的恶名、赢得"廉洁之都"的美誉，就是因为廉政公署三个处（即执行处、防止贪污处、社区关系处）以执法、预防、教育三管齐下全方位打击腐败，尤其是强调为私营机构及公司的管理层提供防腐建议、教育公众认识腐败的危害、争取公众对反腐倡廉工作的支持。

毋庸赘言，廉洁是国际一流营商环境的最重要特征之一，它直接决定着企业等市场主体是否会将一个城市或一个国家视为可安全投资和营商之地。通过推进廉洁合规治理，有助于我国打造国际一流营商环境，并在世界上赢得廉洁这种极为宝贵的全球声誉，从而为国内市场主体提供真正稳定、公平、透明、可预期的营商环境，同时吸引国外市场主体来我国投资和营商。

---

[1] See SFO Business Plan 2021/22, https://www.sfo.gov.uk/download/sfo-business-plan-2021-22/.

[2] See Lisa Osofsky, We're Defending the UK as a Safe Place for Business, 30 June 2021, https://www.sfo.gov.uk/2021/06/30/were-defending-the-uk-as-a-safe-place-for-business/.

第二章
国际组织的廉洁合规标准解读

　　直到 20 世纪 70 年代，现代意义上的合规在法律文献中仍然是一个相对较少被提及的话题，而在实务方面，合规最初出现在公司和其他商业组织内部，是在特定组织或行业为应对特定风险而作出各自努力的背景下产生的，主要是为了回应不断增加的法律义务要求，后来才逐渐涵盖了一系列更广泛的风险，并随着国际组织等外部力量的不断推动而得到加强。[1] 自 1977 年至今，国际商会（International Chamber of Commerce，ICC）、透明国际（Transparency International，TI）、世界经济论坛（World Economic Forum, WEF）、亚太经济合作组织（Asia-Pacific Economic Cooperation，APEC）、世界银行、经合组织、联合国（United Nations，UN）、国际标准化组织（International Organization for Standardization，ISO）等国际组织，相继发布了一系列关于廉洁合规的规则、原则、准则、指引、手册、计划、标准等，并不断对其进行更新、补充和完善。它们为全球范围内的各种组织尤其是企业开展廉洁合规治理、建立健全合规管理体系和廉洁合规体系，提供了丰富的参考模板和素材。

---

[1] See Steven A. Lauer and Joseph E. Murphy, Compliance and Ethics Programs: What Lawyers Need to Know to Understand the Development of This Field, Business Lawyer, 2020, Vol.75, Iss.4, pp.2542–2544.

第一节　国际商会《ICC 反腐败规则》解读

国际商会是世界上第一个发布反腐败规则的国际组织。它早在 1977 年就发布了《打击敲诈勒索和贿赂的行为规则》（Rules of Conduct to Combat Extortion and Bribery），并在 1996 年、1999 年和 2005 年对其进行了更新。2005 年版的行为规则被命名为《打击敲诈勒索和贿赂：国际商会行为规则和建议》（Combating Extortion and Bribery: ICC Rules of Conduct and Recommendations），主要包括以下三个部分：（1）打击敲诈勒索和贿赂的行为规则；（2）国际商会规则的后续行动和推广；（3）国际商会与国际组织、各国政府的合作。

2011 年，国际商会的公司责任和反腐败委员会发布了最新版的行为规则，并将其正式命名为《ICC 反腐败规则》（ICC Rules on Combating Corruption）。《ICC 反腐败规则》不断强调反腐败是公司责任和良好公司治理的核心所在，这也反映了世界一流企业在道德与合规实践方面的最新演变。国际商会认为，《ICC 反腐败规则》是国际商会反腐败工作的基石，而且，它既是企业自律的工具，也是各国政府反腐败的路线图。[1]

该《ICC 反腐败规则》亦由三个部分构成，主要包括以下内容。[2]

1. 反腐败规则（第 1 条和第 2 条）

（1）禁止性行为。企业应在任何时候以任何形式，禁止与国际、国家或地方各级公职人员、政党、政党官员或政治职位候选人以及企业董事、官员或员工有关的贿赂、敲诈勒索、影响力交易、洗钱等腐败行为，而不论这些行为是直接还是间接（包括通过第三方）从事的。

（2）第三方。对于受企业控制或其决定受影响的第三方，包括但不限于代理人、业务发展顾问、销售代表、海关代理、总顾问、转销商、分包商、特许经营商、律师、会计师或其他类似中介机构，在营销或销售，合同谈判，获得执照、许可证或其他授权或者任何有利于企业或作为供应链分包商的行为方面，代表企业行事时，企业应指示他们不得从事或容忍任何腐败行

---

[1] See International Chamber of Commerce, ICC Rules on Combating Corruption, 2011, p.15.

[2] See International Chamber of Commerce, ICC Rules on Combating Corruption, 2011, pp.5–12.

为，不得将其作为任何腐败行为的渠道，仅在适合企业正常经营的范围内雇佣他们，支付给他们的报酬不得超过其合法服务的适当报酬。

2. 支持遵守反腐败规则的公司政策（第3条至第9条）

（1）商业伙伴。对于第三方，企业应在其权限范围内，明确表示希望企业开展的所有活动符合其政策，并与第三方签订书面协议，告知其反腐败政策并要求其承诺不从事任何腐败活动，同时，还要允许企业审计和核查其账簿和会计记录。对于合资企业和联营企业以及承包商和供应商等其他商业伙伴，企业应在其权限范围内采取措施，确保其接受企业的反腐败政策，并适时开展尽职调查以使其在进行交易时遵守反腐败法律。

（2）政治献金、慈善捐款和赞助。企业应采取措施确保慈善捐款和赞助不被用作腐败的幌子，要做到透明并符合法律规定。企业应建立合理的控制和程序，以确保避免不正当的政治献金、慈善捐款和赞助，尤其是当对象是知名政治人物或其近亲属、朋友和商业伙伴参与的组织时，要特别注意。

（3）礼物和招待。企业应建立有关提供或接受礼物和招待的程序，以确保这种安排：符合国内法和可适用的国际法；仅限于合理和真实的支出；不会不当地影响或可能被视为不当地影响接受方对给予方的独立判断；不违反接受方行为准则的已知规定；不是太频繁地或在不适当的时候提供或接受礼物和招待。

（4）通融费。企业不应支付通融费，但在紧急情况下，支付通融费是难以避免的，例如被胁迫或企业员工的健康、安全或平安受到威胁时。在这种情况下允许支付通融费，但应在企业的账簿和会计记录中准确核算。

（5）利益冲突。当个人或其近亲属、朋友或业务联系人的私人利益与该个人所属企业或组织的利益不一致时，应予以披露并尽可能避免，因为它们可能会影响个人对职责履行的判断，因此，企业应当密切监视和规制董事、高管、员工、代理人之间的实际或潜在的利益冲突，不得利用他人的利益冲突，同时要注意竞业禁止和符合法律要求。

（6）人力资源。企业应确保人力资源惯例，包括招聘、晋升、培训、绩效评估、薪酬、认可和一般商业道德，都反映这些规则。任何员工不得因善意举报涉嫌严重违反企业反腐败政策或者拒绝从事腐败活动，而受到报复、歧视或纪律处分。应定期对高腐败风险领域的关键人员进行培训和评估，并考虑此类人员的轮换。

（7）财务会计。企业应确保所有财务交易均已充分确认，并在适当的账簿和会计记录中正确、公正地记录，不允许存在"账外账"或私账及发布未公平、准确记录相关交易的文件。不得做假账，要对现金或实物支付进行监测，有独立的审计制度，以及遵守国家税收法律法规的所有规定，包括禁止从应纳税所得额中扣除任何形式的贿赂的规定。

3. 有效公司合规计划的要素（第 10 条）

企业应当实施有效的公司合规计划，以反映上述规则和定期对贿赂风险进行评估的结果、适应企业的具体情况，以及通过预防和发现腐败促进企业建立廉洁文化，因此，企业应考虑在其计划中列入以下全部或部分良好实践做法——但这些措施并不具有强制性。

（1）董事会或对企业负有最终责任的其他机构及企业的高级管理层对公司合规计划表示强烈、明确和可见的支持和承诺——即"高层基调"（tone from the top）。

（2）建立一个表达清晰且可见的政策，以反映这些规则，并对所有董事、官员、员工和第三方具有约束力，而且适用于国外和国内的所有受控子公司。

（3）授权董事会或对企业负有最终责任的其他机构或其相关委员会定期进行风险评估和独立审查遵守本规则的情况，并在必要时提出纠正措施或政策建议，这可以作为更广泛的公司合规审查和（或）风险评估体系的组成部分来完成。

（4）使企业各级人员有责任遵守企业的政策并参与公司合规计划。

（5）任命一名或多名全职或兼职的高级管理人员，确保其有足够的资源、权力和独立性监督和协调公司合规计划，并定期向董事会或对企业负有最终责任的其他机构或其相关委员会报告。

（6）酌情发布指引，以进一步激发企业政策和计划所要求的行为，制止企业政策和计划所禁止的行为。

（7）根据结构化风险管理方法，在选择董事、官员和员工以及存在腐败或规避本规则风险的商业伙伴时，开展适当的尽职调查。

（8）设计财务和会计程序，以维护公平和准确的账簿和会计记录，确保这些账簿和会计记录不被用于从事或隐瞒腐败行为。

（9）建立和维持适当的内控制度和报告程序，包括独立审计。

（10）确保定期就企业的反腐败政策进行内部和外部宣传。

（11）酌情向董事、官员、员工和商业伙伴提供指导和书面培训，以识别出企业日常业务往来中的腐败风险，并提供领导力培训。

（12）包括在评估和提升管理层的商业道德能力和衡量目标实现情况方面的审查，不仅针对财务指标，还针对目标的实现方式，特别是针对企业反腐败政策的遵守情况。

（13）提供在完全保密的情况下提出关切、寻求建议或善意报告已确定或充分怀疑的违规行为的渠道，而不必担心遭受报复、歧视或纪律处分，报告可以是强制性或自愿的，可以是匿名或公开进行的，但所有真实的报告都应该被调查。

（14）对报告或发现的违规行为采取适当的纠正措施和纪律措施，并考虑适当公开披露企业政策的执行情况。

（15）考虑通过寻求外部证明、核查或保证来改进公司合规计划。

（16）支持集体行动，例如与公共部门和（或）各业务部门的同行就具体项目或反腐败长期举措提议或支持反腐败协议。

此外，为了进一步指导企业实施《ICC反腐败规则》，国际商会还发布了一系列相关的反腐败工具和指引，例如《反腐败：公司实践手册》（Fighting Corruption: A Corporate Practices Manual）、《ICC举报指引》（ICC Guidelines on Whistleblowing）、《ICC关于代理人、中介机构和其他第三方的指引》（ICC Guidelines on Agents, Intermediaries and Other Third Parties）等。[1]

---

[1] See International Chamber of Commerce, ICC Rules on Combating Corruption, 2011, p.14.

第二节 透明国际《反贿赂商业原则》解读

早在 2003 年 7 月，透明国际就发布了《反贿赂商业原则：一种企业必备的工具》（Business Principles for Countering Bribery: An essential tool for business），并在其中提出了两项基本的反贿赂商业原则，即：（1）企业应禁止任何形式的直接贿赂或间接贿赂；（2）企业应致力于实施反贿赂计划。透明国际希望这两项基本原则以及相应的具体原则成为企业的一个重要工具，鼓励公司考虑将其作为反贿赂体系的起点或标杆。

1. 公司实施反贿赂政策和计划的六个步骤

2005 年 7 月，为了帮助企业切实实施反贿赂计划，透明国际发布了《反贿赂商业原则：TI 六步骤流程——公司实施反贿赂政策和计划的实践指引》（Business Principles for Countering Bribery: TI Six Step Process—A Practical Guide for Companies Implementing Anti-Bribery Policies and Programmes），提出了公司实施反贿赂政策和计划的六个步骤。这六个步骤如下。[1]

（1）作出关于零贿赂政策和实施反贿赂计划的决定。

（2）对实施作出计划。

（3）制定详细的反贿赂计划。

（4）实施反贿赂计划。

（5）监督。

（6）评估和改进。

之后，透明国际在不断修订这些原则并发布与之配套的文件。例如，在 2009 年第一次修订之后，透明国际于 2013 年 10 月发布了第三版的《反贿赂商业原则——由透明国际牵头的多方利益相关方倡议》（Business Principles for Countering Bribery: A Multi-Stakeholder Initiative Led by Transparency International，简称《反贿赂商业原则》）。显然，与国际商会的《ICC 反腐败

---

[1] See Transparency International, Business Principles for Countering Bribery: TI Six Step Process—A practical guide for companies implementing anti-bribery policies and Programmes, July 2005, https://biac.org/wp-content/uploads/2017/01/TI_Six_Step_Anti_Bribery.pdf.

规则》广泛关注反腐败不同，透明国际的《反贿赂商业原则》主要关注的是反贿赂，其涵盖的范围明显更小、更为聚焦。

《反贿赂商业原则》共分为以下六个部分。[1]

（1）引言。企业应制定和实施反贿赂计划，以表达更广泛的道德价值观和企业责任，而且，反贿赂计划必须注重有效应对贿赂风险。有效的反贿赂计划不仅有助于降低贿赂风险，还可以提高企业的声誉和信誉。

（2）商业原则。反贿赂计划应代表企业的反贿赂努力，包括价值观、行为准则、详细的政策和流程、风险管理、内部和外部宣传、培训和指导、内部控制、监督以及保证。这些商业原则基于董事会对廉洁、透明、问责等基本价值的承诺。同时，企业应建立和维持一种基于信任和对贿赂零容忍的内部个人问责文化。

（3）反贿赂计划的制订。企业应制订一项反贿赂计划，使之涵盖在所有活动防止贿赂的价值观、政策和程序中，并在持续风险评估的基础上设计和改进该计划，同时应符合所开展业务的各个司法管辖区与反贿赂有关的所有法律，以及确保利益相关方参与制订计划并使其了解所有重要的内部与外部事项。

（4）风险评估。反贿赂计划应反映企业的特定业务风险、环境和文化，同时考虑企业所在地、业务部门等固有风险，以及企业规模和使用中介之类渠道等组织风险。

（5）反贿赂计划的范围。反贿赂计划应包括关于利益冲突、禁止贿赂、政治献金、慈善捐款和赞助、通融费、礼物、招待费和其他支出的规定。

（6）反贿赂计划的实施要求。反贿赂计划应包括对组织和职责、商业关系（包括合资企业和联营企业、代理人、游说者和其他中间人以及承包商和供应商）、人力资源、培训、举报和获得指导、宣传和报告、内部控制和记录保存、监督和审查、与官方合作、自我保证等方面的要求。

---

[1] See Transparency International, Business Principles for Countering Bribery: A Multi-Stakeholder Initiative Led by Transparency International, 2013, https://baselgovernance.org/sites/default/files/2019-01/2013_business_principles_en.pdf.

2. 与《反贿赂商业原则》结合使用的"反贿赂和反腐败检查清单"

2009 年，透明国际发布了一份与《反贿赂商业原则》结合使用的"反贿赂和反腐败检查清单"，该清单使用 20 个问题来调查个人对企业反贿赂立场的了解情况（见表 2.1）。

表 2.1 透明国际发布的"反贿赂和反腐败检查清单"[1]

政策		是	否	不完全	有计划
1	是否有最新公布的对贿赂零容忍的正式政策？				
2	在公司经营所在的所有司法管辖区，是否有遵守所有相关反贿赂法的公开承诺？				
3	是否承诺实施反贿赂计划？				
实施		**是**	**否**	**不完全**	**有计划**
4	是否定期进行风险评估，以识别出贿赂风险，并调整计划以减轻这些风险？				
5	反贿赂计划是否有详细的政策、程序和控制，针对：	政治献金？			
		慈善捐助和赞助？			
		通融费？			
		礼物、招待费和差旅费？			
6	领导层是否对计划表现出积极的承诺，并为透明和廉洁树立了榜样？				
7	领导层是否明确赋予经理执行计划的职责和权力？				
8	计划是否在公司有效控制的所有商业实体中实施？				

---

[1] See World Economic Forum, Partnering Against Corruption Initiative: Global Principles for Countering Corruption, May 2016. p.11.

（续表）

实施		是	否	不完全	有计划
9	是否支持在公司有重大投资或者与之有重大商业关系的商业实体中实施同等计划？				
10	是否将反贿赂计划宣传给：　所有员工？				
	商业伙伴？				
	其他利益相关方？				
11	人力资源惯例是否反映了公司对计划的承诺？				
12	是否为以下人员提供定制培训：　所有董事、经理、员工和代理人？				
	高风险的第三方，包括其他中介、承包商和供应商？				
13	公司是否提供安全和易使用的渠道，供员工和其他人获得建议或提出关切（"举报"），而没有遭受报复的风险？				
14	是否有反贿赂内部控制，包括对会计和记录保存惯例、相关业务流程进行财务和组织检查？				

监督和审查		是	否	不完全	有计划
15	内部控制制度尤其是会计和记录保存惯例是否接受定期审查和审计？				
16	是否有处理任何贿赂事件的程序？				
17	公司高级管理层是否定期审查计划的适当性和有效性，并进行改进？				
18	审计委员会、董事会或同等机构是否定期对计划的充分性进行独立评估？				
19	公司是否公开披露关于计划及其实施的信息？				
20	是否对计划进行外部保证，并公开发布意见书？				

第三节　世界经济论坛《全球反腐败原则》解读

2004 年 10 月，世界经济论坛与透明国际、巴塞尔治理研究所联合发布了《反腐败伙伴关系倡议——反贿赂原则》(Partnering Against Corruption Initiative—Principles for Countering Bribery)[1]，倡议全球首席执行官承诺对各种形式的贿赂行为采取零容忍的态度。目前，反腐败伙伴关系倡议已成为一个以这些原则为核心的全球平台，它呼吁世界各地的企业加入集体行动倡议，以使企业在反腐败斗争中发挥最大的集体效应，从而提高公众对企业的信任，并通过反腐败营造公平的市场和竞争环境。

2013 年，世界经济论坛对其进行了修订和更新，并重新命名为《反腐败伙伴关系倡议：全球反腐败原则》(Partnering Against Corruption Initiative: Global Principles for Countering Corruption，简称《全球反腐败原则》)。它呼吁全球商界领袖采取反腐败行动，在全球建立一种真正对腐败零容忍的廉洁文化。在 2016 年最新版的《全球反腐败原则》"附件一：合规指引"中，世界经济论坛提出了企业在设计和实施有效反腐败计划时应满足的最低要求：[2]

（1）领导力和职责。董事会或同等机构和执行管理层对反腐败计划负有最终责任，并应对实施该计划作出坚定、明确、可见和有效的承诺。首席执行官或同等机构应确保有明确的执行权限和充足的资源。高级管理人员在执行该计划时应拥有足够的自主权和资源，并可不受限制地接触首席执行官和董事会或同等机构。

（2）风险评估和持续改进。企业应在定期开展风险评估的基础上设计和改进反腐败计划，以识别出其面临的最普遍的腐败形式——此类风险评估也应定期审查和更新。执行管理层应监控该计划并不断审查其适当性、充分性和有效性，并应适时进行改进。如果风险评估表明与商业部门或市场中腐败

---

[1] 由于《反腐败伙伴关系倡议——反贿赂原则》的内容和透明国际的《反贿赂商业原则》基本一样，本文不再进行介绍，有兴趣的读者可参考 World Economic Forum, Partnering Against Corruption Principles for Countering Bribery, October 2004, http://media.corporate-ir.net/media_files/irol/70/70435/PACI.pdf。

[2] See World Economic Forum, Partnering Against Corruption Initiative: Global Principles for Countering Corruption, May 2016. pp.8-9。

有关的制度或体系存在不足，则企业应考虑通过集体行动解决这类风险。

（3）政策、程序和内部控制。企业应制定反腐败政策、程序和反映其风险评估和风险状况的内部控制制度。反腐败政策和程序应强调对腐败的零容忍，并提出对贿赂、通融费、礼物、差旅、娱乐、招待、慈善捐款、政治献金以及赞助的要求，尤其是企业应全面取消通融费，因为许多国家的国内法和国际法都禁止这种做法。同时，还应建立有效的财务和内部控制，以确保记录和维护适当、准确的账簿和记录。业务部门应当对反腐败政策、程序和内部控制进行定期审查、监督和测试，以评估合规性并允许持续改进。

（4）培训和宣传。反腐败计划应传达给企业的所有员工，并视情况传达给第三方，同时，应为董事、管理层、相关员工和相关第三方提供适合其需要和情况的专门培训。

（5）举报和投诉。反腐败计划应提供安全和无障碍的渠道，以确保员工和其他人可以通过这些渠道获得建议、提出关切和秘密举报可疑情况而不会遭受报复。企业应明确规定遵守该计划的任何员工都不会因拒绝行贿而遭受降级、处罚或其他不利后果，即使这可能导致企业损失。企业应对经核实的不道德和腐败行为作出迅速、适当的反应，并对这些行为采取适当的制裁措施。

（6）商业关系。企业应在其控制的所有企业实体中实施反腐败计划。业务部门可以采用基于风险的方法，在与第三方建立业务关系之前进行合理、成比例的尽职调查，并应在合理的时间间隔内更新此类尽职调查。业务部门应实施风险缓释措施，以解决尽职调查过程中可能发现的潜在腐败风险，这些措施包括合同中的反腐败陈述和承诺以及与第三方记录有关的合理审计权。对第三方关系的监控和审查也应以基于风险的方法、合理的间隔进行。

第四节　亚太经济合作组织《商业反腐败行为准则》解读

2007年9月，亚太经济合作组织发布了《APEC商业反腐败行为准则》（APEC Anti-Corruption Code of Conduct for Business，简称《商业反腐败行为

准则》），从四个方面对私营部门提出了商业廉洁和透明度原则。需要注意的是，它虽名为"反腐败"，但实为"反贿赂"，并不涉及贿赂之外的腐败。

该《商业反腐败行为准则》的主要内容如下。[1]

1. 禁止贿赂

企业应禁止任何形式的贿赂。这些原则涵盖的贿赂情形可能涉及子公司、合资企业、代理人、代表、顾问、经纪人、承包商、供应商或员工与公职人员、公职人员的家属和亲密关系人、政治候选人、政党或政党官员以及任何私营部门员工或第三方之间的交易或与之有关的交易。

2. 反贿赂计划

企业应与员工协商并制定一个反贿赂计划，以反映其规模、业务部门、潜在风险和经营地点，该计划应清楚、合理地详细阐明用于防止在其有效控制下的所有活动中发生贿赂的价值观、政策和程序，而且，该计划应与企业经营所在的所有司法管辖区的所有相关反贿赂法保持一致，并应适用于国内外的所有受控子公司。

3. 范围和指引

（1）慈善捐款和赞助：企业应确保慈善捐款和赞助不被用作贿赂的幌子，所有慈善捐款和赞助都应透明并根据可适用的国内法进行。

（2）礼物、招待和支出：如果相关安排违反可适用的国内法，则企业应禁止提供或接受礼物、招待或支出。

（3）通融费：鉴于大多数国家的反贿赂法都禁止支付通融费，企业应予以禁止。

（4）政治献金：企业及其员工、中间人不得以直接或间接向政党、政党官员、候选人、组织或从政人员提供政治献金作为贿赂的幌子，而且，所有政治献金都应透明，并仅可根据可适用的法律规定作出。反贿赂计划应包括确保不作出不正当政治献金的控制和程序。

---

[1] See APEC Anti-Corruption Code of Conduct for Business, September 2007, https://www.apec. org/-/media/APEC/Publications/2007/9/APEC-Anticorruption-Code-of-Conduct-for-Business-September-2007/07_act_code_conduct_business.pdf.

4. 计划实施要求

（1）商业关系：企业应禁止在直接或者通过第三方间接进行的所有商业交易中从事贿赂行为，包括子公司、合资企业、代理人、代表、顾问、经纪人、承包商、供应商或其有效控制下的任何其他中间人。

（2）宣传：企业应对反贿赂计划进行有效的内部与外部宣传，公开披露该计划，并对接受与计划有关的利益相关方的宣传持开放态度。

（3）领导力：董事会或同等机构和首席执行官应在计划启动过程中发挥作用，并表现出对准则和计划的承诺和主人翁精神。

（4）财务记录和审计：企业应根据国际公认的会计准则，建立和维持准确、透明、适当的财务报告机制，以及监督和控制财务报告制度的内部机制。

（5）人力资源：招聘、晋升、培训、绩效评估和认可，应反映企业对反贿赂计划的承诺；与该计划相关的人力资源政策和实践，应与员工及其代表机构协商制定和实施（可视情况而定）；该计划是强制性的，企业应明确遵守，即使可能导致企业亏损，任何员工都不能因拒绝贿赂而遭受降级、处罚或其他不利后果；在适当情况下，企业应对违反该计划的行为实施适当的处罚，甚至是解雇。

（6）监控和审查：高级管理人员应对反贿赂计划进行监控，定期审查该计划的适当性、充分性和有效性，并视情况实施改进；他们应定期向审计委员会或董事会报告对该计划的审查结果；审计委员会或董事会应独立评估该计划的充分性，并在向股东提交的年度报告中披露审计结果。

（7）提出关切和寻求指导：反贿赂计划应鼓励员工和其他人提出关切，并尽早向企业负责官员举报可疑情况；为此，企业应提供安全和方便的渠道，以使员工和其他人可以秘密地提出关切和举报可疑情况，而不存在遭受报复的风险；员工和其他人也可以通过这些渠道寻求建议或对该计划提出改进建议，而企业应向员工和其他人提供指导，指导他们将该计划的规则和要求应用于个案。

（8）培训：企业应致力于建立和维持一种基于信任和具有包容性的内部

文化，在这种文化中，贿赂是不可容忍的；管理人员、员工和代理人应接受针对相关需求和情况的专门培训；在适当情况下，承包商和供应商应接受关于该计划的培训；企业应定期评估培训活动的有效性。

（9）组织和职责：董事会或同等机构应确信已制定并实施了有效的反贿赂计划，对该计划的有效性进行了审查，并在发现不足时采取了适当的纠正措施；首席执行官或同等官员负责确保该计划在明确的权限范围内得到有效实施。

第五节　世界银行《廉洁合规指引》解读

2010 年，世界银行廉洁副行长任命了一名廉洁合规官，并发布了《世界银行集团廉洁合规指引》（World Bank Group Integrity Compliance Guidelines，简称《廉洁合规指引》），其中包含许多机构和实体公认的良好治理和反欺诈、反贿赂的标准、原则和要素。这是较为罕见的由国际组织发布的直接以"廉洁合规"命名的指引，其涵盖的范围不仅包括腐败，还包括欺诈、共谋、胁迫和妨碍，但整体而言，其核心所在仍然是反贿赂和反腐败合规。

为了方便企业快速了解该指引的核心内容，世界银行发布了《世界银行集团廉洁合规指引概要》（Summary of World Bank Group Integrity Compliance Guidelines）。据此，该《廉洁合规指引》的主要内容共分为以下 11 个方面。[1]

（1）禁止不法行为。在行为准则或类似文件或宣传中，以表述清晰、可见的方式禁止腐败、欺诈、共谋、胁迫等不法行为。

（2）职责（包括领导力、个人责任和合规职能）。建立和维护基于信任的、具有包容性的组织文化，鼓励从事道德行为、承诺守法以及对不法行为零容忍的文化。高级管理层和董事会或类似机构对廉洁合规计划及其实施给予强有力的、明确的、可见的、积极的支持和承诺。强制要求所有人遵守该

---

[1] See World Bank Group, Summary of World Bank Group Integrity Compliance Guidelines, http://democraticoversight.ge/images/Best-Practices/Tools-and-Other-Resources/Anti-Corruption-Publications-Other-Tools/World-Bank-Integrity-Compliance-Guidelines.pdf.

计划，可以由一名或多名拥有足够的自主权、资源和权力的高级官员负责监督和管理该计划。

（3）计划启动、风险评估和审查。企业在制定适当的廉洁合规计划时，要考虑其规模、所属行业和其他情况，对可能发生的腐败、欺诈或其他不法行为进行全面的风险评估。高级管理层应采用系统的方法对该计划进行监控，定期审查该计划在预防、发现、调查、应对各类不法行为方面的适当性、充分性和有效性，同时还要考虑到合规领域的相关发展以及不断演变的国际标准和行业标准，并在发现不足时加以改进。

（4）内部政策。制定切实有效的廉洁合规计划，明确阐明价值观、政策和程序，以预防、发现、调查、纠正所有活动中的所有形式的不法行为，包括：对员工进行尽职调查；限制与前公职人员有关的安排；建立覆盖礼物、招待、娱乐、差旅或其他支出的控制和程序；依法进行政治献金、慈善捐赠和赞助，并采取适当措施进行公开披露；禁止支付通融费；对上述事项进行记录，并保存这些记录；采取特别的保障措施、惯例和程序，以发现和防止腐败、欺诈、共谋、胁迫等不法行为。

（5）商业伙伴政策。尽最大努力鼓励与企业有重要业务关系或对其有影响的所有商业伙伴作出同等承诺，以预防、发现、调查、纠正不法行为。商业伙伴包括代理人、顾问、代表、分销商、承包商、分包商、供应商、合资伙伴和其他第三方。具体做法包括：对商业伙伴开展尽职调查；告知商业伙伴其廉洁合规计划；要求商业伙伴作出互惠承诺；充分记录与商业伙伴的关系；确保给予商业伙伴的报酬是适当的、正当的和真实的；对商业伙伴进行监控。

（6）内部控制（包括财务、合同义务和决策程序）。建立和维护一个有效的内部控制系统，明确雇佣合同和商业伙伴合同的义务、补救措施及不法行为的处罚等，建立一个与交易价值和不法行为所引发风险相适应的决策程序。

（7）培训和宣传。采取合理、切实可行的步骤定期宣传其廉洁合规计划，并根据相关需求、情况、角色和职责，向各方尤其是参与高风险活动的人员以及商业伙伴（在适当情况下）提供和记录该计划中的有效培训，并在其年度报告中发表声明，或公开披露或宣传有关该计划的知识。

（8）激励和纪律措施。通过采取适当的激励措施促使所有人遵守廉洁合规计划，同时，对参与不法行为或其他违反该计划的所有人（包括管理人员和董事）采取适当的纪律措施，包括解雇。

（9）举报（包括举报义务、举报热线和定期证明）。向所有人宣传其有义务及时报告令人担忧的问题，通过采取有效的措施和机制为管理层、员工和商业伙伴（在适当情况下）提供指导和帮助，提供举报违反该计划的行为的渠道，以及要求相关人员定期（至少每年）以书面形式证明已审查行为准则并遵守该计划。

（10）纠正不法行为（包括调查程序和回应）。在当事人遭遇、发现或报告不法行为和其他违反该计划的行为时，要有调查程序，并在确认不法行为后通过合理步骤采取适当的纠正措施，以防止此类行为的进一步发生。

（11）集体行动。在适当情况下，无论是对中小企业和其他没有完善廉洁合规计划的实体，还是对那些有既定廉洁合规计划的大型企业实体，同业协会和类似组织都自愿努力与商业组织、行业团体、专业协会以及民间社会组织合作，鼓励和协助所有实体制定旨在防止不法行为的廉洁合规计划。

第六节　经合组织反贿赂和反腐败道德与合规指引

《经合组织反贿赂公约》除了提出反海外贿赂合规要求，还提出了严格的会计准则、外部审计和内部控制要求。在此基础上，经合组织发布了以下反贿赂和反腐败道德与合规指引：（1）2010年通过并于2021年修订的《内部控制、道德与合规良好实践指引》（Good Practice Guidance on Internal Controls, Ethics and Compliance）；（2）2011年《经合组织跨国企业指引》（OECD Guidelines for Multinational Enterprises）；（3）2013年《商业反腐败道德与合规手册》（Anti-Corruption Ethics and Compliance Handbook for Business）。这三份指引或手册对企业如何开展反贿赂和反腐败合规工作提出了具体的建议。

一、2010 年《内部控制、道德与合规良好实践指引》解读

2009 年 12 月 9 日，经合组织在《经合组织反贿赂公约》生效十周年之际，发布了《理事会关于进一步打击在国际商业交易中贿赂外国公职人员的建议》（Recommendation of the Council for Further Combating Bribery of Foreign Public Officials in International Business Transactions），其附件二即《内部控制、道德与合规良好实践指引》。2010 年 2 月 18 日，经合组织理事会正式通过了该指引。该指引的目的是帮助那些"建立内部控制、道德与合规计划或措施并确保其有效性的公司，防止和发现外国公职人员在国际商业交易中从事贿赂行为"[1]。可见，该指引主要针对涉及海外贿赂的反贿赂合规问题，但它并没有法律约束力。

2021 年 11 月 26 日，经合组织对《理事会关于进一步打击在国际商业交易中贿赂外国公职人员的建议》及其附件进行了修订。新修订的附件二《内部控制、道德与合规良好实践指引》主要增加了关于公司良好实践指引的内容，该部分由原来的 12 条增加到 16 条。该指引的主要内容包括以下两个方面 [2]（新增加的内容使用加粗和下划线标明）：

1. 公司良好实践指引

（1）**董事会或同等治理机构**和高级管理层为公司内部控制、道德与合规计划或者旨在防止和发现海外贿赂的措施提供强有力的、明确的、可见的支持和承诺，**以期实现一种道德与合规文化**。

（2）有禁止海外贿赂的表达清晰和可见的公司政策，**而且如果适用的话，所有员工和相关第三方（包括外国子公司）均容易获取，必要时提供翻译**。

（3）遵守该禁令以及相关的内部控制、道德与合规计划或措施是公司各级人员的职责。

（4）应对海外贿赂的道德与合规计划或措施（包括直接向**独立监控机**

---

[1] See OECD, Good Practice Guidance on Internal Controls, Ethics, and Compliance, 18 February 2010, https://www.oecd.org/daf/anti-bribery/44884389.pdf.

[2] See OECD, Recommendation of the Council for Further Combating Bribery of Foreign Public Officials in International Business Transactions , OECD/LEGAL/0378, pp.21-23.

构、高级管理层、董事会或同等治理机构、监事会或其相关委员会报告事项的权力）是一名或多名高级管理人员（例如高级合规官）的职责，他们在管理和其他运营职能、资源、相关数据来源获取、经验、资质和权限方面有足够的自主权。

（5）旨在防止和发现海外贿赂的道德与合规计划或措施，不仅适用于所有董事、官员和员工，还适用于公司在以下领域具有有效控制权的所有实体（包括子公司）：礼物、招待、娱乐和支出、客户旅行、政治献金、慈善捐赠和赞助、通融费、敲诈勒索、利益冲突、招聘程序、与使用中介机构（特别是那些与外国公职人员打交道的中介机构）有关的风险以及响应公开投标的流程（如相关）。

（6）旨在防止和发现海外贿赂的道德与合规计划或措施适用于商业伙伴，包括代理人和其他中间人、顾问、代表、分销商、承包商和供应商、联营企业和合资伙伴等在内的所有第三方，而且，应包括以下基本要素：（a）适当记录与招聘有关的基于风险的尽职调查，以及在整个业务关系中对商业伙伴进行适当和定期的持续监督；（b）告知商业伙伴公司承诺遵守禁止海外贿赂的法律，以及公司的道德与合规计划或者旨在防止和发现海外贿赂的措施；（c）获得商业伙伴的互惠承诺；（d）使机制得以实施，以确保合同条款（如适用）具体描述了将要履行的服务、支付条款是适当的、所述合同规定的工作已执行以及报酬与所提供的服务是相称的；（e）在适当情况下，确保公司有权分析商业伙伴的账簿和记录，并酌情行使这些权利；（f）提供适当的机制（包括合同终止权等），以处理商业伙伴的海外贿赂事件。

（7）合理设计包括内部控制系统在内的财务和会计程序系统，以确保维护公平和准确的账簿、记录和账目，并确保这些账簿、记录和账目不被用于海外贿赂或隐瞒海外贿赂行为。

（8）利用内部控制系统识别出表明存在海外贿赂的模式，包括酌情采用创新技术。

（9）有确保开展定期宣传的措施，为公司各级提供有关公司道德与合规计划或反海外贿赂措施的书面培训，并在适当情况下为商业伙伴提供培训。

（10）采取适当措施，鼓励并积极支持公司各级遵守道德与合规计划或反海外贿赂措施，**包括将道德与合规融入人力资源流程，以期实现一种合规文化。**

（11）**处理涉嫌海外贿赂情况的措施，可能包括:（a）识别、调查和报告不法行为的流程，以及真诚、真正积极主动地与执法机构交涉的流程;（b）补救措施，如分析导致不法行为的根本原因并解决公司合规计划或措施中发现的不足;（c）适当且一致**的纪律措施和**程序**，以解决公司各级违反反海外贿赂法、公司道德与合规计划或相关反海外贿赂措施的情况;（d）**适当的沟通，以确保了解这些措施，并在整个公司内一致地执行纪律程序。**

（12）有有效的措施，向董事、官员、员工和商业伙伴（如适用的话）提供有关遵守公司道德与合规计划或措施的指导和建议**（包括当他们在外国司法管辖区处于困难情况下需要紧急建议时），以及确保在公司内受到参与海外贿赂的指示或压力（包括来自上级）但拒绝参与其中的任何人员不会遭受报复。**

（13）**强有力、有效和受保护的举报框架，包括:（a）在上级指示或压力下不愿违反专业标准或道德规范的董事、官员、员工以及商业伙伴（在适当的情况下），可以在公司内部秘密地、匿名地（在适当的情况下）进行举报，并保护他们免受任何形式的报复;（b）为所有举报人举报公司内部发生的违反法律或职业标准或道德的行为提供明确规定的程序和可见、可访问和多样化的渠道。**

（14）**定期和根据具体进展情况**，对**内部控制**和道德与合规计划或措施**（包括培训）**进行周期性审查和测试，以评估和提高其在预防和发现海外贿赂方面的有效性，并考虑到**公司不断变化的风险状况，例如:（a）公司活动、结构和运营模式的变化;（b）监控和审计结果;（c）该领域的相关进展情况;（d）不断演变的国际和行业标准;（e）根据相关文件和数据，从某个公司可能的不法行为以及面临类似风险的其他公司中吸取的教训。**

（15）**在合并和收购的情形中，对收购目标开展基于风险的全面尽职调查，及时将收购业务纳入其内部控制和道德与合规计划，并对新员工进行培**

训和开展收购后审计。

（16）对外宣传公司对有效内部控制和道德与合规计划作出的承诺。

2. 商业组织和专业协会的行动

商业组织和专业协会可以发挥重要作用，协助公司尤其是中小企业制定有效的内部控制、道德与合规计划或措施，具体方式：发布关于海外贿赂问题的信息，包括关于国际和区域论坛相关发展的信息，并访问相关数据库；提供培训、预防、尽职调查和其他合规工具；提供关于如何开展尽职调查的一般性建议；提供关于反海外贿赂的一般性建议和支持。

二、2011 年《经合组织跨国企业指引》解读

2010 年 5 月 4 日，经合组织发布了《经合组织国际投资和跨国企业宣言》（OECD Declaration on International Investment and Multinational Enterprises）。在对其进行修订的基础上，经合组织于 2011 年 5 月 25 日通过了最新的《经合组织跨国企业指引》。该指引对反贿赂专题章节进行了重大改动，第七部分"打击行贿、索贿和敲诈勒索"从以下七个方面就反贿赂作出了明确规定。[1]

（1）企业不得向公职人员或商业伙伴的员工提议、许诺或给予不正当的金钱利益或其他利益。同样的，企业不应索取、同意收受或实际收受公职人员或商业伙伴的员工所提供的不正当的金钱利益或其他利益。企业不应通过代理人和其他中间人、顾问、代表、分销商、联营企业、承包商和供应商以及合资企业伙伴等第三方，向公职人员、商业伙伴的员工或其亲属或商业伙伴提供不正当的金钱利益或其他利益。

（2）企业应制定和采取适当的内部控制、道德与合规计划或措施，以防止和发现贿赂行为。这些计划或措施应根据针对企业具体情况开展的风险评估制定，特别是企业面临的贿赂风险，例如企业的地域和行业部门。这些内部控制、道德与合规计划或措施应包括一套财务和会计程序系统，其中包括合理设计的内部控制系统，以确保维护公正和准确的账簿、记录和账目，以

---

[1] See OECD, OECD Guidelines for Multinational Enterprises, 2011, pp.47-48.

及确保其不被用于贿赂或隐瞒贿赂的目的。应定期监控这种个别情况和贿赂风险，并在必要时进行重新评估，以确保企业的内部控制、道德与合规计划或措施得到调整并继续有效，同时减轻企业参与行贿、索贿和敲诈勒索的风险。

（3）企业应在内部控制、道德与合规计划或措施中禁止或劝阻使用小额通融费，因为这种做法在支付此类费用的国家通常是非法的，但如果支付了此类费用，则应将其准确地记录在账簿和财务记录中。

（4）企业应考虑到其面临的特殊贿赂风险，确保适当记录与雇佣有关的尽职调查，并对代理人进行适当和定期的监督，以确保代理人的报酬是适当的且仅用于合法服务。在适当情况下，应按照可适用的公开披露要求，保存与公共机构和国有企业进行交易的代理人名单，并将其提供给主管当局。

（5）企业应提高其打击行贿、索贿和敲诈勒索活动的透明度。措施可包括公开承诺打击行贿、索贿和敲诈勒索，以及披露企业为遵守这些承诺而采取的管理制度、内部控制、道德与合规计划或措施。企业还应进一步公开并与公众对话，以提高其打击行贿、索贿和敲诈勒索的意识并促进合作。

（6）企业应通过适当宣传此类政策、计划或措施以及通过培训计划和纪律程序，提高员工对公司政策和内部控制、道德与合规计划或旨在打击行贿、索贿和敲诈勒索的措施的认识，并使其遵守。

（7）企业不得向公职人员候选人、政党或其他政治组织提供非法捐助。政治献金应完全符合公开披露要求，并向高级管理层报告。

三、2013 年《商业反腐败道德与合规手册》解读

2013 年 11 月 28 日，经合组织与联合国毒品和犯罪问题办公室、世界银行共同发布了《商业反腐败道德与合规手册》，其中回顾了过去几十年间国际上发布的各种反贿赂和反腐败合规出版物，总结了其中共同的反腐败道德与合规要素，并提出了企业进行反贿赂和反腐败风险评估的具体指引。该手

册的主要内容共分为以下三个方面 [1]。

（1）打击腐败的国际法律框架。包括：（a）国际层面的《联合国反腐败公约》和《经合组织反贿赂公约》；（b）区域层面的反腐败公约，包括 1997 年生效的《美洲国家组织反腐败公约》（Inter-American Convention Against Corruption）、2003 年通过的《非洲联盟预防和打击腐败公约》（African Union's Convention on Preventing and Combating Corruption）、欧洲委员会的《反腐败刑法公约》（Criminal Law Convention on Corruption）和《反腐败民法公约》（Civil Law Convention on Corruption）以及其他反腐败政策；（c）作为对国际反腐败框架补充的世界银行制裁制度。

（2）风险评估方法。评估腐败风险的主要目的是更好地了解风险暴露情况，以便作出明智的风险管理决定，因此，企业可以采取以下步骤评估腐败风险。

（a）第一步，建立流程。

（b）第二步，识别风险。

（c）第三步，对固有风险划分等级。

（d）第四步，确定和评估缓解控制措施。

（e）第五步，计算剩余风险。

（f）第六步，制定行动计划。

（3）制定和实施反腐败道德与合规计划。

（a）高级管理层对预防腐败的支持和承诺。

（b）制定一项反腐败计划。

（c）监督反腐败计划。

（d）明确、可见、易用的反腐败政策。

（e）针对特定风险领域的详细政策。

（f）要求商业伙伴实施反腐败计划。

（g）内部控制和记录保存。

---

[1] See OECD, UNODC, The World Bank, Anti-Corruption Ethics and Compliance Handbook for Business, 2013, https://www.oecd.org/corruption/Anti-CorruptionEthicsComplianceHandbook.pdf.

（h）宣传和培训。

（i）促进和激励道德与合规。

（j）寻求指导、发现和举报违规行为。

（k）解决违规问题。

（l）定期审查和评估反腐败计划。

第七节 联合国反腐败道德与合规指引

联合国发布的反腐败道德与合规指引主要包括 2000 年《联合国全球契约十项原则》（The Ten Principles of the UN Global Compact）和 2013 年《商业反腐败道德与合规计划：实践指引》（An Anti-Corruption Ethics and Compliance Programme for Business: A Practical Guide），前者第十项原则对反腐败提出了具体要求，后者提出了关于反腐败道德与合规计划的具体要求。

一、2004 年《联合国全球契约第十项原则：反腐败》解读

2000 年 7 月 26 日，联合国全球契约组织（United Nations Global Compact）正式成立。作为世界上最大的企业可持续发展或社会责任行动计划，它旨在鼓励世界各地的企业采取可持续和对社会负责的政策并报告其执行情况。联合国全球契约是一个基于十项原则的商业框架，这些原则涉及人权（原则一和原则二）、劳工（原则三至原则六）、环境（原则七至原则九）和反腐败（原则十）。其中，以《联合国反腐败公约》为基本法律文件的《联合国全球契约第十项原则：反腐败》于 2004 年获得通过，它明确规定：企业应打击所有形式的腐败，包括贿赂和敲诈勒索。关于该原则，企业应注意以下三点内容。[1]

---

[1] See United Nations Global Compact, The Ten Principles of the UN Global Compact, https://www.
unglobalcompact.org/what-is-gc/mission/principles/principle-10.

1. 第十项原则"反腐败"的要求是什么？

联合国全球契约的参与者不仅要防止包括贿赂在内的所有形式的腐败，还要通过积极制定有关政策和计划解决企业内部与外部的腐败问题；在集体努力及与民间社会、联合国和各国政府一起实现更透明的全球经济方面，企业也面临着挑战。

2. 为什么企业应当关注该原则？

消除腐败应成为商界的一个优先事项，因为：（1）商业道德丑闻会严重腐蚀投资者、客户、员工和公众对企业的信心和信任，而且，如果企业对员工、关联企业、商业伙伴和代理商的行为不够重视，就可能要为此承担责任；（2）世界各地公司治理规则的迅速发展促使企业聚焦于反腐败措施，并将其作为表达企业可持续性、保护其声誉和利益相关方利益的机制的组成部分，这些企业的反腐败体系正日益扩展到一系列道德和廉洁问题，而且越来越多的投资经理将这些体系视为企业良好治理的证据；（3）企业如果不能有效打击各种形式的腐败，就会面临很高的法律风险、声誉风险、道德与商业风险以及潜在的财务成本损失风险。

3. 企业可以采取哪些行动？

（1）首要的、最基本的是在企业内部组织和业务活动中推行反腐败政策和计划；（2）在企业对外发布的年度报告中报告其反腐败工作，并通过提供实例、案例来分享其经验和最佳做法；（3）与同行及其他利益相关方采取集体行动，例如签署"反腐败行动号召"（Anti-corruption Call to Action）等，加大反腐败力度，为所有人创造公平竞争的营商环境。

集体行动的好处至少有以下几点：（1）加深对腐败问题的理解；（2）整合知识、财务和技术资源，以产生更大的影响；（3）创建更可信、更可接受、更可持续的解决方案；（4）有助于确保为所有的利益相关者提供一个公平竞争和机会均等的环境；（5）创造一个更加稳定和更有利的商业环境；（6）监管（由行业或政府主导）不健全的脆弱地区和部门，为现有的反腐败工作提供补充。[1]

二、2013 年《商业反腐败道德与合规计划：实践指引》解读

2013 年 9 月，联合国毒品和犯罪问题办公室发布了《商业反腐败道德与合规计划：实践指引》，为企业如何建立一个有效的反腐败道德与合规计划提出了可以采取的具体步骤。该指引和经合组织的 2013 年《商业反腐败道德与合规手册》一样，都是建立在国际公约及其他区域或国际倡议、标准和原则的基础上的，但与之不同的是，该指引对经合组织《商业反腐败道德与合规手册》中提出的制定和实施反腐败道德与合规计划的十二个方面的要点进行了详细说明，并提出了具有可操作性的检查清单。

1. 评估腐败风险

企业在制定和实施反腐败道德与合规计划之前，需要首先了解其可能面临的腐败风险，因为实施和维护反腐败计划的基础是对腐败风险进行评估，以识别出风险并确定风险的优先级，从而最终确定应对方法。

企业可采取的步骤主要包括：（1）确定职责和流程，即在进行风险评估之前确定运营角色和职责、运营流程和监督；（2）确定与腐败有关的风险领域，例如法律风险、商业与运营风险、声誉风险；（3）识别出腐败风险，方式包括查看其内部统计数据、向同行或商业伙伴学习以及聘请外部顾问进行风险评估等；（4）评估腐败风险，可以通过定性和定量方法评估其腐败风险暴露，其中，使用形象化的工具更有助于理解和说明整个公司的风险；（5）降低腐败风险，例如加强对代理人的监督、为相关人员提供专门培训、加强中层管理人员的参与、加强对关键供应商或主要投资的尽职调查、参与行业反腐败集体行动等；（6）对风险评估进行公开报道，例如说明风险评估流程、已进行风险评估的业务单位和子公司的情况，并强调行动成果。[2] 与评估腐败风险有关的企业检查清单见表 2.2。

---

[1] See UNGC, Anti-Corruption Collective Action, https://www.unglobalcompact.org/take−action/action/anti−corruption−collective−action.

[2] See United Nations, An Anti-Corruption Ethics and Compliance Programme for Business: A Practical Guide, September 2013, pp.8−14.

表2.2　关于腐败风险评估的检查清单 [1]

腐败风险评估	是	否	进行中
公司定期（至少每年一次）进行标准化的风险评估			
公司确定了负责风险评估的运营角色和职责			
公司定义并记录风险评估的操作流程			
公司界定了监督职责			
公司将风险评估嵌入现有流程中			
公司意识到未能防止腐败的负面后果（法律、商业、运营与声誉风险）			
风险评估包括所有的主要风险领域（例如行业和地理位置）			
公司利用内部和外部来源识别出与腐败有关的风险			
公司根据整体风险暴露确定优先顺序			
公司制定风险策略，以最小化整体风险暴露和已识别出的剩余风险			
公司记录总体风险评估的结果			
公司对风险评估的情况进行公开报道			

2. 制定和实施反腐败道德与合规计划

在完成对腐败风险的评估之后，企业就面临如何制定和实施反腐败道德与合规计划的问题。联合国《商业反腐败道德与合规计划：实践指引》采取了与经合组织《商业反腐败道德与合规手册》完全一样的、用于制定和实施反腐败道德与合规计划的框架。

（1）高级管理层对预防腐败的支持和承诺

《商业反腐败道德与合规计划：实践指引》强调企业高级管理层对反腐败道德与合规计划的支持和承诺，这对于建立一种对腐败零容忍且以廉洁、

---

[1] See United Nations, An Anti-Corruption Ethics and Compliance Programme for Business: A Practical Guide, September 2013, p.15.

透明和问责等基本价值观为基础的企业文化而言至关重要。该指引对高级管理层支持和承诺提出的具体要求主要有九个方面，集中体现在其检查清单中（见表 2.3）。

表 2.3 关于高级管理层对预防腐败支持和承诺的检查清单[1]

高级管理层对预防腐败的支持和承诺	是	否	进行中
高级管理层对公司的反腐败计划表现出强有力的、明确的和可见的支持和承诺			
高级管理层公开发表正式声明，对腐败表示零容忍			
高级管理层制定了反腐败道德与合规计划，以支持腐败零容忍声明			
高级管理层确保整个公司的承诺			
高级管理层为反腐败道德与合规计划确立了明确的操作和监督职责			
高级管理层为计划的实施和持续改进提供了充足的人力资源			
高级管理层界定计划的范围和程度，例如公开报告或参与自愿行动			
高级管理层对计划表现出积极的承诺，例如在员工会议上就计划的原理和重要性发表讲话			
公司对其高级管理层的支持和承诺进行公开报道			

（2）制定一项反腐败计划

反腐败道德与合规计划主要由解决腐败风险的政策和程序组成，这些政策和程序应当具有以下特征：与所有可适用的法律保持一致；适应企业所有的具体要求；利益相关方广泛参与；遵守计划是全员共同职责；计划应具有易懂性、可读性、适用性、持续性和有效性；促进以信任为基础的内部文

---

[1] See United Nations, An Anti-Corruption Ethics and Compliance Programme for Business: A Practical Guide, September 2013, p.24.

化；有效率地充分利用企业资源。[1] 同时，企业可以对制定反贿赂计划的详情进行公开报道。关于制定反腐败计划的检查清单可见表 2.4。

表 2.4　关于制定反腐败计划的检查清单 [2]

制定一项反腐败计划	是	否	进行中
反腐败计划符合所有可适用的法律			
反腐败计划适应公司的具体要求			
反腐败政策和程序的实施和持续改进是基于一种参与式的方法，涉及员工和外部利益相关方			
公司各级别、各职能和各领域都必须遵守反腐败计划			
关于反腐败计划和支持性材料的信息很容易获取			
反腐败计划的政策和程序很容易理解（例如避免缩略语和专业术语）			
反腐败计划的目的是促进一种基于信任和具有包容性的内部文化			
反腐败计划针对所有员工和相关商业伙伴			
反腐败计划不断适应持续变化的内部知识和外部商业环境			
公司对其反腐败计划进行公开报道			

（3）对反腐败计划进行监督

监督不仅对确保企业所有人员和相关业务部门遵守和支持反腐败计划非常重要，也对该计划的有效实施很重要，因此，董事会或同等机构应当将反腐败作为企业的优先事项，监督高级管理层在整个公司对反腐败政策和程序的实施，评估计划的适当性，并在需要时对其进行改进或修正，对违规行为

[1] See United Nations, An Anti-Corruption Ethics and Compliance Programme for Business: A Practical Guide, September 2013, pp.25−27.
[2] See United Nations, An Anti-Corruption Ethics and Compliance Programme for Business: A Practical Guide, September 2013, p.28.

及时进行处理。[1] 关于监督反腐败计划的检查清单可见表 2.5。

表 2.5　关于监督反腐败计划的检查清单 [2]

监督反腐败计划	是	否	进行中
有一项明确、可见和易懂的政策，规定了实施、执行和持续改进反腐败计划的角色和职责			
董事会或同等机构对监督反腐败计划负有最终责任			
董事会或同等机构已任命一个合规、审计或道德委员会，以支持董事会的监督职能			
高级管理层监督政策和程序是否可日常适用			
高级管理层任命了一个单独的部门，就实施反腐败计划提供专门知识			
董事会或同等机构定期收到现状报告，并评估高级管理层在实施、执行和持续改进反腐败计划方面的表现			
董事会或同等机构通过现状报告和独立评估对反腐败计划的总体充分性进行评价，并在必要时选择或采取纠正措施			
董事会或同等机构对与反腐败计划有关的直接违规行为和（或）严重挑战作出反应			
公司对其监督反腐败计划的情况进行公开报道			

（4）明确、可见和易用的反腐败政策

前三项措施都需要转化为具体的反腐败政策，而明确、可见和易用的反腐败政策是反腐败计划其他所有实践要素的运行基础，它应规定所有员工和相关商业伙伴需要遵守的原则和规则以及公司预防腐败的义务，至少应包括对腐败的定义、腐败的表现形式、相关案例说明、所适用的司法管辖区等内容。[3] 关于反腐败政策的检查清单可见表 2.6。

---

[1] See United Nations, An Anti-Corruption Ethics and Compliance Programme for Business: A Practical Guide, September 2013, pp.29-31.

[2] See United Nations, An Anti-Corruption Ethics and Compliance Programme for Business: A Practical Guide, September 2013, p.32.

[3] See United Nations, An Anti-Corruption Ethics and Compliance Programme for Business: A Practical Guide, September 2013, pp.33-37.

表2.6　关于反腐败政策的检查清单 [1]

明确、可见和易用的反腐败政策	是	否	进行中
反腐败政策阐明了腐败的表现形式（基于公司的风险评估）			
反腐败政策提供了关于腐败的各种形式和挑战（如敲诈勒索）的进一步信息			
反腐败政策有正式记录，并向所有员工和商业伙伴公开			
反腐败政策以清晰易懂的语言表述，并翻译成所有主要的操作语言			
反腐败政策有实例或一般性案例描述作为支撑			
反腐败政策普遍适用于公司运营所在的所有司法管辖区			
对反腐败政策进行定期审查，并在必要时加以调整			
公司对其反腐败政策进行公开报道			

（5）针对特定风险领域的详细政策

公司应通过在合法与非法的商业惯例之间划清界限的方式，明确说明哪些属于腐败的灰色地带，尤其是要处理好以下三个方面的问题：一是非法但被视为正常甚至是必需的商业惯例，例如通融费；二是合法但有可能被滥用以掩盖腐败的商业惯例，例如滥用礼物、招待、差旅和娱乐、政治献金、慈善捐款以及赞助等行贿外国公职人员；三是商业惯例是基于有偏差的决定（如利益冲突）。[2] 关于针对特定风险领域的详细政策的检查清单可见表2.7。

---

[1] See United Nations, An Anti-Corruption Ethics and Compliance Programme for Business: A Practical Guide, September 2013, p.38.

[2] See United Nations, An Anti-Corruption Ethics and Compliance Programme for Business: A Practical Guide, September 2013, p.39.

表 2.7 关于针对特定风险领域的详细政策的检查清单 [1]

通融费	是	否	进行中
有一项明确、可见和易懂的政策禁止支付通融费			
该政策对通融费有一个全面的定义			
该政策确认了无法避免支付通融费的情形，例如当健康、平安和安全受到威胁时，并就如何处理此类情形规定了明确的程序			
进行了详细的风险评估，以了解可能发生支付通融费的情形和惯例			
风险评估的详细结果反映在减少通融费支付风险的政策和程序中			
将政策和程序传达给员工和相关商业伙伴			
对公司政策和程序的遵守情况进行监督			
员工和相关商业伙伴接受培训，并得到关于如何处理通融费的指导			
在无法避免支付通融费的情形下，例如当人身安全面临威胁时，需要将其记录在公司的账簿和记录中			
如果可行的话，公司利用其影响力支持禁止通融费			
公司的监督机构定期审查禁止支付通融费的政策和程序			
公司对其禁止支付通融费的政策和程序进行公开报道			
特殊类型的支出 （礼物、招待、差旅和娱乐、政治献金、慈善捐款以及赞助）	是	否	进行中
有一项明确、可见和易懂的政策，禁止为在商业交易中获得利益或作为腐败的幌子而滥用特殊类型的支出			
该政策包含对各种特殊类型支出的全面定义			

---

[1] See United Nations, An Anti-Corruption Ethics and Compliance Programme for Business: A Practical Guide, September 2013, pp.42,48,53.

（续表）

特殊类型的支出 （礼物、招待、差旅和娱乐、政治献金、慈善捐款以及赞助）	是	否	进行中
进行了详细的风险评估，以了解这些特殊类型支出违法或可能被滥用的情形和惯例			
风险评估的详细结果反映在政策和程序中			
政策和程序传达给了员工和相关商业伙伴			
制定了减少与特殊类型支出有关的风险的惯例，例如批准程序、职责、透明度和文件要求			
员工和相关商业伙伴接受培训，并得到关于如何处理此类特殊支出的指导			
公司的监督机构（如董事会）定期审查政策和程序以及涉及特殊类型支出的重大事件			
对公司政策和程序的遵守情况进行监督			
公司对其处理特殊类型支出的政策和程序进行公开报道			

利益冲突	是	否	进行中
有一项明确、可见和易懂的政策来解决利益冲突问题			
该政策包含了对利益冲突的全面定义，并概述了可能的来源，例如外部任命			
该政策解决了员工和相关商业伙伴潜在利益冲突的披露问题			
该政策要求高级管理层披露收入和资产，例如报酬、所有权、投资、大额礼物和福利			
资产的披露范围扩大到高级管理人员的家庭成员			
该政策确认了利益冲突无法避免的情形，并明确规定了处理这种情形的程序			
进行了详细的风险评估，以了解可能发生利益冲突的情形和惯例			
风险评估的详细结果反映在政策和程序中，以减轻利益冲突造成的负面后果			

（续表）

利益冲突	是	否	进行中
在采购、销售或生产等主要运营过程中对利益冲突进行尽职调查			
对公司政策和程序的遵守情况进行监督			
公司的监督机构（如董事会）定期审查政策和程序以及重大利益冲突事件			
公司对其解决利益冲突的政策和程序进行公开报道			

（6）要求商业伙伴实施反腐败计划

企业在日常经营过程中往往需要与商业伙伴打交道，其中五种主要的商业伙伴类型是子公司、附属公司、合资企业、代理人和中间人以及承包商和供应商，为了减少和管理这些商业关系中的腐败风险，企业应从选择和监督商业伙伴、激励商业伙伴遵守公司标准等方面要求商业伙伴实施其反腐败计划。[1] 关于要求商业伙伴实施反腐败计划的检查清单可见表2.8。

表2.8 关于要求商业伙伴实施反腐败计划的检查清单 [2]

要求商业伙伴实施反腐败计划	是	否	进行中
使所有商业伙伴都了解公司的反腐败政策和程序			
母公司拥有有效控制权的子公司必须实施同等反腐败计划			
鼓励附属公司实施同等反腐败计划，并确定减少剩余风险的方案，包括退出的情形			
公司应寻求将其自身或类似反腐败标准适用于合资企业。确定减少剩余风险的方案，包括退出的情形			
有具体的政策和程序应对代理人和中间人的问题			
有具体的政策和程序应对承包商和供应商的问题			

---

[1] See United Nations, An Anti-Corruption Ethics and Compliance Programme for Business: A Practical Guide, September 2013, pp.54-60.

[2] See United Nations, An Anti-Corruption Ethics and Compliance Programme for Business: A Practical Guide, September 2013, p.62.

（续表）

要求商业伙伴实施反腐败计划	是	否	进行中
在选择新的商业伙伴时进行尽职调查			
尽职调查的范围和强度取决于公司的整体风险评估以及特定关系风险领域			
商业伙伴受到持续监督，监督的范围、频率和方式取决于风险评估			
通过商业、法律和声誉方面的激励和制裁，鼓励商业伙伴遵守公司的标准			
公司对商业伙伴实施反腐败计划的情况进行公开报道			

（7）内部控制和记录保存

作为反腐败计划的重要组成部分，内部控制系统和准确的账簿与记录是减少腐败风险的重要手段，有助于确保反腐败政策和程序按照公司高级管理层的预期执行，从而保护公司资产、员工和商业伙伴并使其免于遭受与腐败有关的负面后果，其中，内部控制系统的要素主要包括组织措施和控制，而准确的账簿与记录则是内部控制系统的要求，同时也具有在必要时提供证据的作用。[1] 关于内部控制和记录保存的检查清单可见表2.9。

表 2.9　关于内部控制和记录保存的检查清单 [2]

内部控制和记录保存	是	否	进行中
有内部控制系统			
内部控制系统的目标（如保护公司资产）传达给了员工和商业伙伴			
内部控制系统是基于公司的个人风险状况和商业环境			
内部控制系统达到了平衡，以避免过度或不充分的控制			

[1] See United Nations, An Anti-Corruption Ethics and Compliance Programme for Business: A Practical Guide, September 2013, pp.63−66.

[2] See United Nations, An Anti-Corruption Ethics and Compliance Programme for Business: A Practical Guide, September 2013, p.68.

（续表）

内部控制和记录保存	是	否	进行中
内部控制系统包括组织措施及预防、检查、手动与自动控制			
内部控制系统包括整合到基本业务流程中的组织措施和控制，以及应用于整个公司和商业伙伴的组织措施和控制			
内部控制系统由公司高级管理层设计、实施和维护			
内部控制系统由内部和外部审计人员定期评估			
内部控制系统的有效性由董事会或类似机构评估			
内部控制系统的要素、负责实施的人员的确定以及在系统执行过程中获得的信息都被记录下来			
有一项正式的政策，概述了保持准确账簿和记录的程序，例如禁止"账外账"			
公司对内部控制系统及保持账簿和记录的惯例进行公开报道			

（8）宣传和培训

定期的宣传和培训在提高企业反腐败意识和遵守反腐败计划方面发挥着重要作用，因此企业应对其有效控制或对具有决定性影响的员工和商业伙伴开展有关其反腐败政策和程序的宣传和培训，可采取的形式既可以是标准化的，也可以针对不同级别、群体或部门的员工进行量身定制，同时可以通过网站、电子邮件、即时通信、公共媒体、课堂教学、外部课程、研讨会和会议等各种方式提高宣传和培训的有效性。[1] 关于宣传和培训的检查清单可见表2.10。

表2.10 关于宣传和培训的检查清单 [2]

宣传和培训	是	否	进行中
对所有员工和相关商业伙伴进行宣传和培训			
宣传和培训包含在内部和外部招聘流程中			

---

[1] See United Nations, An Anti-Corruption Ethics and Compliance Programme for Business: A Practical Guide, September 2013, pp.69–71.

[2] See United Nations, An Anti-Corruption Ethics and Compliance Programme for Business: A Practical Guide, September 2013, p.73.

（续表）

宣传和培训	是	否	进行中
定期提供宣传和培训			
宣传和培训与风险评估（如定期审查）的结果保持一致			
标准化的宣传和培训旨在向相关员工和商业伙伴提供关于整个计划的范围和相关性的信息			
标准化的宣传和培训使用适当的媒体渠道，如网站、电子邮件、即时通信、公司杂志和年度报告			
有量身定制的宣传和培训来应对参与高风险流程、行业或地点的员工和相关商业伙伴的挑战和需求			
量身定制的宣传和培训以互动方式进行，如课堂教学			
记录、监督、评估宣传和培训的有效性及效率			
利用特殊场合或重大事件（如组织变革、出台新的内部指引、加入自愿倡议）来强调反腐败计划的目标和重要性			
公司对其宣传和培训活动进行公开报道			

（9）促进、激励道德与合规

员工和相关商业伙伴致力于公司政策和程序是反腐败计划成功的关键决定因素，但在实践中，企业往往制定和实施了良好的反腐败计划，却在激励员工和相关商业伙伴遵守其价值观和规范方面存在明显不足，因此企业可以采取经济激励和非经济激励相结合的方式促进、激励道德与合规；同时，企业要注意在激励道德与合规时考虑并应对以下挑战：平衡绩效目标和激励措施、奖励预期行为、降低内在动机、评估绩效中的主观性、机会不平等以及奖励举报人。[1] 关于促进、激励道德与合规的检查清单可见表2.11。

---

[1] See United Nations, An Anti-Corruption Ethics and Compliance Programme for Business: A Practical Guide, September 2013, pp.74-77.

表 2.11　关于促进和激励道德与合规的检查清单 [1]

促进和激励道德与合规	是	否	进行中
对员工和商业伙伴实施道德与合规激励			
激励方案包括经济激励和非经济激励			
激励方案是在员工和相关商业伙伴的参与下制定的，体现了公司的组织文化			
激励方案已纳入现有的人力资源政策和绩效评估程序			
绩效评估基于客观和可比较的标准，不考虑个人价值观、主观印象或看法			
管理者或监督者根据下属对反腐败计划的促进程度进行评价			
将激励措施提供给个人以及内部或外部团队、团体或部门			
对经济生产力的激励和对道德与合规的激励方案并不冲突			
激励方案受到充分控制，以防止被滥用			
评估标准对所有员工和相关商业伙伴而言都是表述清晰和透明的			
激励方案解决了常见的挑战，例如评估绩效的主观性和机会不平等			
公司对其促进、激励道德与合规的措施进行公开报道			

（10）寻求指导及发现和报告违规行为

企业即使制定和实施了有效的反腐败计划，也无法避免出现员工和商业伙伴违反其政策和程序的情况，这往往会增加公司的法律风险和声誉风险。因此，公司不仅要为员工和商业伙伴提供寻求指导的渠道，例如在公司内部指定专门的人员或部门或者开设内部或帮助热线，并及时由合规部门提供关于反腐败计划、政策和程序的指导和支持，还要为其提供发现和举报违规行为的渠道，例如利用内部来源（包括内部控制、内部调查、内部审计、内部指导和举报热线以及投诉接待员）和外部来源（包括外部审计、其他外部方的投诉和关切、媒体报道以及投诉接待者）发现潜在的违规或异常行为，以

---

[1] See United Nations, An Anti-Corruption Ethics and Compliance Programme for Business: A Practical Guide, September 2013, p.79.

及向合规部门、内部举报热线或投诉接待者举报违规行为。[1]此外，企业还应征求员工和商业伙伴对改进反腐败计划的建议。关于寻求指导及发现和报告违规行为的检查清单可见表2.12。

表2.12　关于寻求指导及发现和报告违规行为的检查清单[2]

寻求指导及发现和报告违规行为	是	否	进行中
公司提供了安全且方便使用的帮助热线或者安排专门人员或部门，以支持员工和商业伙伴解释和实施公司的政策和程序			
已确定可能被用于发现违规行为的所有内部和外部来源			
有措施确保不成比例的内部控制不会妨碍维持基于信任的文化			
公司提供了安全且方便使用的举报热线和（或）投诉接待者，以鼓励举报违规行为			
明确规定员工和商业伙伴应举报违反反腐败计划的行为			
明确规定员工和商业伙伴不因善意且有合理理由的违规举报行为而受到任何歧视或解雇			
举报人以及受到指控或关注的人受到保密对待，并有权获得法律建议			
在培训和宣传中处理对违规行为的报告			
高级管理层定期收到对违规或异常行为的报告			
公司对其寻求指导及发现和报告违规行为的政策和程序进行公开报道			

（11）解决违规问题

在发现违反其反腐败政策和程序的行为后，企业如何处理这些违规或异常行为直接关系到企业实施反腐败计划的可信度、能否避免执法带来的负面

---

[1] See United Nations, An Anti-Corruption Ethics and Compliance Programme for Business: A Practical Guide, September 2013, pp.80−83.

[2] See United Nations, An Anti-Corruption Ethics and Compliance Programme for Business: A Practical Guide, September 2013, p.85.

后果以及是否会损害企业的声誉，因此企业应当从以下三个方面作出回应。[1]

第一，为有效应对违规行为做好准备，包括：（a）确定处罚类型（包括经济处罚和非经济处罚），如罚款、调动职位、解雇或终止合同等，但处罚应符合可适用的法律、具有相关性且成比例、可在实践中使用、取决于有效的控制以及与激励措施同时使用；（b）制定关于相关程序和职责的指引，以确保作出公正和透明的而非具有主观性和随意性的反应，该指引应涉及与违规行为有关的标准、减轻处罚的条件、调查职责及所依据的程序和法律、内部沟通、与当局的外部合作以及监测进展和记录；（c）提供申诉机会，以确保处罚的公正性并为减轻处罚提供机会，从而激励违规者在未来遵守政策和程序。

第二，对违规行为作出回应，包括：（a）对员工和相关商业伙伴进行处罚，前者如罚款、减少报酬、不予晋升、调职或终止雇佣合同等，后者如终止关系、减少合作、提出更高的尽职调查要求等；（b）通知内部部门和外部机构，前者如在整个公司进行通报，后者如报告执法机构；（c）确定补救措施，如审查内部控制环境、进行额外的培训和交流、审查公司的纪律政策以及将所有事件都记录下来。

第三，与当局合作，包括：（a）自愿恢复违法犯罪行为造成的损害或损失；（b）追回非法所得，如腐败所得；（c）其他自愿接受的限制，如对公共合同的投标弃权；（d）接受外部合规监管；（e）采取纠正性组织行动，如免职或对责任人采取其他纪律措施；（f）通过加强反腐败计划以消除导致腐败行为的自身不足，来证明其与当局的合作。

关于解决违规问题的检查清单可见表2.13。

---

[1] See United Nations, An Anti-Corruption Ethics and Compliance Programme for Business: A Practical Guide, September 2013, pp.86–93.

表 2.13　关于解决违规问题的检查清单 [1]

解决违规问题	是	否	进行中
有明确、可见和易懂的纪律政策，用于处理员工和商业伙伴			
纪律政策规定了处罚类型、程序与职责指引以及申诉的机会			
处罚是相关的、成比例的和在实践中适用的			
程序与职责指引支持对事件作出公正和透明的回应			
在违规的情况下，有通知相关内部部门和外部利益相关方的流程			
对违规行为进行分析，以确定加强反腐败计划的补救行动			
在公司或其法人代表被提出指控前，公司向当局披露了实际或可能的违规行为的相关信息和证据			
在公司或其法人代表被提出指控后，公司表示与当局合作（如加强反腐败计划）			
在考虑与当局合作时，考虑到各国立法和诉讼制度的特殊性			
在与当局合作时，解决了对举报人、证人、鉴定人和受害人的保护问题			
公司解决了可能违反数据隐私条例的问题			
公司对其处理违规行为和与当局合作的政策和程序进行公开报道			

（12）定期审查和评估反腐败计划

企业董事会或其他同等机构和高级管理层应当定期对反腐败计划进行审查和评估，以使其保持最新并不断得到优化和简化，而对该计划的改进可以包括引入新措施、补充强化现有措施、提高效率或调整战略。在对政策和程序、培训和宣传、内部控制、激励方案、事件处理等反腐败计划的关键要素进行审查和评估时，可以使用有效性、效率和可持续性三个标准。在审查或评估结束后，公司可以采取两项后续行动，即对反腐败计划进行改进以及将结果与员工和股东进行沟通和讨论，以进一步提高计划的有效性、效率和可

---

[1] See United Nations, An Anti-Corruption Ethics and Compliance Programme for Business: A Practical Guide, September 2013, p.95.

持续性，并表明高级管理层对计划的持续承诺。[1] 关于定期审查和评估反腐败计划的检查清单可见表2.14。

表2.14　关于定期审查和评估反腐败计划的检查清单 [2]

定期审查和评估反腐败计划	是	否	进行中
高级管理层定期审查反腐败计划，并评估对计划进行修改的最佳行动方案			
对计划审查的同时考虑到了商业环境的变化和从内部运营中吸取的经验教训			
审查是根据各种信息来源进行的，例如来自内部和外部审计、内部控制、监测、反馈、评估和基准的信息输入			
对计划的评估基于三个主要的评估标准：有效性、效率和可持续性			
改进时机是根据对计划的审查和评估结果而设计和实施的			
审查和评估结果（包括确定的改进时机）将被传达给员工和相关商业伙伴			
董事会或其他同等机构（如审计委员会）评估并批准高级管理层为修改反腐败计划而选择的行动方案，并确保按预定的时间间隔进行审查和评估			
公司对其审查和评估反腐败计划的情况进行公开报道			

3. 中小企业须注意的特别事项

与大企业不同，中小企业可以结合自身的实际情况评估腐败风险、制定和实施反腐败道德与合规计划 [3]，具体包括以下几点。

（1）评估腐败风险。由于更容易受到腐败实际发生的影响，中小企业应当识别有关风险，确保反腐败计划可以解决这些风险。虽然中小企业评估风险的人力、物力、财力较少，但具有人数少、复杂性低的优势，可能更容

---

[1] See United Nations, An Anti-Corruption Ethics and Compliance Programme for Business: A Practical Guide, September 2013, pp.96−100.

[2] See United Nations, An Anti-Corruption Ethics and Compliance Programme for Business: A Practical Guide, September 2013, p.102.

[3] See United Nations, An Anti-Corruption Ethics and Compliance Programme for Business: A Practical Guide, September 2013, pp.13−100.

易通过查询识别出腐败风险。因此，中小企业可以利用公开的工具、指引和支持性信息进行自己的风险评估，同时，还可以通过与当地商会、协会等合作，以积累相关的腐败风险信息并确定解决方案。

（2）高级管理层对预防腐败的支持和承诺。中小企业的高级管理层应当传达一种强烈的"高层基调"，显示出反腐败计划的主人翁精神，尤其是考虑到高级管理层的支持和承诺有可能由一个人代表，可以用更直接和更个人的方式来体现。中小企业员工和商业伙伴与高级管理层有更多的互动，可以发挥高级管理层的榜样作用，从而获得反腐败计划的成功。

（3）制定一项反腐败计划。中小企业由于其高级管理层、员工和商业伙伴之间的层级较少、互动密切，可以比大企业付出更少的努力来观察其反腐败计划中用于解决腐败风险的政策和程序的所有特征。

（4）监督反腐败计划。中小企业至少应确保由一人负责反腐败计划的实施、执行、监督等职能，而且，中小企业由于具有内部复杂性低、互动程度高的优势，可以更方便地收集相关信息并通过内部会议和讨论实现对反腐败计划的监督，如果资源有限，则可以聘请外部顾问支持独立评估。

（5）明确、可见和易用的反腐败政策。尽管中小企业的业务流程往往不那么正式和有记录可查，但应当正式记录和公布其反腐败政策，从而明确对员工和商业伙伴的期望。中小企业可以使用现有的反腐败政策模板，并从当地商会、协会等处获得支持和指导，同时根据具体要求进行不断调整。

（6）针对特定风险领域的详细政策。中小企业应制定明确的政策和程序，规定禁止通融费和在面临索贿或敲诈勒索时如何应对，以确保合法使用各种类型的支出，同时规定在面对无法避免的利益冲突或无法解雇员工的情况下如何应对利益冲突。

（7）要求商业伙伴实施反腐败计划。中小企业对其商业伙伴的影响通常较小，而且，可能难以通过终止商业关系等措施实施其反腐败标准，但尽管如此，也应进行适当的尽职调查。那些缺少相关专业知识的中小企业可以聘请外部顾问进行初步的风险评估，或者使用一些可用的工具（如检查清单、流程图、示警红旗等）开展尽职调查。

（8）内部控制和记录保存。中小企业需要建立有效、高效、均衡的内部控制系统，并通过制定相关政策和程序维护账簿和记录，以减少腐败风险，尤其是使用严格的基于风险的方法可以减轻中小企业的负担，确保其更加注重高效地实施和执行内部控制。

（9）宣传和培训。鉴于中小企业资源有限，宣传和培训往往是支持有效实施反腐败计划的最具成本效益的方法，对于反腐败计划的成功至关重要，因此，中小企业应确保宣传和培训更直接，以提高员工对其政策和程序的理解和接受程度。为了减少负担，可以考虑参加供应链培训、免费使用宣传和培训材料、使用"培训师的培训"（train-the-trainer）方法[1]、建立兴趣小组等。

（10）促进、激励道德与合规。由于提供经济激励可能会给中小企业带来沉重的财务负担，中小企业可以将重点放在为道德与合规行为提供非经济激励上，而且，中小企业的高级管理层更容易以非正式的方式，通过对员工表示真诚感谢和认可带来较好的激励效果，但要注意在对绩效的经济激励和对合规的非经济激励之间找到平衡。

（11）寻求指导及发现和报告违规行为。中小企业可能没有足够的资源建立自己的帮助和举报热线或独立的内部审计部门，因此可以委托外部服务提供商提供此类热线或服务。鉴于中小企业对事件的发现更多地依赖于自我报告或外部各方，中小企业可能更需要建立基于信任和廉洁的强大组织文化，以及更需要强调"高层基调"。

（12）解决违规问题。中小企业同样应当制定处理违规行为的政策，因为这会发出关于反腐败计划重要性的强烈信号，并确保适用的客观性，即使眼前的成本可能相当可观，中小企业也应将这些成本视为短期投资，以降低长期的法律风险、商业风险和声誉风险。此外，中小企业也应考虑与当局合作，而在合作之前可以咨询当地商会、协会等，以节省资源和降低相关费用。

（13）定期审查和评估反腐败计划。中小企业应认识到实施反腐败计划是一个持续的过程，而非一次性活动，这就需要高级管理层不断作出承诺并

---

[1] "培训师的培训"方法是指少数员工参加外部培训，然后由其将所获信息和知识传达给其他员工。

提供足够的资源，以确保在日常经营中适用该计划。由于中小企业可能面临财务和时间限制，其评估可能主要依赖于反馈和文件，因为这些信息来源通常效率更高、成本更低。此外，中小企业也要认识到对反腐败计划进行定期审查和评估可以提高该计划的有效性和效率，从而降低整个计划的费用。

第八节　全球基础设施反腐败中心《组织反腐败计划》解读

2010年5月，全球基础设施反腐败中心（Global Infrastructure Anti-Corruption Centre）发布了《组织反腐败计划》（Anti-Corruption Programme for Organisations），旨在通过提供一个反腐败计划以及该计划的措施、指引和模板，帮助商业组织制定、实施和改进其反腐败计划，以减少组织可能面临的腐败风险。虽然《组织反腐败计划》在设计时重点考虑了基础设施部门，但所有部门的商业组织均适用。2020年4月1日，全球基础设施反腐败中心对其进行了最新一次更新，并将腐败的外延扩展到广泛涵盖贿赂、贪污、滥用职权、敲诈勒索、欺诈、洗钱和其他类似违法行为。

最新版《组织反腐败计划》提出了组织反腐败计划的一系列措施[1]，包括：

（1）反腐败政策。组织应采取一项反腐败政策，该政策作为组织的承诺，将禁止腐败并采取措施来预防、发现、报告和处理任何腐败。

（2）反腐败计划。组织应实施一项反腐败计划，以落实反腐败政策，该计划应包括适当的政策、程序和控制措施，并根据组织所面临腐败风险的性质和大小以合理、成比例的方式实施。

（3）董事会和管理层对反腐败政策和计划负有的责任。董事会应全面负责有效实施反腐败政策和计划，并确保经理负责监督部门、职能部门或项目人员对反腐败政策和计划的日常遵守情况。

（4）宣传反腐败政策和计划。组织应向员工书面声明董事会对反腐败政

---

[1] See Global Infrastructure Anti-Corruption Centre, Anti-Corruption Programme for Organisations, 10 April 2020, https://giaccentre.org/programme−organisations/.

策和计划的承诺，该声明和反腐败政策应公开并传达给所有人，同时，应要求所有人都签字证明他们已收到、阅读和理解反腐败政策并将遵守该政策。

（5）合规经理。高级经理应负责确保反腐败计划足以应对组织面临的腐败风险，并由组织及其人员有效实施和遵守。经理应拥有足够资源和适当权力来开展所有与反腐败计划有关的活动，并能及时、直接与董事会和总经理沟通。

（6）资源。组织应提供实施反腐败计划所需的资源。

（7）雇佣控制。对于可能给组织带来腐败风险的所有人，在可适用的法律允许的范围内，组织应通过流程规定对其进行雇佣前审查，以尽可能合理地确定雇佣是适当的，并且这些人会遵守反腐败政策和计划。

（8）反腐败培训。组织应定期向所有相关人员提供适当的反腐败培训，使他们了解可能遇到的腐败类型、从事腐败活动的风险、组织的反腐败政策和计划，以及如何举报腐败。

（9）礼物、招待、娱乐、捐赠和其他利益。组织应采取一项政策，禁止提议、给予或接受礼物、招待、娱乐、捐赠或其他利益，但如果提议、给予或接受行为是或可能被合理地认为是出于腐败的目的，则组织应采取将违反该政策的风险降至最低的程序。

（10）通融费。组织应采取一项政策，禁止支付通融费，除非人员的安全和自由被认为受到了威胁，但在这种情况下，组织应采用将违反该政策的风险降至最低的程序。

（11）腐败风险评估和尽职调查。组织应定期评估与其现有和所提议活动有关的腐败风险，并评估其反腐败政策、程序和控制措施是否足以将这些风险降低到可接受的水平。在风险评估的基础上，应根据需要对交易、项目或商业伙伴等进行适当的尽职调查，以进一步了解其可能带来的腐败风险。

（12）受控组织和商业伙伴采取的反腐败措施。组织应采取一项程序，确保其控制的所有其他组织在考虑受控组织面临的腐败风险的性质和大小后，实施合理、成比例的反腐败程序。对于没有控制权或被评估为存在较高腐败风险的商业伙伴，商业组织也应采取一项程序，确保该商业伙伴执行其反腐败程序。

（13）决策过程。组织应采取一项程序，确保决策过程和决策者的资历是与交易价值和所感知的腐败风险相适应的。

（14）合同条款。组织应实施相关程序，确保在合理的范围内要求与所有存在较高腐败风险的商业伙伴之间的所有合同都包含禁止腐败的规定。

（15）财务控制。组织应实施由其开展的、代表其开展的或针对其开展的财务控制，如账簿、记录和审计等，以最大限度地降低腐败风险。

（16）商业控制。组织应实施销售、采购、供应链管理、运营、项目管理等商业控制，以最大限度降低组织从事、代表组织从事或针对组织从事腐败的风险。

（17）审查和改进反腐败计划。组织应审查和改进反腐败计划，以确保该计划足以有效管理其面临的腐败风险，并得到有效实施。

（18）举报。组织应采取一项程序，使所有人都能够以安全、保密的方式报告可疑或真实发生的腐败行为、违反反腐败政策或计划的行为。

（19）调查和处理腐败。组织应采取一项程序，要求其对上述腐败行为、违反反腐败政策或计划的行为进行适当的调查，并在调查这些行为时要求采取适当的行动。

（20）记录。组织应适度详细地记录其反腐败政策和计划以及由此产生的任何合规问题。

此外，最新版《组织反腐败计划》还指出，在反腐败计划之外，组织还可以采取以下两种措施：一是独立评估和认证，即可以委托第三方对反腐败计划进行独立评估和认证，以确保反腐败计划有效运行并符合好的实践做法；二是与其他利益相关方合作，即与公共部门和私营部门的其他利益相关方合作，以减少腐败并学习其他组织的经验和最佳做法。

第九节　国际标准化组织
《反贿赂管理体系——要求及使用指南》解读

2011 年，英国标准协会发布了英国反贿赂管理体系国家标准，即 BS 10500《反贿赂管理体系规范》（Specification for an Anti-bribery Management System）。在该标准的基础上，英国于 2013 年向国际标准化组织提议制定反贿赂管理体系国际标准。为此，国际标准化组织专门成立了反贿赂项目委员会（ISO/PC278），由其负责牵头制定该国际标准。2016 年 10 月，国际标准化组织正式发布了 ISO 37001《反贿赂管理体系——要求及使用指南》（Anti-Bribery Management Systems—Requirements With Guidance for Use），提出了建立、实施、维护、审查和改进反贿赂管理体系的要求。这一国际标准旨在帮助企业实施反贿赂管理体系，建立廉洁、透明、公开和合规的文化，以降低贿赂风险和解决贿赂问题。可以说，ISO 37001《反贿赂管理体系——要求及使用指南》的发布"标志着全球反腐败合规标准的出现"[1]。

ISO 37001《反贿赂管理体系——要求及使用指南》要求商业组织采取一系列与其特定风险状况成比例且合理的措施，这意味着：（1）商业组织采取的反贿赂政策、程序和控制应当是基于风险的，即与其面临的贿赂风险成比例且合理，并根据贿赂风险评估结果确定这些措施的范围、目标等；（2）商业组织可以单独实施反贿赂合规计划，也可以将该计划作为其整体合规计划的组成部分来实施；（3）商业组织可以根据其自身情况和贿赂风险来确定适合自己的反贿赂措施。同时，该标准的适用范围非常广泛，它全面涵盖了公职贿赂和商业贿赂、对外贿赂和对内贿赂、直接贿赂和间接贿赂等，而且，该标准还承认各个国家对贿赂作出的不同定义。[2]

ISO 37001《反贿赂管理体系——要求及使用指南》首先在第 1 条明确指

---

[1] See OECD, Corporate Anti-Corruption Compliance Drivers, Mechanisms and Ideas for Change, 2020, p.3, https://www.oecd.org/corruption/Corporate−anti−corruption−compliance−drivers−mechanisms−and−ideas−for−change.pdf.

[2] See Leslie Benton, A New Global Standard to Address Bribery Risk: ISO 37001, March 9, 2018, https://complianceandethics.org/a−new−global−standard−to−address−bribery−risk−iso−37001/.

出该体系的适用范围，即仅适用于贿赂，不适用于欺诈、反垄断或洗钱等；其次，在第3条对贿赂、组织、利益相关方、管理体系、最高管理层、治理机构（governing body）、反贿赂合规职能、有效性、风险、公职人员、第三方、利益冲突、尽职调查等核心概念作出了定义；再次，在第4条至第10条阐述了对企业反贿赂管理体系的要求；最后，在附件一提供了关于该文件的使用指引。其中，关于企业反贿赂管理体系的具体要求如下：[1]

（1）组织背景（第4条）——作为支撑标准其余部分的条款，旨在使组织识别出并了解支持反贿赂管理体系的环境因素和各方：（a）了解组织及其背景（第4.1条），是指组织应确定与其宗旨相关的、影响其实现反贿赂管理体系目标的能力的内外部问题，包括但不限于组织的规模、结构、商业模式、商业伙伴等因素；（b）了解利益相关方的需求与期望（第4.2条），是指组织应确定与反贿赂管理体系相关的利益相关方及其相关要求；（c）确定反贿赂管理体系的范围（第4.3条），是指组织应确定反贿赂管理体系的边界和适用性，并确定其范围；（d）反贿赂管理体系（第4.4条），是指组织应建立、记录、实施、维护、持续审查以及在必要时改进反贿赂管理体系，该体系应包含旨在识别和评估贿赂风险以及对贿赂予以预防、发现和应对的措施；（e）贿赂风险评估（第4.5条），是指组织应定期进行贿赂风险评估、确定风险评估标准、对风险评估进行审查以及保留能证明已进行风险评估并将其用于设计或改进反贿赂管理体系的文件化信息。

（2）领导力（第5条）——要求组织的最高管理层确保将反贿赂管理体系及其要求纳入运营中，并注重推广反贿赂文化：（a）领导力和承诺（第5.1条），是指组织可以通过由治理机构以批准反贿赂政策、确保组织战略与该政策相一致等方式展示其对反贿赂管理体系的领导力和承诺，而最高管理层则应通过确保将反贿赂管理体系要求整合到组织流程中、就反贿赂政策进行内外部宣传等方式展示其对反贿赂管理体系的领导力和承诺；（b）反贿赂政策（第5.2条），是指最高管理层应制定、维护和审查反贿赂政策，该政

[1] See International Organization for Standardization, Anti-bribery management systems−Requirements with guidance for use, 2016, https://www.sist.org.cn/xwzx/tzgg/201804/P020190301519827489288.pdf.

策应包括禁止贿赂、要求遵守可适用的反贿赂法等内容，并以文件化信息的方式，使用适当的语言在组织内部和向存在较高贿赂风险的商业伙伴进行宣传，以及在需要时提供给利益相关方；（c）组织角色、职责和权限（第5.3条），是指最高管理层应全面负责反贿赂管理体系的实施和遵守并确保相关角色的职责和权限得到分配和沟通，应向反贿赂合规职能部门分配监督、咨询、指导等职责和权限，以及在将决策权授予员工时应确保相关决策程序和决策者的权限适当且不存在利益冲突。

（3）规划（第6条）——旨在帮助企业规划如何采取应对风险和机遇的行动：（a）应对风险和机遇的行动（第6.1条），是指组织在对反贿赂管理体系进行规划时应考虑到组织及其背景、利益相关方的需求和期望、贿赂风险以及改进时机，并规划应对这些贿赂风险和改进该体系的行动，以及如何将这些行动整合并落实到反贿赂管理体系流程中和评估这些行动的有效性；（b）反贿赂目标及如何规划以实现目标（第6.2条），是指组织应在相关职能和层级上确立反贿赂管理体系的目标，包括符合反贿赂政策、可衡量（如果可行的话）、考虑到了组织及其背景和利益相关方的需求和期望及贿赂风险、可实现、被监督、有宣传以及视情况更新。为此，应保留关于反贿赂管理体系目标的文件化信息，并在规划如何实现该体系的目标时确定将要做什么、需要哪些资源、由谁负责、目标何时实现、如何评估和报告结果以及由谁实施处罚。

（4）支持（第7条）——强调为实施、维护和改进反贿赂管理体系提供适当的资源、人员和基础设施：（a）资源（第7.1条），是指组织应确定并提供建立、实施、维护和持续改进反贿赂管理体系所需的资源，包括人力、物力和财务资源；（b）能力（第7.2条），是指组织应确保在其控制下从事影响其反贿赂工作的人员的能力，确保这些人员在适当的教育、培训或经验的基础上胜任工作，并在适当情况下采取措施使其保持能力；（c）意识和培训（第7.3条），是指组织应向员工提供充分和适当的反贿赂意识提升培训，此类培训应考虑到贿赂风险评估结果，并酌情解决如何使员工遵守义务、识别和应对贿赂等问题；（d）宣传（第7.4条），是指组织应确定与反贿赂管理体系有关的内外部宣传，包括何时、由谁、如何、向谁和使用什么语言进行宣传，尤其是应将反贿赂政策提供给组织的所有人员和商业伙伴；（e）文件化信息（第7.5条），是指组织的反贿赂管理体系应包括该体系要求的和为保持该体系有效性所必需的文件化信息，同时，组织在创建和更新此类信息时应确保标识、描述、格式、媒介等适当，并对此类信息进行控制，以确保在适当的时间和地点使用且保护充分。

（5）运行（第8条）——涉及反贿赂管理体系的规划和控制：（a）运行规划和控制（第8.1条），是指组织应规划、实施、审查和控制符合反贿赂管理体系要求所需的程序，并通过建立标准、实施控制和保存文件化信息等方式采取行动；（b）尽职调查（第8.2条），是指组织应评估与特定交易、项目、活动、商业伙伴或特定岗位人员有关的贿赂风险的性质和程度；（c）财务控制（第8.3条），是指组织应实施管理贿赂风险的财务控制，尤其是适当管理财务事项并对其进行准确、完整和及时的记录；（d）非财务控制（第8.4条），是指组织应实施非财务控制，以管理采购、运营、销售、交易、人力资源、法律和监管等领域的贿赂风险；（e）受控组织和商业伙伴实施反贿赂控制（第8.5条），是指组织应通过实施程序，要求其控制的所有组织执行其反贿赂管理体系或实施自己的反贿赂控制措施；（f）反贿赂承诺（第8.6条），是指组织应通过实施程序，要求存在低贿赂风险的商业伙伴在可行的范围内承诺预防和禁止贿赂，否则组织有权终止与该商业伙伴的关系；（g）礼物、招待、赞助和类似利益（第8.7条），是指组织应实施旨在防止提议、许诺或给予礼物、招待、赞助和其他利益的程序；（h）对反贿赂控制不足进行管理（第8.8条），是指在反贿赂控制不足的情况下，组织应对相关的交易、项目、活动或关系采取中止、终止、退出、推迟或拒绝继续等措施；（i）提出关切（第8.9条），是指组织应实施旨在鼓励举报、保护举报者、允许匿名举报和禁止打击报复的程序；（j）调查和应对贿赂（第8.10条），是指组织应实施赋予调查人员职权和要求有关人员配合调查的程序。

（6）绩效和评估（第9条）——涉及衡量和评估反贿赂管理体系，以确保其有效并发挥更重要作用：（a）监督、衡量、分析和评估（第9.1条），是指组织应确定监督和衡量的主体、对象、方法和时间以及何时对结果进行分析和评估；（b）内部审计（第9.2条），是指组织应按计划定期进行内部审计，以确保反贿赂管理体系符合组织自身和该体系的要求，为此，组织应制定审计方案、确定审计标准和范围、确保过程客观和公正、将结果进行上报以及保留文件化信息；（c）对审查进行管理（第9.3条），是指组织的最高管理层应按计划定期对反贿赂管理体系进行审查，以确保其始终具有适宜性、充分性和有效性，同时，组织的治理机构（如果有的话）也应对反贿赂管理体系进行定期审查，并保留概要性的文件化信息；（d）反贿赂职能部门的审查（第9.4条），是指反贿赂职能部门应按计划持续评估反贿赂管理体系是否足以有效管理贿赂风险和得到有效实施，并在适当情况下向治理机构和最高管理层或有关委员会报告反贿赂管理体系的充分性和实施情况。

（7）改进（第10条）——强调对反贿赂管理体系进行持续改进：（a）不合规和纠正措施（第10.1条），是指组织应在出现不合规时及时作出反应，包括采取措施加以控制和纠正以及应对所造成的后果，同时采取任何必要的行动、审查这些行动的有效性以及在必要时改进反贿赂管理体系；（b）持续改进（第10.2条），是指组织应持续改进反贿赂管理体系的适宜性、充分性和有效性，为此，可以通过由管理层、内部审计部门和反贿赂合规职能部门进行审查等方式进行持续和定期的评估。

需要指出的是，除了ISO 37001《反贿赂管理体系——要求及使用指南》，与廉洁合规治理相关的国际标准还有前文提到的ISO 37301《合规管理体系——要求及使用指南》、ISO 37002《举报管理体系——指南》（Whistleblowing Management Systems—Guidelines）以及ISO 37000《组织治理——指南》（Governance of Organizations—Guidance）。国际标准化组织将这些标准视为其致力于打击贿赂和腐败、促进组织良好治理和良好组织文化的重要努力。因此，这些国际标准都具有普遍适用性，均可适用于公共部门、私营部门和非营利部门的各种组织，而且，组织在开展廉洁合规治理时都可以参考使用。其中，ISO 37001《反贿赂管理体系——要求及使用指南》和ISO 37301《合规管理体系——要求及使用指南》之间关系紧密，两者既有区别，也有共同之处（见图 2.1）。

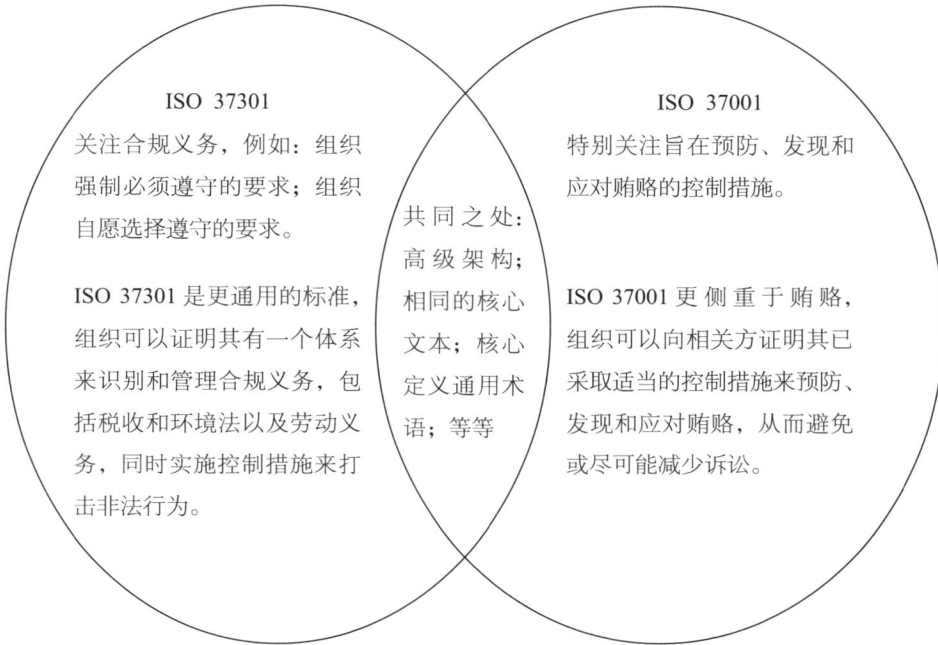

ISO 37301

关注合规义务，例如：组织强制必须遵守的要求；组织自愿选择遵守的要求。

ISO 37301 是更通用的标准，组织可以证明其有一个体系来识别和管理合规义务，包括税收和环境法以及劳动义务，同时实施控制措施来打击非法行为。

共同之处：高级架构；相同的核心文本；核心定义通用术语；等等

ISO 37001

特别关注旨在预防、发现和应对贿赂的控制措施。

ISO 37001 更侧重于贿赂，组织可以向相关方证明其已采取适当的控制措施来预防、发现和应对贿赂，从而避免或尽可能减少诉讼。

图 2.1　ISO 37301 和 ISO 37001 的关系示意图 [1]

国际标准化组织于 2021 年 7 月发布的 ISO 37002《举报管理体系——指南》根据信任、公平和保护的原则，在以下四个步骤中为建立、实施和维护有效的举报管理体系提供了指引：（1）接收不法行为报告；（2）评估不法行为报告；（3）处理不法行为报告；（4）对举报案件进行结案。[2] 可以说，"任何组织的良好治理都涉及展示责任感和培养'直言不讳'（speak up）的文化"，ISO 37002《举报管理体系——指南》的发布就是为了向员工提供一种举报不法行为的安全有效的方式，该标准的使用"不仅将尽可能减少或防止潜在损失，而且还将确保遵守组织政策及法律和社会义务"，同时也"有助于在组织及其利益相关方之间建立信任，并提供强力的反腐败保护层（layer

---

[1] See https://pecb-ms.com/en/key-benefits-of-integrating-the-new-ISO-37301-and-ISO-37001.

[2] See https://www.iso.org/standard/65035.html.

of protection）"[1]。举报人保护制度是廉洁合规治理所不可或缺的核心制度之一，ISO 37002《举报管理体系——指南》的发布有助于组织建立有效的举报人保护制度和举报管理体系。

2021年9月，国际标准化组织最新发布的ISO 37000《组织治理——指南》提供了关于组织治理的指引，尤其是治理机构和治理团队履行职责的原则和关键做法，以便其管理的组织能够实现组织目标。[2]换言之，该文件"为组织及其治理机构提供了良好治理所需的工具，使其能够有效地履行职责"，而且值得注意的是，"ISO 37000将良好治理定义为以人为本的体系，通过该体系，组织被指导、监督并负责以合乎道德和负责任的方式实现其既定目标"[3]。显然，各种组织均可以参考ISO 37000《组织治理——指南》，以真正从"治理"层面开展有效的廉洁合规治理，进而建立"以人为本"的良好治理体系。

---

[1] See Clare Naden, Beating Bribery and Corruption, 28 July 2021, https://www.iso.org/news/ref2703.html.

[2] See https://www.iso.org/standard/65036.html.

[3] See Clare Naden, First Ever International Benchmark for Good Governance, 15 September 2021, https://www.iso.org/news/ref2717.html.

第三章
美国的廉洁合规标准解读

美国 1977 年《反海外腐败法》的出台和该法在 1988 年的修订，标志着合规尤其是廉洁合规在美国的最早出现。1991 年《联邦组织量刑指引》（Federal Sentencing Guidelines for Organizations）的发布标志着现代意义上的合规概念和有效合规计划标准的正式提出。美国在全世界范围内最早提出了合规尤其是廉洁合规的理念，并不断对相关法律制度进行细化、补充和完善，最终确立了具有该国特色的廉洁合规标准。其中值得注意的是，在提出、完善和最终确立该标准的过程中，美国司法部等政府部门发布了大量相关的内部指导性文件，有的明确规定仅在本部门针对特定问题适用，而且对部门内外部都不具有法律约束力。但实际上，这些文件具有"准法律"的作用。

第一节　美国公司合规标准的提出和确立

在 1977 年《反海外腐败法》及其 1988 年修正案和 1991 年《联邦组织量刑指引》的基础上，美国 2002 年《萨班斯－奥克斯利法案》（Sarbanes-

Oxley Act of 2002）进一步加强了对合规的要求。同一时期，美国相关政府部门或组织开始发布有关指引，其中的两个指引在全世界范围内产生了很大的影响，引领全球开启了会计合规及反贿赂和反腐败合规之路。

一、美国反贿赂和反腐败合规理念的起源

在 20 世纪 60 年代至 70 年代的一段时期，行贿一度被视为在海外营商必不可缺的一部分，而且，腐败在世界上的许多地方盛行，一些美国公司对支付腐败款项习以为常，一些欧洲国家甚至允许公司在其纳税申报表中扣除贿赂款项作为业务费用。可以说，1977 年《反海外腐败法》的通过是美国第二次世界大战战后时代反腐败斗争的分水岭。

1.1977 年《反海外腐败法》出台的背景

关于《反海外腐败法》出台的传统说法是，该法是美国在水门事件后对政府腐败作出的道德回应，即该法是一项回应型立法 [1]，更准确地说是一项回应事件型立法。

水门事件指的是美国 20 世纪 70 年代发生的一系列政治丑闻，因此又被称为水门事件丑闻。水门事件丑闻始于 1972 年，最初是由于 5 名窃贼潜入总部位于美国华盛顿特区水门大厦的民主党全国委员会（Democratic National Committee）被抓而引发的，因为联邦调查局通过调查发现窃贼身上的现金与时任总统尼克松连任委员会使用的一笔非法基金有关。于是，美国专门成立了水门事件特别检察官办公室（Office of the Watergate Special Prosecutor），继续进行的调查不仅发现许多公司及其高管为尼克松的连任竞选提供了非法的政治献金——这直接导致尼克松下台，还意外发现许多美国跨国公司（大多是上市公司）为获得海外合同而向国外政府及其官员行贿（包括提供非法政治献金），同时也发现这些公司普遍向股东和外部审计师隐瞒这些贿赂款项。

---

[1] See HERDEM Attorneys at Law, United States Foreign Corruption Act: An Extraterritorial Legislation to be Aware of, 13 June 2019, https://www.lexology.com/library/detail.aspx?g=37f5ba64–1c3f–4c00–afc9–c920441966a9.

1972 年，为了调查美国公司尤其是石油公司在海外的活动、跨国公司对美国外交政策的影响以及可疑或非法的外国公司付款情况，美国参议院外交关系委员会（Senate Foreign Relations Committee）成立了由参议员弗兰克·丘奇（Frank Church）领导的跨国公司次级委员会（Subcommittee on Multinational Corporations），即所谓的丘奇委员会。同时，美国证券交易委员会也对此类付款行为展开调查，以确定它们是否意味着美国公司问责制度尤其是会计制度出现了失灵。

1975 年，丘奇委员会就美国公司向国外政府提供政治献金对美国外交政策的影响举行了多次听证会。在这些听证会上，许多美国跨国公司都对其不法行为供认不讳。例如，海湾石油公司（Gulf Oil）涉及向韩国总统竞选提供政治献金，诺斯罗普公司（Northrop）主要涉及向沙特阿拉伯将军支付腐败款项，埃克森公司（Exxon）和美孚石油公司（Mobil Oil）涉及向意大利政党提供政治献金，洛克希德公司（Lockheed）主要涉及向日本首相、荷兰亲王和意大利各政党支付腐败款项，联合商标公司（United Brands）涉及向洪都拉斯总统支付腐败款项，阿什兰石油公司（Ashland Oil）涉及向加蓬总统支付腐败款项。[1] 其中，作为当时美国最大国防承包商的洛克希德公司的丑闻引发了美国国会和社会各界的极大关注，因为美国为了使该公司走出破产困境，向其提供了 2.5 亿美元的联邦贷款担保，而且，由于该公司在国外几乎被视为美国政府的一个分支，这就对美国国家形象造成了严重的负面影响。

1976 年 5 月 12 日，证券交易委员会向参议院银行、住房和城市事务委员会（Senate Banking, Housing and Urban Affairs Committee）提交了《证券交易委员会关于可疑和非法的公司付款及行为的报告》（Report of the Securities and Exchange Commission on Questionable and Illegal Corporate Payments and Practices）。该报告指出，虽然可疑或非法的公司付款问题既严重也普遍，但它是可控的，并不代表美国体制存在固有缺陷，而为了恢复信息披露制度的

---

[1] See Mike Koehler, The Story of the Foreign Corrupt Practices Act, Ohio State Law Journal, Vol.73, No.5, 2012, pp.934−935.

廉洁性，并使公司官员对其董事会和股东承担全面责任，证券交易委员会提出了由两部分组成的基本做法：一是确保投资者和股东获得作出明智投资决策和评估管理层水平所需的重要事实；二是建立一种氛围，使公司管理层和向其提供建议的专业人士充分意识到这些问题，并以有效和负责任的方式处理这些问题。[1] 从该报告中可以明显看出，美国证券交易委员会的重点不是所发现的国内和国外付款行为本身是否非法，而是这些付款行为是否应该向投资者披露。[2] 证券交易委员会的最终调查结果显示，在 20 世纪 70 年代中期，超过 400 家美国公司承认向外国政府官员、政界人士和政党支付了超过 3 亿美元的可疑或非法款项，这些公司包括一些美国最大的上市公司，其中超过 117 家公司是世界财富 500 强企业。[3]

　　除了首要的外交政策关切和维护作为证券市场基石的信息披露制度，美国国会采取行动，尤其是通过《反海外腐败法》，还源于其他动机，包括：（1）水门事件后的道德考虑，即美国认为应维护其国家声誉，并有义务在国内外的商业往来中树立诚实和廉洁的标准；（2）一种经济观念，即美国认为禁止外国公司支付腐败款项将使美国公司获得竞争优势，并实际上有助于美国公司抵制外国索贿要求；（3）维持美国的全球领导地位，即希望其他国家很快效仿美国，制定规制国外市场上与外国政府官员之间商业行为的法律。[4] 可以说，水门事件后的广泛改革对美国产生了深远的影响，这些改革是为了建立一个更加道德、透明的政府，打击金钱在政治中的腐败影响，保护人民不受政府滥用职权之害，限制总统权力的特别行使。[5] 其中，为打击金钱在政治中的腐败影响的立法努力就包括 1977 年《反海外腐败法》。

---

[1] See U.S. Government Printing Office, Report of the Securities and Exchange Commission on Questionable and Illegal Corporate Payments and Practices, 1976, https://www.sec.gov/spotlight/fcpa/sec-report-questionable-illegal-corporate-payments-practices-1976.pdf.

[2] See Mike Koehler, The Story of the Foreign Corrupt Practices Act, Ohio State Law Journal, Vol.73, No.5, 2012, p.933.

[3] See H.R. Rep. 95-640, at 4, 1977.

[4] See Mike Koehler, The Story of the Foreign Corrupt Practices Act, Ohio State Law Journal, Vol.73, No.5, 2012, pp.943-949.

[5] 美国为实现这四项改革目标，进行了广泛的立法、修法和废法，《反海外腐败法》只是其中的一项立法努力。See Sam Berger and Alex Tausanovitch, Lessons from Watergate, 30 July 2018, https://www.americanprogress.org/issues/democracy/reports/2018/07/30/454058/lessons-from-watergate/.

2.1977 年《反海外腐败法》的核心条款

《反海外腐败法》被规定在《美国法典》第 15 篇 "商业与贸易" 第 2B 章 "证券交易"，由 5 个条款组成，包括：（1）第 78m 条（§ 78m）"定期报告和其他报告"；（2）第 78dd-1 条（§ 78dd-1）"禁止发行人从事的海外贸易行为"；（3）第 78dd-2 条（§ 78dd-2）"禁止国内实体从事的海外贸易行为"；（4）第 78dd-3 条（§ 78dd-3）"禁止发行人或国内实体以外的人从事的海外贸易行为"；（5）第 78ff 条（§ 78ff）"处罚"。其中，第 78dd-1 条、第 78dd-2 条和第 78dd-3 条通常被称为反贿赂条款（anti-bribery provisions），第 78m 条通常被称为会计条款（accounting provisions）。

对此，美国联邦贸易委员会（Federal Trade Commission）委员托马斯·罗斯奇（J. Thomas Rosch）曾引用犹太教谚语 "moach shalit al halev" 作出形象生动的解释。他指出，这一谚语的意思是 "思想支配心灵（the mind rules the heart）"，如果将反贿赂条款视作《反海外腐败法》的 "心灵"，那么会计条款就是该法的 "思想"，因为美国国会认为，如果公司仔细考虑他们将不得不在公司账簿、记录和账目中披露的内容，那么这个过程就可以作为对利用贿赂获得不公平商业利益的任何欲望和诱惑的审视。[1]

（1）反贿赂条款。反贿赂条款作为《反海外腐败法》的 "心灵"，体现了美国国会的判断，即向外国官员行贿不仅是缺乏职业道德的和道德败坏的，而且侵蚀了公众对自由市场体系廉洁性的信心，并给美国带来了严重的外交政策问题。[2] 因此，该条款旨在 "使某些类型的个人和实体向外国政府官员支付款项以使该官员在其获得或保留业务上给予协助的行为非法。具体而言，《反海外腐败法》的反贿赂条款禁止故意利用邮件或任何州际商业工具，以腐败手段向任何人提供、支付、许诺支付或授权支付金钱或任何有价

---

[1] See Federal Trade Commission, U.S. Enforcement of the Foreign Corrupt Practices Act of 1977: Some Observations and Thoughts, 13 September 2012, pp.4–5, https://www.ftc.gov/sites/default/files/documents/public_statements/u.s.enforcement-foreign-corrupt-practices-act-1977-some-observations-and-thoughts/120913fcpaenforcement.pdf.

[2] See Federal Trade Commission, U.S. Enforcement of the Foreign Corrupt Practices Act of 1977: Some Observations and Thoughts, 13 September 2012, pp.2–3, https://www.ftc.gov/sites/default/files/documents/public_statements/u.s.enforcement-foreign-corrupt-practices-act-1977-some-observations-and-thoughts/120913fcpaenforcement.pdf.

值之物，明知直接或间接向外国官员提议、给予、许诺的全部或部分金钱或有价值之物将影响该外国官员的公务行为，诱使该外国官员作出或不作出违反其合法职责的行为，或者获取任何不正当利益，以协助为任何人取得或保留业务，或与任何人进行业务往来，或将业务引向任何人。"[1] 更准确地讲，《反海外腐败法》的反贿赂条款实质上是反海外行贿条款，这也是《经合组织反贿赂公约》和英国《2010 年反贿赂法》中行贿外国公职人员罪的渊源所在。

（2）会计条款。之所以说会计条款是《反海外腐败法》的"思想"，是因为人们认为要求公司承担一项保持公司记录诚实的肯定义务，公司贿赂就不会那么容易被隐瞒，而且，公司资产也不会那么容易被用于腐败目的。[2] 《反海外腐败法》会计条款对其证券在美国上市的公司提出了两项会计合规要求，一是准确的会计记录保存，二是有效的内部会计控制。第 78m 条第（b）款第（2）项规定，符合条件的发行人应当：（A）制作和保存账簿、记录和账目，这些账簿、记录和账目应具有合理的详细程度，并准确、公正地反映发行人资产的交易和处置情况；（B）制定和维持一个内部会计控制系统。与之相应地，该条款第（5）项规定，任何人不得故意回避或故意不实施第（2）项规定的内部会计控制系统，或者故意伪造任何账簿、记录或账目。

3. 1988 年《反海外腐败法》的修订

自《反海外腐败法》于 1977 年通过之后，美国社会各界提出了许多修法建议，其中比较重要的修正案议案分别在 1980 年、1981 年、1983 年和 1985 年被提交至美国国会。最终通过的修正案起初被包含在 1987 年《综合贸易与竞争力法案》（Omnibus Trade and Competitiveness Bill）中，并随后成为《1988 年综合贸易和竞争力法》（Omnibus Trade and Competitiveness Act of 1988）的一部分，即第 5 章 "1988 年反海外腐败法修正案"（Foreign Corrupt

---

[1] See Foreign Corrupt Practices Act, 3 February 2017, https://www.justice.gov/criminal-fraud/foreign-corrupt-practices-act.

[2] See Federal Trade Commission, U.S. Enforcement of the Foreign Corrupt Practices Act of 1977: Some Observations and Thoughts, 13 September 2012, pp.4-5, https://www.ftc.gov/sites/default/files/documents/public_statements/u.s.enforcement-foreign-corrupt-practices-act-1977-some-observations-and-thoughts/120913fcpaenforcement.pdf.

Practices Act Amendments of 1988）。从总体上看，1988 年修正案主要是增加了处罚力度，但降低了"知情"标准，即管理层不再被要求"有理由知道"（reason to know）支付给代理人的腐败款项将作为贿赂，而是必须"知道"（know）这样的非法付款行为。同时，1988 年修正案还扩大了该法的适用范围，即自 1977 年以来，《反海外腐败法》的反贿赂条款仅适用于所有美国人和某些外国证券发行人，但随着 1998 年修正案的颁布，《反海外腐败法》的反贿赂条款也适用于在美国境内直接或通过代理人促进此类支付腐败款项行为发生的外国公司和个人。[1]

二、美国有效合规计划标准的提出

1972 年，美国著名的联邦地方法院法官马文·弗兰克尔（Marvin E. Frankel）发表了《量刑中的目无法纪》（Lawlessness in Sentencing）一文[2]，次年出版了《犯罪量刑：无秩序的法律》（Criminal Sentences: Law Without Order）一书[3]，在美国司法界和法学界引起了轩然大波和激烈讨论。弗兰克尔法官是对联邦法院量刑程序最坚决的批评者之一，他对联邦法官在量刑时拥有广泛的裁量权和量刑的不确定提出了强烈批评，主张用统一的量刑指引取代单个法官的自由裁量权，理由是只有通过制定法律规则消除巨大的量刑差异，确保被判犯有类似罪行的被告接受类似惩罚，才能解决刑罚适用的不确定性这一问题的根源。[4] 正是由于《犯罪量刑：无秩序的法律》一书，他被美国参议员爱德华·肯尼迪（Edward Kennedy）尊称为"量刑改革之父"。

为了回应联邦法官自由裁量权无限制、量刑差异巨大的问题，基于弗兰克尔等量刑改革倡导者的主张，美国国会于 1984 年通过了作为《1984 年综合犯罪控制法》（Comprehensive Crime Control Act of 1984）组成部分的《量

---

[1] See Foreign Corrupt Practices Act, 3 February 2017, https://www.justice.gov/criminal-fraud/foreign-corrupt-practices-act.

[2] See Marvin E. Frankel, Lawlessness in Sentencing, University of Cincinnati Law Review, Vol.41, No.1, 1972.

[3] See Marvin E. Frankel, Criminal Sentences: Law Without Order, Hill & Wang Pub, 1973.

[4] See Jake Kobrick and Daniel S. Holt, Debates on the Federal Judiciary: A Documentary History, Vol.III: 1939-2005, p.197.

刑改革法》（Sentencing Reform Act）。依据该条款，美国联邦政府司法部门设立了独立的美国量刑委员会（United States Sentencing Commission），由其负责为美国联邦法院阐明量刑标准。1987 年 11 月 1 日，美国量刑委员会制定的《美国量刑委员会指引手册》（United States Sentencing Commission Guidelines Manual），即《联邦量刑指引》，开始实施。该手册主要由七章构成，"主要适用于那些被宣告有罪的自然人"[1]。1991 年 5 月 1 日，该委员会向国会提交了《联邦组织量刑指引》，该指引作为《联邦量刑指引》"第 8 章：组织量刑"，于 1991 年 11 月 1 日通过并生效。有美国学者认为，"从那时起，合规就成了一项大事业。"[2]

美国量刑委员会发布《联邦组织量刑指引》的目的是确保对公司犯罪处以前后标准统一的严厉处罚，同时，"激励组织制定有效的合规计划。它们不仅鼓励公司树立'良好企业公民'的榜样，而且还通过要求其在缓刑期间建立并维护有效的合规计划，提供了一种'改造'这些从事犯罪行为的公司的途径"[3]。为此，美国量刑委员会"提出了一些标准，作为旨在影响公司行为的'胡萝卜加大棒'（carrot-and-stick）方法的组成部分，法院通过这些标准，可以评估'被告席上'（in the dock）公司的合规计划"[4]以及该合规计划的有效性。由于方法新颖，《联邦组织量刑指引》在美国引起广泛关注和讨论，并在实践中对美国的量刑、政府执法和监管、公司法和企业文化产生了显著影响。[5]但实际上，受《联邦组织量刑指引》影响最大的是合规领域，因为它在美国首次明确了有效合规计划的价值，以及用来评估合规计划是否有效的真正具有可操作性的标准。

尽管《联邦组织量刑指引》代表着美国官方首次明确规定有效合规计

---

[1] 参见陈瑞华：《企业合规基本理论》，法律出版社 2020 年版，第 309 页。

[2] See Maurice E. Stucke, In Search of Effective Ethics & Compliance Programs, Journal of Corporation Law, Vol.39, Iss.4, 2014, p.770.

[3] See Diana E. Murphy, The Federal Sentencing Guidelines for Organizations: A Decade of Promoting Compliance and Ethics, Iowa Law Review, Vol.87, Iss.2, 2002, p.703.

[4] See Steven A. Lauer and Joseph E. Murphy, Compliance and Ethics Programs: What Lawyers Need to Know to Understand the Development of This Field, Business Lawyer, 2020, Vol.75, Iss.4, p.2549.

[5] See Diana E. Murphy, The Federal Sentencing Guidelines for Organizations: A Decade of Promoting Compliance and Ethics, Iowa Law Review, Vol.87, Iss.2, 2002, pp.707-714.

划，但其原型却是美国《关于商业道德与行为的国防工业倡议》（Defense Industy Initiative on Business Ethics and Conduct，简称 DII）在 1986 年提出的四项与合规有关的原则。

如前文所述，在 20 世纪 70 年代由丘奇委员会和证券交易委员会开展的调查中，发现了以洛克希德公司为代表的国防工业企业存在向海外非法支付腐败款项的问题。80 年代中期，美国联邦调查局又发现国防工业企业在采购过程中普遍存在欺诈犯罪和政府监管不力的问题。为此，时任美国总统里根要求美国国防管理特别工作委员会（The President's Blue Ribbon Commission on Defense Management）——通常称为帕卡德委员会（Packard Commission）——提出改革建议。在 1986 年 6 月提交给总统的最终报告中，帕卡德委员会指出，浪费、欺诈和恶习已经削弱了公众对国防工业和国防部的信心，因此该委员会敦促美国国防承包商通过更大程度的自治来改进国防采购流程。作为回应，美国 18 家顶级国防公司自愿创立 DII[1]，并起草了 5 项核心原则。除第 1 项原则之外，其他 4 项原则均与合规有关。

这 4 项原则是：（1）将提倡书面商业行为准则中表述的最高道德价值观，通过宣传、培训和其他方式培育一种道德文化，遵守并尊重所有可适用的法律法规；（2）将建立和维护有效的商业道德与合规计划，以彰显对自我治理（self-governance）的承诺，鼓励员工举报可疑的不法行为，禁止对此类举报进行报复，并确保有对违反相关法律法规的行为进行强制性、自愿性披露的程序；（3）将分享有关商业道德与合规的最佳实践，并参加每年一度的 DII 最佳实践论坛；（4）将对公众负责，并在公共论坛（包括 www.dii.org）定期分享和报告 DII 签署方的活动，这些报告将说明成员公司为建立和维持强有力的商业道德与合规文化所作的努力。[2] 正是在这 4 项原则的基础上，《联邦组织量刑指引》进一步将合规计划扩展至所有领域，而不局限于特定的国防风险领域，但需要指出的是，1991 年《联邦组织量刑指引》并未涉及道德

---

[1] 截至本书完稿，该倡议的成员公司已包括将近 80 个美国最主要的国防承包商，这些成员公司的首席执行官都承诺其组织遵守这些核心原则。See https://www.dii.org/about/member-companies.

[2] 这些原则在 2010 年 3 月进行了更新。See https://higherlogicdownload.s3.amazonaws.com/DII/03bf5a26-f29f-4c59-bee9-16be73aa4985/UploadedFiles/ZXJqEK2RTrWeDjdYOtQA_DII%20principles.pdf.

要素。

具体而言，《联邦组织量刑指引》明确提出合规计划的概念，并从以下多个方面作出规定。

第一，明确规定商业组织采取合规措施可以为其获得处罚减免。该指引在开篇的介绍性评论部分指出："本章旨在使对组织及其代理人实施的处罚一起执行，从而为组织提供公正的惩罚、足够的威慑和激励，以维护防止、发现和举报犯罪行为的内部机制"，同时，"本章反映了以下一般原则……对组织的罚款数额应根据犯罪的严重性和罪责大小来确定……罪责一般由组织在犯罪前为防止和发现犯罪行为而采取的步骤、某些人员参与或容忍犯罪的程度和范围以及组织在犯罪后采取的行动来确定。"[1]

第二，明确定义了有效计划的概念，并指出其例外情形。该指引规定，一项"旨在防止和发现违法行为的有效计划"是指一项经过合理设计、实施和执行并通常能够有效防止和发现犯罪行为的计划，但未能防止或发现即时犯罪（instant offense）[2]本身并不意味着该计划是无效的。[3]

第三，确立了关于有效计划的原则性规定。该指引第 8C2.5 条（§ 8C2.5）第（f）款"防止和发现违法行为的有效计划"规定："尽管有防止和发现违法行为的有效计划，但发生了犯罪行为，则减 3 分。但是，如果是组织的高层人员中的个人或者组织内有 200 人或以上员工的单位的高层人员中的个人从事了犯罪行为，或者负责管理或实施一项旨在防止和发现违法行为的合规计划的个人参与、纵容或故意无视该犯罪行为，则本款不适用。具有实质性权力的人员中的个人参与犯罪行为会导致一个可辩驳的推定（rebuttable presumption），即组织缺少有效的计划来防止和发现违法行为。进而，如果组织在知道犯罪行为后无理由地拖延向适当的政府当局报告该犯罪行为，则本

---

[1] See United States Sentencing Commission, 1991 United States Sentencing Commision Guidelines Manual: "Chapter Eight—Sentencing of Organizations", 1 November 1991, p.347.

[2] 根据美国量刑委员会的解释，就即时犯罪而言，"即时"与"犯罪"一起使用，旨在区分被告目前正在被判决的犯罪和被告之前或之后从事的犯罪。See United States Sentencing Commission, Glossary of Federal Sentencing-Related Terms, https://www.ussc.gov/education/glossary#0.

[3] See United States Sentencing Commission, 1991 United States Sentencing Commision Guidelines Manual: "Chapter Eight—Sentencing of Organizations", 1 November 1991, p.352.

款不适用。"[1]

第四，对尽职调查的具体步骤进行了阐释。该指引的评论部分规定："一项旨在防止和发现违法行为的有效计划的标志（hallmark）是，该组织在设法防止和发现员工和其他代理人的犯罪行为时开展了尽职调查。尽职调查至少要求组织应当采取以下类型的步骤：（1）组织应制定合规标准和程序，以便员工和其他代理人能够合理地减少犯罪行为发生的可能性；（2）组织高层人员中的特定个人应被指派全面负责监督此类标准和程序的遵守情况；（3）组织应谨慎行事，不将重要的酌情决定权（discretionary authority）下放给组织知道或本应通过尽职调查知道有从事非法活动倾向的个人；（4）组织应采取步骤，有效地向所有员工和其他代理人宣传其标准和程序，例如，要求参加培训计划或分发解释性的实用出版物；（5）组织应采取合理步骤来实现对其标准的遵守，例如，通过使用合理设计的监督和审计系统来发现员工和其他代理人的犯罪行为，以及通过建立和公布一个举报系统，使员工和其他代理人可以报告组织内其他人的犯罪行为，而不必担心受到报复；（6）这些标准必须通过适当的纪律措施确保得到一贯执行，包括酌情对未能发现犯罪行为的个人予以处罚，因为适当地处罚对犯罪行为负有责任的个人是执行的必要组成部分，但适当的处罚形式要根据具体情况而定；（7）在发现犯罪行为后，组织应采取一切合理措施对犯罪行为作出适当反应，并防止未来发生类似的犯罪行为，包括对计划进行任何必要的修改，以防止和发现违法行为。"[2]

换言之，该指引提出了有效合规计划的7个最低标准，即：（1）应当制定合规标准和程序，以阻止犯罪；（2）高层人员应当参与监督；（3）应当谨慎下放实质性的酌情决定权；（4）应当向员工宣传合规标准和程序；（5）应当采取步骤，在监控与审计系统以及举报系统（有保护性保障措施）的建立中实现合规；（6）应当始终如一地执行合规标准；（7）应当对任何违法行为

---

[1] See United States Sentencing Commission, 1991 United States Sentencing Commision Guidelines Manual: "Chapter Eight—Sentencing of Organizations", 1 November 1991, pp.364-365.

[2] See United States Sentencing Commission, 1991 United States Sentencing Commision Guidelines Manual: "Chapter Eight—Sentencing of Organizations", 1 November 1991, pp.352-353.

都作出适当反应，包括修改合规标准和程序以及采取其他预防措施。[1]

需要指出的是，美国联邦量刑改革尤其是《联邦量刑指引》受到了许多美国学者和实务界人士的严厉批评，他们认为这一制度的实施和演变存在严重缺陷，即这些量刑法律和指引过于复杂、僵化和严厉。[2]2005 年 1 月，美国联邦最高法院在美国诉布克一案中以微弱的多数（5 比 4）通过判决使《联邦量刑指引》变为"有效建议性的（effectively advisory）"，以供法官在量刑时参考，而不再是强制性的。[3]然而，在后来的司法实践中，美国联邦法院法官在很多情形下依然会按照该指引进行量刑。

三、美国反腐败合规计划和内部控制要求的细化

在 1977 年《反海外腐败法》及其 1988 年修正案和 1991 年《联邦组织量刑指引》确立的法律框架基础上，美国非政府组织、相关政府部门以及国会相继在 1992 年、2000 年和 2002 年发布了与之配套或相关的框架、手册和法律，进一步细化了美国反腐败合规和内部控制要求。

1. 公司有效内部控制要素和原则的提出——1992 年 COSO 委员会《内部控制——整合性框架》解读

为了响应《反海外腐败法》尤其是会计条款关于内部控制的要求，一项独立的私营部门倡议，即国家欺诈性财务报告委员会（National Commission on Fraudulent Financial Reporting）于 1985 年成立。由于其第一任主席是美国证券交易委员会前委员詹姆斯·C. 特雷德韦（James C. Treadway），因此该委员会又称特雷德韦委员会。随后，特雷德韦委员会之赞助组织委员会（Committee of Sponsoring Organizations of the Treadway Commission，以下简称 COSO 委员会）正式成立。它由五大总部设在美国的专业协会联合主办，包括：美国会计协会（American Accounting Association）、美国注册会计师

---

[1] See Diana E. Murphy, The Federal Sentencing Guidelines for Organizations: A Decade of Promoting Compliance and Ethics, Iowa Law Review, Vol.87, Iss.2, 2002, pp.703−704.

[2] See Douglas A. Berman, Sentencing Guidelines, in Reforming Criminal Justice: Punishment, Incarceration, and Release（Vol.4）, edited by Erik Luna ed., Arizona State University, 2017, p.100.

[3] See United States v. Booker, 543 U.S. 220（2005）.

协会（American Institute of Certified Public Accountants）、国际金融管理协会（Financial Executives International）、内部审计师协会（The Institute of Internal Auditors）和国家会计师协会（National Association of Accountants）[1]。该委员会主要聚焦于企业风险管理、内部控制和舞弊威慑。

1992 年，COSO 委员会发布了《内部控制——整合性框架》（Internal Control—Integrated Framework），该框架于 2013 年 5 月修订并自 2014 年 12 月 15 日起彻底取代 1992 年版。事实上，这一框架已经成为会计行业审计、评估和监控内部控制系统的标准，并被大多数商业组织用作根据《反海外腐败法》会计条款建立和维护适当内部控制架构和财务报告程序的基础，以及根据下文将提到的 2002 年《萨班斯－奥克斯利法案》第 404 条"内部控制的管理评估"（以下简称"404 条款"）评估内部控制有效性的基础。

《内部控制——整合性框架》对内部控制作出明确定义，即内部控制指的是"一个由实体的董事会、管理层和其他人员实施的过程，旨在为实现与运营、报告和合规相关的目标提供合理保证"，这一定义反映了以下可作为内部控制设计和实施依据的基本理念：（1）内部控制与实现一个或多个类型的目标（即运营、报告和合规）密切相关；（2）内部控制是一个由持续存在的任务和活动构成的过程（是实现目标的手段，而不是目标本身）；（3）内部控制会受个人影响，即它不仅涉及政策和程序手册、系统和表格，还涉及个人及其在组织的每一级为影响内部控制而采取的行动；（4）内部控制能够向实体的高级管理层和董事会提供合理保证（但不是绝对保证）；（5）内部控制适用于实体架构，即灵活地适用于整个实体或特定子公司、部门、运营单位或业务流程。[2] 这一框架规定了三类目标，以便商业组织将重点放在内部控制的不同方面，它们是与运营有效性和效率有关的运营目标、与内部和外部财务或非财务报告有关的报告目标以及与遵守相关法律法规有关的合规目标。[3] 同时，该框架提出了建立有效内部控制系统的要求，即有效内部控制

[1] 现为管理会计师协会（Institute of Management Accountants）。
[2] See COSO, Internal Control—Integrated Framework Executive Summary, May 2013, p.3.
[3] See COSO, Internal Control—Integrated Framework Executive Summary, May 2013, p.3.

的 5 大要素和 17 项原则（见表 3.1）。

**表 3.1　COSO 委员会《内部控制——整合性框架》中的
内部控制要素和原则** [1]

要素	原则
1. 控制环境	（1）组织表现出对廉洁和道德价值观的承诺
	（2）董事会表现出相对于管理层的独立性，并对内部控制的发展和绩效进行监督
	（3）在董事会的监督下，管理层在追求目标的过程中建立架构、汇报条线以及适当的职权和责任
	（4）组织表现出致力于吸引、培养和留住符合目标的合格人才
	（5）组织要求个人在追求目标的过程中对其内部控制职责负责
2. 风险评估	（6）组织以足够清晰的方式明确规定目标，以识别出并评估与目标相关的风险
	（7）组织识别出在整个实体中实现其目标所面临的风险，分析风险，并以此作为确定如何管理风险的基础
	（8）组织在评估实现目标的风险时会考虑舞弊的可能性
	（9）组织识别出并评估可能对内部控制系统产生重大影响的改变
3. 控制活动	（10）组织选择并制定有助于将目标实现风险降至可接受水平的控制活动
	（11）组织选择并制定通过技术完成的一般控制活动，以支持目标的实现
	（12）组织通过建立预期的政策和将政策付诸行动的程序来部署控制活动
4. 信息和宣传	（13）组织获取或生成并使用相关的高质量信息，来支持内部控制的运作
	（14）组织内部传达信息，包括内部控制的目标和责任，以支持内部控制的运作
	（15）组织与外部各方就影响内部控制运作的事项进行沟通

---

[1] See COSO, Internal Control—Integrated Framework Executive Summary, May 2013, pp.6-7.

（续表）

要素	原则
5. 监控活动	（16）组织选择、制定并开展持续和（或）单独的评估，以确定内部控制的组成部分是否存在并发挥作用
	（17）组织评估内部控制的不足，并及时将其传达给负责采取纠正措施的相关方，包括高级管理层和董事会（视情况而定）

2. 公司反腐败合规计划及其一般要素的提出——2000 年美国国务院《打击全球腐败：商业风险管理》解读

2000 年 5 月，美国国务院联合美国商务部、美国司法部、美国财政部、美国政府道德办公室和美国国际开发署共同制定并发布了《打击全球腐败：商业风险管理》（Fighting Global Corruption: Business Risk Management）手册。该手册指出，制定全面的反腐败合规计划或战略，并将其作为公司及其国外子公司标准商业惯例的组成部分，不仅可以减少公司面临的风险和免除潜在的成本，还有助于保护公司的声誉，使其免于承担法律责任，得以长期生存下去，而且有效的合规计划最终会产生预期的结果：教育、发现和威慑。[1]

该手册还提出了公司有效反腐败合规计划的一般要素，它们也是以往许多成功的合规计划所普遍具有的，因此，公司可以根据其规模和面临的特定风险灵活采用，这些要素包括以下几点。[2]

（1）高级管理层的全力支持：如果高级管理层不认真对待反腐败工作，那么员工也不会认真对待，而至关重要的是公司合规计划的所有要素都要得到高级管理层的全力支持，同时确保合规计划在公司各个层面都得到执行。

（2）建立并遵守书面公司行为准则：不遵守《反海外腐败法》或其他国家类似反腐败法的公司董事、官员、员工和代理人有可能承担刑事或民事责任，但要注意制定行为准则不应成为最终行动，而要始终有效地实施和强制执行。

---

[1] See Fighting Global Corruption: Business Risk Management, May 2000, p.4.

[2] See Fighting Global Corruption: Business Risk Management, May 2000, pp.4–7.

（3）建立组织的合规架构：可以由合规官或道德官根据组织规模执行合规计划，尤其是使合规官有权接触高级管理层并有能力影响公司在廉洁问题上的整体决策——这可能是最重要的。

（4）提供反腐败培训和教育研讨会：合规计划的总体成功取决于在公司各个层面促进法律和道德培训，特别是不应将合规议题局限于培训班和合规团队，而是要将合规作为公司经营之道予以强调。

（5）开展尽职调查：开展及时、彻底的尽职调查对于确保合规计划有效率和有效至关重要，而且，尽职调查也是防止公司声誉受损的关键，因此，可以使用自我监督、供应商监督和向董事会报告等方法确保遵守合规计划。

（6）审计和内部会计控制：审计和监督有助于通过早期发现错误和不法行为（如贿赂、欺诈等）来建立有效的合规计划，尤其是要禁止"账外账"或未充分确认的交易。

（7）合规机制：公司行为准则的执行至关重要；合规官应易于接近，以便员工能够轻松地与其讨论合规问题或关注点；公司应建立举报机制，并及时向员工提供相关指导。

（8）纪律：公司应确保所有员工了解不遵守其合规政策和程序将导致纪律处分，包括从罚款等轻微处罚到解雇等严厉处罚，同时，公司还应采取必要的预防措施，以防止可疑行为的再次发生。

3. 发行人财务报告内部控制和道德合规义务的设置——2002年《萨班斯－奥克斯利法案》解读

与《反海外腐败法》类似，2002年《萨班斯－奥克斯利法案》也是一项回应型立法，其出台主要是为了回应安然、世通、环球交叉、泰科和安达信的会计丑闻，目的是为所有在美国开展业务的上市公司规定一个广泛的会计框架，尤其是"404条款"要求上市公司的年度报告中必须包含公司对财务报告内部控制的评估以及外部审计师的审计和鉴证，因此，"404条款"也被认为是该法案中"最复杂、最有争议、实施成本最高的条款"[1]。例如，国际财务执行官组织（Financial Executives International）在 2008 年发布的调查报告显示，在 185 家年收入平均为 47 亿美元的公司中，"404 条款"在 2007 年财政年度的平均合规成本为 170 万美元。[2] 同时，该法案还明确提出将道德作为公司的指导原则。

第一，该法案为发行人设置了严格的内部控制合规义务。"404 条款"规定："（a）需要的规章。（证券交易）委员会应制定规章，要求《1934 年证券交易法》〔《美国法典》第 15 篇第 78m 条或第 78o（d）条〔15 U.S.C. 78m or 78o（d）〕〕第 13 条第（a）款或第 15 条第（d）款所要求的每一份年度报告中包含一份内部控制报告，该报告应：（1）阐明管理层建立和维护充分的财务报告内部控制架构和程序的责任；（2）包括截至发行人最近一个财政年度结束时，对财务报告内部控制架构和程序的有效性进行的评估。（b）内部控制评估和报告。对于前款要求的内部控制评估，为发行人编制或出具审计报告的注册会计师事务所应当对发行人管理层的评估进行鉴证和报告。根据本款作出的鉴证，须按照（上市公司会计监督）委员会所发出或采纳的鉴证业务标准作出。任何此类鉴证均不得作为独立业务的对象。"

第二，该法案为发行人设置了财务方面的道德合规义务。第 406 条"高级财务官员道德准则"规定："（a）披露道德准则。（证券交易）委员会应发布规章，要求各发行人连同《1934 年证券交易法》第 13 条第（a）款或第 15 条第（d）款规定的定期报告，披露该发行人是否采用了针对高级财务官员（如首席财务官、审计官或首席会计官）或者履行类似职能的人员的道德准则，如果没有的话，还应披露其原因……（c）定义。在本条中，'道德准则'是指具有合理的必要性的道德标准，以促进：（1）诚实和合乎道德的行为，包括对个人和职业关系之间实际或明显的利益冲突进行的道德处理；

---

[1] See SOX Section 404: Management Assessment of Internal Controls, 29 May 2021, https://sarbanes-oxley-101.com/SOX-404.htm; Sarbanes Oxley FAQ, 29 May 2021, https://sarbanes-oxley-101.com/sarbanes-oxley-faq.htm.

[2] See Maurice E. Stucke, In Search of Effective Ethics & Compliance Programs, Journal of Corporation Law, Vol.39, Iss.4, 2014, p.770.

（2）发行人被要求提交的定期报告中全面、公平、准确、及时和易懂的披露；（3）遵守可适用的政府规章和条例。"

此外，该法案还要求对《联邦组织量刑指引》进行相应修改。具体而言，该法案第805条"审查妨碍司法和广泛刑事欺诈的联邦量刑指引"第（5）款规定，美国量刑委员会应酌情审查和修订联邦量刑指引和相关政策声明，以确保《美国量刑指南》中适用于组织的指引，即第8章足以威慑和惩罚组织构成犯罪的不法行为。

四、美国有效合规和道德计划标准的初步确立

为了落实2002年《萨班斯－奥克斯利法案》提出的修法要求，美国量刑委员会于2004年4月30日向国会提交了对1991年《联邦组织量刑指引》的重大修订，并于2004年11月1日获得通过。此次修订作为对2002年《萨班斯－奥克斯利法案》的回应，明确将道德因素纳入合规计划，提出了"有效合规和道德计划"的概念。[1]正如美国量刑委员会前主席戴安娜·E.墨菲（Diana E. Murphy）所指出的，"如果一项合规计划缺少了道德成分，那么它能否真正有效是值得怀疑的。"[2]同时，指引还进一步加强了对有效合规和道德计划的要求，尤其是强调董事和高管应在合规和道德计划的管理中发挥积极作用，以及促进符合法律和道德要求的组织文化的重要性。因此，经过此次重大修订后的《联邦组织量刑指引》被认为"将引领一个公司合规的新时代"[3]，并在当时几乎成为有效合规计划的代名词。

第一，明确规定有效合规和道德计划是减轻组织处罚的因素之一，并指

---

[1] 在当时，美国存在有关公司合规进路的争议，即到底是采取以法律为中心的方法还是基于价值观的方法，前者通常采取律师单维视角并用守法与否来衡量个人和组织的行为，后者虽然仅将法律和规则视为纯粹的形式但却会激发员工具有特质的道德责任感。合规与道德的结合则是对两者的平衡，因为脱离价值观的规则缺乏对个人的吸引力，但独立于法律的价值观可能过于主观且很难确定一个可衡量的行为标准，因此，一些最重要的全球合规和道德标准都结合了这两个要素。See Steven A. Lauer and Joseph E. Murphy, Compliance and Ethics Programs: What Lawyers Need to Know to Understand the Development of This Field, Business Lawyer, 2020, Vol.75, Iss.4, pp.2550−2551.

[2] See Diana E. Murphy, The Federal Sentencing Guidelines for Organizations: A Decade of Promoting Compliance and Ethics, Iowa Law Review, Vol.87, Iss.2, 2002, p.716.

[3] See Commission Tightens Requirements for Corporate Compliance and Ethics Programs, 3 May 2004, https://www.ussc.gov/about/news/press−releases/may−3−2004.

出了有效合规和道德计划的意义。新修订的《联邦组织量刑指引》在介绍性评论部分除了延续之前的规定，还指出："罪责一般由量刑法庭应考虑的六个因素决定"，其中，"减轻组织最终处罚的两个因素：一是有效合规和道德计划的存在；二是自我报告、合作和承担责任"，即"这些指引通过提供一个结构性根据来激励组织减少和最终消除犯罪行为，而组织可以借此通过有效的合规和道德计划来进行自我监督（self-police）。在有效合规和道德计划的促进下，防止和发现犯罪行为将有助于组织鼓励道德行为并完全遵守所有可适用的法律。"[1]

第二，新增加关于有效合规和道德计划的专门条款，强调激励在有效合规和道德计划中起着至关重要的作用。新修订的《联邦组织量刑指引》第8B2.1条（§8B2.1）"有效的合规和道德计划"规定：[2]

（a）为了制定有效的合规和道德计划，就第8C2.5条（§8C2.5）"罪责评分"（culpability score）第（f）款和第8D1.4条（§8D1.4）"缓刑建议条件——组织"第（c）款第（1）项而言，组织应：（1）开展尽职调查，以防止和发现犯罪行为；（2）在其他情况下，提倡一种鼓励道德行为和遵守法律的组织文化。此类合规和道德计划应合理地设计、实施和执行，以使该计划在防止和发现犯罪行为方面具有普遍的有效性。未能防止或发现即时犯罪并不一定意味着该计划在防止和发现犯罪行为方面总体上是无效的。

（b）第（a）款意义上的尽职调查和提倡一种鼓励道德行为和遵守法律的组织文化，至少需要满足以下要求：

（1）组织应制定旨在防止和发现犯罪行为的标准和程序。

（2）组织的治理机构应了解合规和道德计划的内容和运行，并对合规和道德计划的实施和有效性进行合理的监督；组织的高级人员应确保组织有本指引所述的有效合规和道德计划，高级人员中的特定个人应对合规和道德计划负全面责任；组织中的特定个人应被授予合规和道德计划的日常运营责

---

[1] See United States Sentencing Commission, 2004 United States Sentencing Commision Guidelines Manual: "Chapter Eight—Sentencing of Organizations"，1 November 2004, p.468.

[2] See United States Sentencing Commission, 2004 United States Sentencing Commision Guidelines Manual: "Chapter Eight—Sentencing of Organizations"，1 November 2004, pp.476-478.

任，负责运营的个人应定期向高层人员报告合规和道德计划的有效性，并视情况向治理机构或治理机构的子部门报告，而为履行此类运营职责，应给予此类人员充足的资源、适当的权限并使其能够直接接触治理机构或治理机构的子部门。

（3）组织应尽合理努力，不将其知道或应通过尽职调查知道从事非法活动或其他不符合有效合规和道德计划的行为的任何个人纳入组织的实权人员范围。

（4）组织应采取合理步骤，定期以实用的方式宣传其标准和程序以及合规和道德计划的其他方面，向治理机构成员、高级人员、实权人员、员工以及代理人（视情况而定）提供有效的培训计划，并传播适合这些个人各自角色和职责的信息。

（5）组织应采取合理步骤，确保组织的合规和道德计划得到遵守，包括通过监督和审计发现犯罪行为、定期评估合规和道德计划的有效性，以及建立并公布一个系统，其中包含允许匿名或秘密的机制，使组织的员工和代理人可以进行举报或寻求有关潜在或真实犯罪行为的指导，而不必担心遭受报复。

（6）组织的合规和道德计划应通过以下措施在整个组织内得到一致的推进和执行：适当的激励措施，以确保按照合规和道德计划执行；对犯罪行为和未能采取合理步骤防止和发现犯罪行为采取适当的纪律措施。

（7）在发现犯罪行为后，组织应采取合理步骤，适当应对犯罪行为并防止进一步发生类似犯罪行为，包括对组织的合规和道德计划进行任何必要的改进。

（c）在实施第（b）款时，组织应定期评估犯罪行为发生的风险，并通过采取适当的步骤设计、实施和改进第（b）款规定的各项要求，以降低通过该程序识别出的犯罪行为发生的风险。

其中，第8B2.1条第（b）款的7项规定即《联邦组织量刑指引》提出的有效合规计划的7个要素。

第三，新增加与第 8B.1 条"有效的合规和道德计划"配套的评论。[1]

（1）该条款对以下相关概念作出了明确定义：（a）"合规和道德计划"是指旨在防止和发现犯罪行为的计划；（b）"治理机构"是指董事会或该组织最高级别的治理机构；（c）"组织的高级人员"是指对组织具有实质性控制权或在组织政策制定中具有实质性作用的个人，包括董事、执行官等；（d）"实权人员"是指在其职权范围内代表组织行使实质性酌情决定权的个人，包括组织的高级人员、行使实质性监督权的人员等；（e）"标准和程序"是指能够合理地降低犯罪行为发生可能性的行为标准和内部控制。

（2）组织在满足该指引时应考虑以下三个方面的因素：（a）可适用的行业惯例或任何可适用的政府条例所要求的标准，是指有效的合规和道德计划要求将此类行业惯例或标准纳入其中并予以遵守；（b）组织的规模，是指组织所应采取行动的形式和范围（包括标准和程序的必要特征）取决于组织的规模，即大型组织通常需要投入更多的正式运作和资源，并在适当情况下鼓励小型组织实施有效的合规和道德计划，而小型组织虽然应表现出与大型组织同等程度的道德承诺和法律合规性，但可能不需要太正式和太多的资源；（c）类似的不法行为，是指类似不法行为的发生会导致对组织是否采取合理措施来满足本指引要求产生怀疑。

（3）第 8B2.1 条第（b）款第（2）项的适用：组织的高级人员和实权人员应了解合规和道德计划的内容和运作，根据尽职调查履行其被委派的职责，并提倡鼓励道德行为和承诺遵守法律的组织文化。

（4）第 8B2.1 条第（b）款第（3）项的适用：除了要与美国任何联邦、州或地方的其他法律相一致，组织还应雇佣和提拔个人，以确保组织高级人员和实权人员中的所有个人以符合尽职调查和提倡鼓励道德行为的组织文化的方式，履行其被委派的职责以及承诺遵守上述其他法律。

（5）第 8B2.1 条第（b）款第（6）项的适用：对为犯罪行为负有责任的个人采取适当的纪律措施是实施合规和道德计划的必要组成部分，但适当的

---

[1] See United States Sentencing Commission, 2004 United States Sentencing Commision Guidelines Manual:"Chapter Eight—Sentencing of Organizations", 1 November 2004, pp.478–481.

纪律形式应根据具体情况而定。

（6）第 8B2.1 条第（c）款的适用：组织应定期评估犯罪行为发生的风险，包括评估此类犯罪行为的性质和严重性、由于该组织的业务性质而可能发生某些犯罪行为的可能性以及该组织以前的历史。其中，组织以前的历史可以表明其应采取行动以防止和发现的犯罪行为类型，例如重点防止和发现最严重和最有可能发生的犯罪行为。

（7）背景：本部分阐述了有效合规和道德计划的要求，这些要求旨在合理地防止和发现组织可能承担替代责任的犯罪行为。一个组织在寻求防止和发现犯罪行为方面的事先努力，直接关系到该组织如果因刑事犯罪被定罪和量刑会如何接受适当的处罚和缓刑条款。

第四，第 8C2.5 条（§ 8C2.5）"罪责评分"规定在进行罪责评分时应考虑有效的合规和道德计划。该条第（f）款第（1）项规定，如果犯罪行为发生时组织已按照第 8B2.1 条"有效合规和道德计划"的规定制定了有效的合规和道德计划，则可以减 3 分——该条第（a）款规定的起评分为 5 分（credit）。同时，该款第（2）项和第（3）项规定了两种例外情形，即：如果组织在知道犯罪行为后无理由地拖延向政府当局报告该行为，则第（1）项不适用；如果组织高级人员中的个人，发生了犯罪行为的有 200 名或以上员工的组织的高级人员中的个人、高级人员中对合规和道德计划负全面责任的特定个人以及组织中被授予合规和道德计划的日常运营责任的特定个人，参与、纵容或故意无视犯罪，则第（1）项不适用，但是，此规定存在一个可辩驳的推定，即如果小型组织高级人员中的个人或者组织任何实权人员（非高级人员）中的个人参与、纵容或故意无视犯罪，则组织没有有效的合规和道德计划。[1]

第五，第 8C2.8 条（§ 8C2.8）"确定范围内的罚款（政策声明）"规定在确定罚金数额时应考虑有效的合规和道德计划。该条第（a）款第（11）项规定，在可适用的指引所规定的范围内确定罚金数额时，法院应考虑组织在犯

[1] See United States Sentencing Commission, 2004 United States Sentencing Commision Guidelines Manual: "Chapter Eight—Sentencing of Organizations", 1 November 2004, pp.490–491.

罪发生时是否未能制定第 8B2.1 条"有效合规和道德计划"所指的有效合规和道德计划。[1] 显然，事前未能制定有效合规和道德计划的组织将被处以更高额的罚款。

第二节　美国有效合规计划评估标准的新发展

美国在过去的三年间，不断完善与有效合规计划评估标准有关的手册、原则、指引和备忘录，大大推动了评估标准的成熟和完善。

一、2018 年司法部《司法手册》解读

美国司法部《司法手册》（Justice Manual，JM）的前身是《美国律师手册》，后者于 2018 年 9 月进行了全面修订并更名。该手册关于公司合规计划的规定主要在"联邦商业组织起诉原则"（JM 9−28.000 − Principles of Federal Prosecution of Business Organizations）部分 [2]，它明确规定了"检察官在对公司进行调查、决定是否提起诉讼以及是否就认罪协议或其他协议进行谈判时应考虑的具体因素。这些因素包括'犯罪时和作出起诉决定时公司合规计划的充分性和有效性'，以及公司'为实施充分和有效的公司合规计划或对该计划进行改进'而采取的补救措施"。[3]

1. "需要考虑的因素"关于公司合规计划的规定

在《司法手册》中，2020 年 7 月更新的"需要考虑的因素"（JM 9−28.300 − Factors to Be Considered）规定了检察官在对一家公司进行调查、决定是否提起诉讼以及就认罪协议或其他类型的协议进行谈判时应考虑的具体因素。但需要注意的是：这些因素是列举式的，而非完整的清单；其中一些因素可能不适用于某些特定情况；在某些情况下，有的因素可能会优先于其他因素得

---

[1] See United States Sentencing Commission, 2004 United States Sentencing Commision Guidelines Manual: "Chapter Eight—Sentencing of Organizations", 1 November 2004, p.495.

[2]《司法手册》中与《反海外腐败法》公司合规计划有关的部分见本章第四节。

[3] See U.S. Department of Justice Criminal Division, Evaluation of Corporate Compliance Programs（Updated June 2020）, p.1.

到更多的考虑。这些因素包括以下两类[1]。

第一，检察官应权衡在合理地作出起诉决定时通常需要考虑的所有因素，包括：（1）证据的充分性；（2）审判成功的可能性；（3）定罪可能产生的威慑、恢复或其他效果；（4）非刑事方法的充分性。

第二，检察官针对公司犯罪还应考虑额外的因素，包括：（1）犯罪的性质和严重性，包括对公众造成伤害的风险，以及可适用的政策和优先事项（如果有的话）——这些政策和优先事项决定了是否就特定类别的犯罪对公司提起诉讼；（2）公司内部普遍存在不法行为，包括公司管理层共谋或纵容不法行为；（3）公司有类似不法行为的历史记录，包括之前对其采取的刑事、民事和监管执法行动；（4）公司的合作意愿，包括其代理人的潜在不法行为；（5）违法行为发生时及作出起诉决定时公司合规计划的充分性和有效性；（6）公司及时自愿披露不法行为；（7）公司的补救措施，包括但不限于实施充分和有效的公司合规计划或改进现有合规计划、更换负有责任的管理层、惩戒或解雇从事不法行为者或者支付赔偿金的任何努力；（8）附带后果，包括是否对股东、养老金持有人、员工和其他未被证明应承担个人责任的人造成不成比例的伤害，以及起诉对公众造成的影响；（9）补救措施的充分性，例如民事或监管执法行动，包括公司与相关政府机构合作产生的补救措施；（10）起诉对公司渎职行为负有责任的个人的充分性；（11）任何受害者的利益。

2.“公司合规计划”的规定

2019 年 7 月修订的“公司合规计划”（JM 9−28.800 − Corporate Compliance Programs）对以下内容作出了具体规定[2]。

（1）合规计划是由公司管理层制定的，旨在防止和发现不法行为，并确保公司活动符合可适用的刑事和民事法律、条例和规则，鼓励此类公司自我监督，包括向政府自愿披露公司自行发现的任何问题，但合规计划的存在

---

[1] See 9−28.300—Factors to Be Considered, https://www.justice.gov/jm/jm−9−28000−principles−federal−prosecution−business−organizations#9−28.300.

[2] See 9−28.000—Principles of Federal Prosecution of Business Organizations, https://www.justice.gov/jm/jm−9−28000−principles−federal−prosecution−business−organizations.

本身并不足以证明不对一家公司的官员、董事、员工或代理人的犯罪行为提起诉讼具有正当性，此外，有些犯罪的性质要求尽管存在合规计划但国家的执法政策仍规定应起诉公司，即公司合规计划的存在不能免除公司的刑事责任。

（2）任何检察官都应当询问的三个基本问题是：（a）公司的合规计划是否设计良好？（b）该计划是否得到认真和善意的实施？（c）公司的合规计划是否行之有效？

（3）检察官会尝试确定公司合规计划是否仅仅是一个"纸上的计划"，或者是否以有效的方式对该计划进行了设计、实施、审查和修订（视情况而定）。

（4）合规计划应设计为能够发现特定公司业务范围内最可能发生的特定类型的不法行为。

3. "自愿披露"关于公司合规计划的规定

2015 年 11 月更新的"自愿披露"（JM 9-28.900 – Voluntary Disclosures）规定，鼓励公司进行内部调查（作为合规计划的组成部分），并向有关当局披露相关事实，因为即使公司没有正式的合规计划，检察官也可以将公司及时的自愿披露视为一个独立因素，并将其作为评估公司整体合作、公司合规计划的充分性以及公司管理层对合规计划承诺的一个因素。

4. "附带后果"关于公司合规计划的规定

2020 年 7 月修订的"附带后果"（JM 9-28.1100 – Collateral Consequences）规定，检察官在评估公司刑事定罪或起诉的附带后果的相关性时，将考虑公司合规计划的充分性等因素的权重。

二、2018 年司法部备忘录《刑事司事务中监控人的选择》解读

1. 2008 年"莫尔福德备忘录"关于公司合规计划的规定

2008 年 3 月 7 日，美国司法部代理部长办公室（Office of the Deputy Attorney General）发布了由代理部长克雷格·S. 莫尔福德（Craig S. Morford）签署的名

为《在与公司之间达成的暂缓起诉协议和不起诉协议中选择和使用监控人》（Selection and Use of Monitors in Deferred Prosecution Agreements and Non-Prosecution Agreements with Corporations）的备忘录，即所谓的"莫尔福德备忘录"。该备忘录在监控人的选择、职责范围（包括独立性、监督协议遵守、沟通和建议以及报告之前未披露或新的不法行为）和期限三个方面规定了九项基本原则，并指出"监控人的主要职责是评估和监督公司遵守协议条款的情况，该协议专门用于解决和减少公司不法行为再次发生的风险，而不是进一步实现惩罚性目标。只有考虑到特定事项的事实和情形，才应在适当情况下使用监控人。例如，如果一家公司没有有效的内部合规计划或者需要建立必要的内部控制，则可以使用监控人。"[1]

同时，该备忘录提出了起草与监控人有关的条款时应遵循的九项基本原则，其中与公司合规计划有关的内容如下[2]。

（1）原则三：监控人的主要职责是评估一家公司是否采取并有效实施了道德与合规计划，以解决并减少公司不法行为再次发生的风险，因为一个设计良好的道德与合规计划如果得不到有效实施就将无法降低此类风险，因此，从公司治理的角度看，设计道德与合规计划以防止不法行为的责任应由公司承担，并应受制于监控人的资源、评估和建议。

（2）原则五：监控人必须有权自主决定在其认为适当时与政府沟通，例如，监控人应可以自由地与政府讨论道德与合规计划的起草和实施以及由此产生的问题。

（3）原则八：在协议期限方面，被指派负责评估尚未设计或实施的合规计划的监控人用于完成监督任务的时间，一般要比被指派负责评估已设计和实施的合规计划的监控人所花费的时间长。

（4）原则九：在大多数情况下，如果公司能够向政府证明情势发生了变

---

[1] See 163. Selection and Use of Monitors in Deferred Prosecution Agreements and Non-Prosecution Agreements with Corporations, 7 March 2008, https://www.justice.gov/archives/jm/criminal-resource-manual-163-selection-and-use-monitors.

[2] See 163. Selection and Use of Monitors in Deferred Prosecution Agreements and Non-Prosecution Agreements with Corporations, 7 March 2008, https://www.justice.gov/archives/jm/criminal-resource-manual-163-selection-and-use-monitors.

更并足以消除对监督的需要，则协议应规定可提前终止监督，因此，如果一家公司被另一家拥有有效道德与合规计划的实体收购或与之合并，则可以终止监督。

2010 年 5 月 25 日，美国司法部发布《关于在与公司之间达成的暂缓起诉协议和不起诉协议中使用监控人的补充指引》（Additional Guidance on the Use of Monitors in Deferred Prosecution Agreements and Non-Prosecution Agreements with Corporations），增加了第十项基本原则，即司法部在解决监控人和公司之间的潜在争议方面可以发挥什么作用，但该指引在公司合规计划方面仅提到："通常情况下，仅在争议是关于公司是否应采用监控人所建议的特定合规计划改进措施，或者公司或监控人是否正在履行协议规定的职责时……由司法部解决该争议才是更为合适的"[1]。

2.2018 年"本茨科夫斯基备忘录"关于公司合规计划的规定

2018 年 10 月 11 日，美国司法部助理部长办公室（Office of the Assistant Attorney General）向刑事司发布了由助理部长布莱恩·本茨科夫斯基（Brian Benczkowski）签署的名为《刑事司事务中监控人的选择》（Selection of Monitors in Criminal Division Matters）的备忘录，即所谓的"本茨科夫斯基备忘录"。该备忘录的目的是"为在刑事司出庭律师处理的事务中选择监控人建立标准、政策和程序"，它们适用于"刑事司所有关于监控人在特定案件中是否适合的决定，以及刑事司与要求保留一名监控人的商业组织之间达成的任何暂缓起诉协议、不起诉协议或认罪协议"[2]。

在公司合规计划方面，该备忘录指出，在评估监控人所带来的"潜在收益"时，除其他因素外，刑事司出庭律师应考虑：（a）潜在不法行为是否涉及操纵公司账簿和记录或者利用不充分的合规计划或内部控制系统……（c）公司是否对合规计划和内部控制系统进行了重大资源投入和改进；

---

[1] See 166. Additional Guidance on the Use of Monitors in Deferred Prosecution Agreements and Non-Prosecution Agreements with Corporations, 25 May 2010, https://www.justice.gov/archives/usam/criminal-resource-manual-166-additional-guidance-use-monitors-dpas-and-npas#FN1.

[2] See Office of the Assistant Attorney General, Selection of Monitors in Criminal Division Matters, 11 October 2018, p.1.

（d）对合规计划和内部控制进行的补救性改进是否经过了测试，以证明它们在未来将会防止或发现类似不法行为……在评估商业组织补救措施的充分性以及合规计划的有效性和资源时，刑事司出庭律师应考虑公司面临的独特风险和合规挑战，包括公司经营所在的特定地区和行业以及公司客户的性质……总的来说，刑事司应仅在与预计的成本和负担相比较而言能够证明监督是必要的且能带来明显收益的情况下，才能同意进行监督。如果公司的合规计划和内控措施在公司犯罪解决（resolution）时被证明是有效且得到适当资源支持的，则可能不需要进行监督。[1]

可见，本茨科夫斯基备忘录将上述备忘录和指引的适用范围扩大到了认罪协议，并列举了分析实施监督的潜在收益和成本时需要考虑的一些因素，这在一定程度上填补了该领域的空白。其中，司法部特别强调与公司合规计划有关的要素，因此，公司应特别注意其合规计划的充分性、有效性、资源投入程度、补救性措施及其充分性、改进等方面。

三、2018 年《联邦量刑指引》介绍

2018 年 11 月，美国对《联邦量刑指引》进行了修订，其中第八章"组织量刑"第 B 节和第 C 节关于有效合规和道德计划的部分基本维持了 2004 年版的内容，仅做了很小幅度的修改。在与第 8B2.1 条配套的第 6 条评论中增加了对该条第（b）款第（7）项的说明，即："第（b）款第（7）项有两个方面。第一，组织应对犯罪行为作出适当反应。组织应根据情况采取合理步骤，补救犯罪行为造成的损害。这些步骤可酌情包括向可以确定的受害人提供赔偿以及其他形式的补救。对犯罪行为作出适当反应的其他合理步骤可能包括自我报告和与当局合作。第二，组织应采取适当行动，以防止进一步发生类似犯罪行为，包括评估合规和道德计划并作出必要的修改，以确保该计划是有效的。所采取的步骤应符合第（b）款第（5）项和第（c）款的规定，

---

[1] See Office of the Assistant Attorney General, Selection of Monitors in Criminal Division Matters, 11 October 2018, p.2.

并可包括聘请外部专业顾问，以确保对任何修改进行充分评估和实施。"[1]

四、2020 年司法部指引《公司合规计划评估》解读

美国司法部最早在 2017 年发布的指引性质的《公司合规计划评估》（Evaluating Corporate Compliance Programs）经过了 2019 年和 2020 年两次更新，最终形成了由三部分内容构成的公司合规计划评估标准。

1.《公司合规计划评估》的提出和两次更新

2017 年 2 月 8 日，美国司法部刑事司反欺诈处（Fraud Section）[2] 发布了《公司合规计划评估》指引。该指引强调不使用任何严格的公式来评估公司合规计划的有效性，而是提供了一些与评估公司合规计划相关的重要话题和示例性问题，这 11 个关键的合规计划评估话题是：（1）潜在不法行为的分析和补救；（2）中高级管理层；（3）自主权和资源；（4）政策和程序；（5）风险评估；（6）培训和宣传；（7）秘密举报和调查；（8）激励和纪律措施；（9）持续改进、定期测试和审查；（10）第三方管理；（11）合并和收购。[3] 该指引的发布是反欺诈处于 2015 年 11 月开展的"合规倡议"的组成部分。

2019 年 4 月 30 日，为了提高该指引与其他部门指引和标准之间的协调性并为公司合规计划的多因素分析提供额外的背景资料，刑事司对该指引进行了更新。与第一个版本相比，修订后的指引在篇幅上增加了一倍，将适用范围从反欺诈处扩展到了整个刑事司，尤其是在每个基本问题下提出了一些具体问题，这对指导公司实施和遵守其合规计划意义重大。该指引围绕未修订之前的《商业组织联邦起诉原则》确立的三个基本问题展开，即：（a）合

---

[1] See United States Sentencing Commission, United States Sentencing Commission Guidelines Manual 2018, p.521, https://www.ussc.gov/sites/default/files/pdf/guidelines-manual/2018/GLMFull.pdf.

[2] 美国司法部刑事司反欺诈处在司法部专门负责调查和起诉全国各地的复杂白领犯罪案件，在打击复杂经济犯罪的斗争中发挥着独特和重要的作用，see https://www.justice.gov/criminal-fraud。美国司法部作为《反海外腐败法》的"首席执法官（chief enforcer）"，就是通过刑事司反欺诈处行使其刑事执法权——但其民事执法权是与美国证券交易委员会共同行使的，而且，它们会与美国国务院协调执法工作，以避免引发可能的外交政策问题，参见 Federal Trade Commission, U.S. Enforcement of the Foreign Corrupt Practices Act of 1977: Some Observations and Thoughts, September 13, 2012, p.2, https://www.ftc.gov/sites/default/files/documents/public_statements/u.s.enforcement-foreign-corrupt-practices-act-1977-some-observations-and-thoughts/120913fcpaenforcement.pdf.

[3] See Evaluation of Corporate Compliance Programs, https://assets.hcca-info.org/Portals/0/PDFs/Resources/Conference_Handouts/Compliance_Institute/2018/310_Handout3.pdf.

规计划是否设计良好？（b）该计划是否得到有效实施？（c）该计划在实践中是否行之有效？正如司法部助理部长布莱恩·本茨科夫斯基所言，有效合规计划在防止不法行为、促进调查以及得出合理解决方案方面发挥着关键作用，而该指引有助于推动公司采取有益于美国公众的行为，并确保检察官以严格和透明的方式评估合规的有效性。[1] 值得注意的是，此次更新强调对合规采取基于风险的方法。

2020 年 7 月 1 日，刑事司发布了最新版的《公司合规计划评估》。该版本对 2019 年的版本进行了小幅更新，其中增加了司法部根据自身经验和来自商业与合规界的重要反馈所作出的补充。它不仅继续强调对评估公司合规计划的有效性采取实用和动态的方法，还越来越强调使用功能性和持续性的方法。此次更新"旨在帮助检察官就公司合规计划在犯罪时是否和在多大程度上有效以及在决定起诉时是否有效作出知情（informed）决定，以确定适当的（1）任何解决方案或诉讼的形式；（2）罚款（如有的话）；（3）任何公司刑事解决方案中包含的合规义务，例如监督或举报义务"，而且，它强调"刑事司在每种情况下都将做出合理的、个别化的决定"[2]。此类更新虽然沿用了 2018 年新修订的《商业组织联邦起诉原则》确立的三个基本问题，但对后两个问题进行了解释或措辞上的完善，即：（a）"公司的合规计划是否设计良好？"（b）"该计划是否得到认真和善意的实施？"换言之，该计划是否获得了足够的资源投入和权力支持，并因此得以有效运作？（c）在实践中，"公司的合规计划是否行之有效？"

2.《公司合规计划评估》的三部分内容

《公司合规计划评估》围绕上述三个基本问题，更新和传达了有效公司合规计划的要求 [3]。

---

[1] See Department of Justice, Criminal Division Announces Publication of Guidance on Evaluating Corporate Compliance Programs, 30 April 2019, https://www.justice.gov/opa/pr/criminal-division-announces-publication-guidance-evaluating-corporate-compliance-programs.

[2] See U.S. Department of Justice Criminal Division, Evaluation of Corporate Compliance Programs（Updated June 2020）, p.1.

[3] See U.S. Department of Justice Criminal Division, Evaluation of Corporate Compliance Programs（Updated June 2020）, pp.2-18.

（1）设计良好的公司合规计划的标志。

（a）风险评估，是指评估公司是否有设计良好的合规计划的出发点是从商业角度了解公司的业务，公司如何识别、评估和定义其风险状况，以及该计划对各种风险进行适当的审查和资源投入的程度。具体问题涉及以下方面：风险管理流程；根据风险量身定制的资源分配；更新和修订；经验教训。

（b）政策和程序，是指任何设计良好的合规计划都需要制定政策和程序，以使道德规范既有内容又有效果，并解决或减少公司在风险评估流程中发现的风险。具体问题涉及以下方面：设计；全面性；可访问性；运行整合责任；看门人（gatekeepers）。

（c）培训和宣传，是指设计良好的合规计划的一个标志是适当量身定制的培训和宣传，因此检察官应评估公司为确保将政策和程序纳入组织之中而采取的步骤：公司是否以根据受众的规模、复杂程度和学科知识专长进行量身定制的方式传达信息，培训是否充分涵盖先前的合规事件，以及公司如何衡量其培训课程的有效性。具体问题涉及以下方面：基于风险的培训；培训的形式、内容和有效性；对不法行为的宣传；指导的可获得性。

（d）保密举报机制和调查流程，是指设计良好的合规计划的一个标志是存在一个有效率和可信的机制，通过该机制，员工可以匿名或秘密地举报违反公司行为准则和公司政策的行为以及可疑或真实的不法行为，因此，检察官不仅应评估公司的投诉处理流程是否包括积极主动地营造一种无须担心报复的工作氛围、适当的申诉流程以及举报人保护流程，还应评估公司处理此类投诉调查的流程。具体问题涉及以下方面：举报机制的有效性；由有资格的人员开展适当范围的调查；调查回应；资源投入和对结果的处理。

（e）第三方管理，是指设计良好的合规计划应当对其第三方关系进行基于风险的尽职调查，因此，检察官应评估公司对第三方伙伴的资质和关联关系的了解程度、公司是否知道在交易中需要第三方的商业理由和第三方伙伴带来的风险，以及公司是否参与对第三方关系的持续监督。具体问题涉及以下方面：基于风险的综合流程；适当的控制；关系管理；实际行动和结果。

（f）合并和收购，是指设计良好的合规计划应包括对任何收购目标进行全面的尽职调查，以及将被收购实体及时、有序地整合到现有合规计划架构和内部控制中。具体问题涉及以下方面：尽职调查流程；并购流程中的整合；将尽职调查与实施联系起来的流程。

（2）公司合规计划有效运作的标志。

（a）中高级管理层的承诺，是指除合规架构、政策和程序外，在公司的各个层面建立和培养道德与守法文化也是非常重要的，而合规计划的有效性要求公司领导层作出高级别的承诺，并从中高层开始实施合规文化，因此，检察官应审查高级管理层在多大程度上阐明了公司的道德标准、以明确无误的措辞传达和传播了这些标准，以及以身作则证明严格遵守了这些标准。具体问题涉及以下方面：高层的行为；共同承诺；监督。

（b）自主权和资源，是指合规计划的有效实施需要负责合规计划日常监督的人员有足够的职权和地位，因此，检察官首先应评估合规计划的架构和合规职能部门人员和资源的充足性，特别是负责合规的人员是否在组织内有足够的资历、是否有足够的资源以及是否有足够的自主权——其充足性取决于特定公司的规模、结构和风险状况。具体问题涉及以下方面：架构；资历和地位；经验和资格；资金和资源；数据资源和访问；自主权；外包合规职能。

（c）激励和纪律措施，是指有效合规计划的一个标志是建立合规激励机制和不合规遏制机制，因此，检察官应评估公司是否有明确的纪律程序，在整个组织内是否始终如一地执行这些程序，以及确保这些程序与违规行为是相适应的。具体问题涉及以下方面：人力资源流程；一致的适用；激励机制。

（3）公司合规计划在实践中行之有效的衡量标准。

（a）持续改进、定期测试和审查，是指有效合规计划的一个标志是其改进和进化的能力，因为实践中内控措施的实际实施必然会揭示风险领域及进行潜在调整，而且，公司业务会随着时间的推移而变化，其经营环境、客户性质、监管法律法规以及可适用的行业标准也在变化，因此，检察官应考虑公司是否进行了有意义的努力，以审查合规计划并确保其不过时。具体问题涉及以下方面：内部审计；控制测试；不断进化的更新；合规文化。

（b）调查不法行为，是指合规计划有效运作的另一个标志是存在一个运作良好、资金充足的机制，以及时和彻底地调查对公司及其员工或代理人不法行为的任何指责或怀疑，同时，一个有效的调查架构也将有一个既定的方法来记录公司的反应，例如所采取的任何纪律或补救措施。具体问题涉及以下方面：由合规人员进行适当范围的调查；对调查作出反应。

（c）对任何潜在不法行为进行分析和补救，是指在实践中有效运作的合规计划的一个标志是公司能够对不法行为进行缜密的根本原因分析，并及时、适当地采取补救措施以解决这些根本原因。具体问题涉及以下方面：根本原因分析；先前的不足；支付系统；供应商管理；先前的迹象；补救措施；问责。

3.《公司合规计划评估》提出的示例性问题

2020 年《公司合规计划评估》围绕前文所述的三个基本问题，从 12 个方面提出了一些示例性问题（见表 3.2）。当然，这些问题只是列举性的。

表 3.2 美国 2020 年《公司合规计划评估》的示例性问题清单[1]

（一）公司的合规计划是否设计良好？		
1. 风险评估	（1）风险管理流程	公司采用什么方法来识别、分析和解决面临的特定风险？公司收集并使用了哪些信息或指标，来帮助发现有问题的不法行为的类型？信息或指标如何影响了公司的合规计划？
	（2）根据风险量身定制的资源分配	公司是否将不成比例的时间用于治理低风险领域而非高风险领域，例如向第三方顾问支付可疑款项、可疑的交易活动或者向经销商和分销商提供过度折扣？公司对高风险交易（例如与高风险国家的政府机构签订大额美元合同）的审查是否比对一般和常规的招待和娱乐的审查更为严格？

[1] See U.S. Department of Justice Criminal Division, Evaluation of Corporate Compliance Programs（Updated June 2020），pp.3-18.

（续表）

（一）公司的合规计划是否设计良好？		
2. 政策和程序	（3）更新和修订	风险评估是否最新，是否需要定期审查？定期审查是否仅限于及时的简要说明（snapshot）或基于跨职能部门对运营数据和信息的连续访问？定期审查是否导致了政策、程序和控制的更新？这些更新是否由通过不法行为或合规计划的其他问题发现的风险引起？
	（4）经验教训	公司是否有一个流程，跟踪并将从公司自己的先前问题或在同一行业和（或）地理区域运营的其他公司的问题中吸取的经验教训纳入其定期风险评估？
	（1）设计	公司设计和实施新的政策和程序以及更新现有政策和程序的流程是什么，该流程随着时间的推移是否发生了改变？谁参与了政策和程序的设计？在推出它们之前，是否咨询过业务部门？
	（2）全面性	公司做出了什么努力，监控和实施能够反映和应对其面临的一系列风险（包括法律和监管环境的变化）的政策和程序？
	（3）可访问性	公司如何向所有员工和相关第三方传达其政策和程序？如果公司有外国子公司，外国员工在访问这些文件时是否有语言或其他障碍？政策和程序是否以可搜索的格式发布，以便于参考？公司是否跟踪各种政策和程序的访问情况，以了解哪些政策更能吸引相关员工的注意？
	（4）运行整合责任	谁负责整合政策和程序？它们是否以确保员工理解政策的方式推出？合规政策和程序以何种具体方式通过公司内部控制系统得到加强？
	（5）看门人	为内控流程中的关键看门人（例如具有审批权限或认证职责的看门人）提供了哪些指导和培训（如有的话）？他们知道该查找哪些不法行为吗？他们知道何时及如何将关切逐步升级吗？
3. 培训和宣传	（1）基于风险的培训	相关内控职能部门的员工接受过哪些培训？公司是否为高风险和内控职能部门的员工提供了量身定制的培训，包括针对不法行为发生领域的风险的培训？主管员工是否接受过不同或补充性的培训？公司进行了哪些分析，确定哪些人应该就什么主题接受培训？

（续表）

（一）公司的合规计划是否设计良好？		
	（2）培训的形式、内容和有效性	培训的形式和语言是否适合听众？培训是在线还是当面提供（或者两者兼有），公司选择的理由是什么？培训是否涉及从以前的合规事件中吸取的经验教训？无论是在线还是当面，是否有员工可以在培训中提出问题的流程？公司如何衡量培训的有效性？员工是否接受过对其所学知识的测试？公司如何处理那些没有通过全部或部分测试的员工？公司是否评估培训对员工行为或业务的影响程度？
	（3）对不法行为的宣传	高级管理层采取哪些措施使员工了解公司对不法行为的立场？当员工因未能遵守公司的政策、程序和控制（例如对导致纪律处分的不法行为类型的匿名描述）而被解雇或受到纪律处分时，通常有哪些宣传？
	（4）指导的可获得性	有哪些资源可供员工获得与合规政策相关的指导？公司如何评估员工是否知道何时寻求建议，他们是否愿意这样做？
4. 保密举报机制和调查流程	（1）举报机制的有效性	公司是否有匿名举报机制，如果没有，为什么没有？如何向公司员工和其他第三方公布举报机制？有人用过吗？公司是否采取措施测试员工是否知道热线及用起来是否感觉舒适？公司如何评估其所受指控的严重性？合规职能部门是否能够全面获取举报和调查信息？
	（2）由有资格的人员开展适当范围的调查	公司如何确定哪些投诉或危险信号值得进一步调查？公司如何确保调查范围适当？公司采取哪些步骤确保调查是独立的、客观的、适当进行的和妥善记录的？公司如何决定由谁进行调查，以及由谁作出决定？
	（3）调查回应	公司是否采用时机指标（timing metrics）确保回应性？公司是否有一个流程，监控调查结果并确保对任何调查结果或意见所作出的回应负责？
	（4）资源投入和对结果的处理	是否为举报和调查机制提供了充足的资金？公司如何通过其举报机制收集、跟踪、分析和使用信息？公司是否定期分析举报或调查结果，以发现不法行为或其他危险信号，并从中找出合规方面的不足？公司是否定期测试热线的有效性，例如从头到尾跟踪一项举报？

（续表）

（一）公司的合规计划是否设计良好？		
5. 第三方管理	（1）基于风险的综合流程	公司的第三方管理流程与公司已识别出的企业风险的性质和水平是如何对应的？如何将这一流程纳入相关的采购和供应商管理流程？
	（2）适当的控制	公司如何确保使用第三方有适当的商业理由？如果第三方参与了潜在不法行为，那么使用这些第三方的商业理由是什么？有哪些机制可以确保合同条款具体说明要提供的服务、付款条款适当、所规定的合同工作得到执行，以及报酬与所提供的服务相当？
	（3）关系管理	公司如何考虑和分析针对合规风险的第三方薪酬和激励结构？公司如何监控第三方？公司是否有审计权来分析第三方的账簿和账目，公司过去是否行使过这些权利？公司如何对其第三方关系经理就合规风险和如何管理这些风险进行培训？公司如何激励第三方的合规和道德行为？公司是否在关系存续期间或主要在入职过程中，对第三方进行风险管理？
	（4）实际行动和结果	公司是否跟踪第三方尽职调查中识别出的危险信号，以及如何应对这些危险信号？公司是否跟踪未通过公司尽职调查或被终止的第三方的最新消息，公司是否采取步骤确保那些第三方不会在以后被雇佣或重新雇佣？如果第三方参与了调查中的不法行为，是否在尽职调查或雇佣第三方后识别出危险信号，以及如何解决这些问题？类似的第三方是否因合规问题而被中止、终止或审计？
6. 合并和收购	（1）尽职调查流程	公司是否能够完成收购前的尽职调查？如果不能，为什么不能？在尽职调查期间是否识别出不法行为或不法行为风险？由谁对被收购或合并的实体进行风险审查，审查是如何进行的？并购尽职调查的一般流程是什么？
	（2）并购流程中的整合	合规职能是如何被纳入合并、收购和整合流程中的？
	（3）将尽职调查与实施联系起来的流程	公司对在尽职调查过程中识别出的不法行为或不法行为风险进行跟踪和补救的流程是什么？公司在新收购实体中实施合规政策和程序以及进行收购后审计的流程是什么？

（续表）

（二）公司的合规计划是否获得了足够的资源投入和权力支持，并因此得以有效运作？		
7. 中高级管理层的承诺	（1）高层的行为	高层领导如何通过其言行鼓励或阻止合规，包括调查中涉及的不法行为？他们采取了哪些具体行动来展现在公司合规和补救工作中的领导力？他们是如何把下属的正确行为作为榜样的？管理层是否在追求新业务或更高收入时容忍了更大的合规风险？管理层是否鼓励员工为实现业务目标而采取不道德行为，或阻碍合规人员有效履行其职责？
	（2）共同承诺	高层领导和中级管理层利益相关方（例如业务和运营经理、财务、采购、法律、人力资源）采取了哪些行动（包括补救措施），表明他们对合规或合规人员的承诺？面对相互冲突的利益或业务目标，他们是否坚持了这一承诺？
	（3）监督	董事会具备哪些合规专业知识？董事会和（或）外部审计师是否与合规和内控职能部门举行行政或私人会议？董事会和高级管理层在对不法行为发生的领域进行监督时调查了什么类型的信息？
8. 自主权和资源	（1）架构	合规职能部门在公司内部的何处，例如在法律部门内部、在业务职能部门之下，或者作为向首席执行官和（或）董事会汇报的独立职能部门？合规职能部门向谁汇报？合规职能部门是否由指定的首席合规官或者公司内部的其他管理层运行，该人是否在公司内部担任其他职务？合规人员是否专门承担合规责任，或者他们在公司内部是否有其他不合规责任？为什么公司选择了现有的合规架构？公司做出架构选择的原因是什么？
	（2）资历和地位	合规职能部门与公司其他战略职能部门在地位、薪酬水平、职级或头衔、汇报条线、资源以及接触关键决策者方面相比如何？合规和相关内控职能部门人员的离职率是多少？合规在公司战略和运营决策中扮演了什么角色？在合规引发关切的情况下，公司如何应对具体事件？是否存在因合规关切而被叫停、调整或进一步审查的交易？
	（3）经验和资格	合规和内控人员是否具有适当的经验和资格来履行其角色和职责？这些角色中的经验和资格水平是否随着时间的推移而改变？公司如何为合规和其他内控人员的进一步培训和发展提供资金支持？由谁审查合规职能部门的绩效，审查流程是什么？

（续表）

（二）公司的合规计划是否获得了足够的资源投入和权力支持，并因此得以有效运作？			
		（4）资金和资源	合规人员是否有足够的人员配备，对合规工作的结果进行有效的审计、记录、分析和行动？公司是否为此拨出足够的资金？是否曾有过合规和内控职能部门对资源的请求被拒绝的情况，如果是，理由是什么？
		（5）数据资源和访问	合规和内控人员是否有直接或间接访问相关数据源的足够权限，以便及时、有效地监控和（或）测试政策、控制和交易？是否存在限制访问相关数据源的障碍，如果存在，公司将如何解决这些障碍？
		（6）自主权	合规和相关内控职能部门是否直接向董事会和（或）审计委员会成员汇报？他们多久见一次董事？高级管理层成员是否出席这些会议？公司如何确保合规和内控人员的独立性？
		（7）外包合规职能	公司是否将其全部或部分合规职能外包给外部公司或顾问？如果是的话，理由是什么，由谁负责监督或联络外部公司或顾问？外部公司或顾问对公司信息的访问级别是什么？如何评估外包流程的有效性？
9.激励和纪律措施		（1）人力资源流程	谁参与作出纪律处分决定（包括对讨论中不法行为的类型）？是否对每一个不法行为事件都遵循相同的流程？如果没有，为什么？纪律处分的实际原因是否传达给员工？如果没有，为什么不传达？是否有法律或与调查相关的理由限制信息，或者提供了预先的文字理由，以保护公司免受举报或外部审查？
		（2）一致的适用	纪律处分和激励措施是否在整个组织内得到公平和一致的适用？合规职能部门是否监控其调查和由此产生的纪律处分，以确保一致性？是否存在被区别对待的类似不法行为事件，如果存在，为什么？
		（3）激励机制	公司是否考虑过激励和奖励对合规的影响？公司如何激励合规和道德行为？是否有因合规和道德考虑而采取行动（例如不予晋升或奖励）的具体例子？谁来决定合规人员的薪酬（包括奖金）、纪律处分和晋升？

（续表）

（三）在实践中，公司的合规计划是否行之有效		
10.持续改进、定期测试和审查	（1）内部审计	确定在什么情况下进行内部审计和多久进行一次审计，其流程是什么？流程背后的理由是什么？如何进行审计？哪些类型的审计会识别出与不法行为相关的问题？此类审计发生过吗？调查结果是什么？定期向管理层和董事会汇报了哪些类型的相关审计调查结果和补救进展？管理层和董事会如何跟进？内部审计多久在高风险领域进行一次评估？
	（2）控制测试	公司是否审查和审计了与不法行为有关的领域的合规计划？一般来说，公司对合规数据的控制、收集和分析以及对员工和第三方的面谈进行了哪些测试？如何报告结果和跟踪行动事项？
	（3）不断进化的更新	公司多久更新一次风险评估并审查其合规政策、程序和惯例？公司是否进行了差距分析（gap analysis），以确定特定风险领域在其政策、控制或培训中是否未得到充分处理？公司采取了哪些步骤，确定政策、程序或惯例对特定业务部门或子公司是否有意义？公司是否根据从自身不法行为和（或）面临类似风险的其他公司的不法行为中吸取的经验教训，审查和调整其合规计划？
	（4）合规文化	公司多久一次和如何衡量其合规文化？公司是否征求各级员工的意见，以确定他们是否理解中高级管理层对合规的承诺？对于其合规文化的衡量，公司采取了哪些措施？
11.调查不法行为	（1）由合规人员进行适当范围的调查	公司如何确保调查是范围适当的、独立的、客观的、适当进行的和妥善记录的？
	（2）对调查作出反应	公司调查是否被用于识别出根本原因、系统漏洞和责任缺失（包括在监督管理人员和高级执行官中）？对调查结果作出反应的流程是什么？调查结果在公司能够到达的层级有多高？

（续表）

（三）在实践中，公司的合规计划是否行之有效		
12. 对任何潜在不法行为进行分析和补救	（1）根本原因分析	公司对讨论中的不法行为进行的根本原因分析是什么？是否曾识别出任何系统性问题？在公司里，谁参与了分析？
	（2）先前的不足	哪些控制失灵了？如果政策或程序本应禁止不法行为，它们是否得到了有效实施？拥有这些政策和程序的职能部门是否被问责了？
	（3）支付系统	有问题的不法行为是如何获得资金支持的（例如采购订单、员工报销、折扣或零用现金）？有什么流程可以被用来防止或发现对这些资金的不当使用？这些流程是否得到了改进？
	（4）供应商管理	如果供应商参与了不法行为，那么选择供应商的流程是什么，供应商是否经过了该流程？
	（5）先前的迹象	之前是否有机会发现有问题的不法行为，例如识别出相关控制失灵或指控、投诉或调查的审计报告？公司对为何错失此类机会有何分析？
	（6）补救措施	为了降低将来不再发生相同或类似问题的风险，公司做了哪些具体的改变？针对根本原因和错失机会分析中确定的问题，有哪些具体的补救措施？
	（7）问责	公司对不法行为采取了哪些纪律处分，这些纪律处分是否及时？管理层是否对在其监督下发生的不法行为负责？公司是否考虑过对监管失灵采取纪律处分？公司关于员工纪律处分的记录（例如纪律处分的次数和类型）与讨论中行为的类型有关吗？公司是否曾因存在不法行为而解雇或以其他方式（例如减少或取消奖金、发出警告信等）处罚任何人？

第三节　美国反腐败合规计划评估标准的不断完善

在反海外腐败领域，美国通过不断完善与《反海外腐败法》配套的两部法律文件对合规计划有关问题作出了明确规定，一个是 2017 年发布并在 2019 年修订的《〈反海外腐败法〉公司执法政策》（FCPA Corporate Enforcement

Policy ），另一个是 2012 年发布并在 2020 年更新的《美国〈反海外腐败法〉资源指引》(A Resource Guide to the U.S. Foreign Corrupt Practices Act)。其中，前者是强制性的，后者是非强制性的。

一、2019 年《〈反海外腐败法〉公司执法政策》解读

2019 年 3 月，美国司法部刑事司反欺诈处宣布对其《〈反海外腐败法〉公司执法政策》进行了修订，该政策于 2016 年 4 月开始试点，并于 2017 年 11 月正式出台，旨在奖励那些自愿自我报告违反《反海外腐败法》行为的公司。随后，该政策被纳入司法部的《司法手册》中（即 JM 9–47.120 ）。

1. 对在《反海外腐败法》事务中自愿自我披露、全面合作并及时和适当补救予以加分

该政策规定："如果对一家自愿自我披露、全面合作并及时和适当补救的公司而言，刑事解决被证明是正当的，则反欺诈处：将同意或建议量刑法院将《美国量刑指南》规定的罚款幅度下限降低 50%（但刑事累犯除外）；如果公司在解决时实施了有效的合规计划，则通常不需要任命监控人。"[1]

2. 对"《反海外腐败法》事务中及时和适当补救"的定义

公司要想因"及时和适当补救"获得完整加分（ credit ），就需要满足诸多事项，其中与合规有关的是"实施有效的合规和道德计划，该计划的标准将定期更新并有可能根据组织规模和资源而有所不同，可以包括：（1）公司合规文化，包括员工认识到任何犯罪行为都是不可容忍的；（2）公司用于合规的资源；（3）参与合规的人员的素质和经验（使其能够理解和识别出构成潜在风险的交易和活动）；（4）合规职能部门的权威性和独立性以及董事会合规专业知识的可用性；（5）公司风险评估的有效性以及根据该风险评估调整公司合规计划的方式；（6）根据合规人员的角色、职责、绩效和其他适当因素，为合规人员提供薪酬和晋升；（7）对合规计划进行审计，以确保其有效

---

[1] See 9–47.000—Foreign Corrupt Practices Act of 1977, https://www.justice.gov/jm/jm–9–47000– foreign–corrupt–practices–act–1977.

性；（8）公司雇佣或与之签约的任何合规人员的汇报机制。"[1]

3. 关于"并购尽职调查和补救"的评注

该政策指出："司法部认识到了企业并购的潜在好处，特别是当收购实体制定了强有力的合规计划并要求被并购实体尽快实施该计划时。因此，如果进行并购的公司通过彻底和及时的尽职调查，或者在适当情况下通过收购后审计或合规整合工作，发现被并购实体的不法行为，并自愿自我披露了不法行为，或者采取了符合本政策（除其他要求外，包括对被并购实体及时实施有效的合规计划）的行动，则将有一个符合本政策其他要求的倾斜（declination）推定。"[2] 需要注意的是，在适当情况下，披露不法行为的收购公司可能有资格获得倾斜，即使被收购实体存在加重处罚的情形。

4. 司法部官员关于合规计划的评论

在 2017 年 11 月 29 日召开的第 34 次《反海外腐败法》国际会议上，美国司法部副部长罗森斯坦（Rosenstein）在谈到《〈反海外腐败法〉公司执法政策》时，提出了以下三点关于合规计划的内容。[3]

（1）执法机构仅在犯罪行为发生后才起诉该行为，这些起诉间接起到了威慑作用，但一家拥有强有力的合规计划的公司能够防止腐败并减少执法的必要性。

（2）政府应鼓励公司从事合乎道德的行为，这意味着要全面配合政府调查并采取必要措施纠正不法行为，包括实施一项强有力的合规计划。

（3）犯罪分子试图逃避执法，但如果存在内部控制和合规计划，则他们还需要逃避这些内部控制和合规计划，因此，诚信的公司对腐败有着重大的威慑作用。

---

[1] See 9–47.000—Foreign Corrupt Practices Act of 1977, https://www.justice.gov/jm/jm-9-47000-foreign-corrupt-practices-act-1977.

[2] See 9–47.000—Foreign Corrupt Practices Act of 1977, https://www.justice.gov/jm/jm-9-47000-foreign-corrupt-practices-act-1977.

[3] See Oxon Hill Deputy Attorney General Rosenstein Delivers Remarks at the 34th International Conference on the Foreign Corrupt Practices Act, November 29, 2017, https://www.justice.gov/opa/speech/deputy-attorney-general-rosenstein-delivers-remarks-34th-international-conference-foreign.

二、2020 年《美国〈反海外腐败法〉资源指引》解读

2020 年 7 月，美国司法部刑事司和证券交易委员会执行司发布了《美国〈反海外腐败法〉资源指引》（第二版）。该版本对最初于 2012 年 11 月发布的第一版进行了大幅更新。新版指引"详细汇编了有关《反海外腐败法》和相关执法的信息和分析"，"致力于向公众提供有用的信息，对象包括从业人员和各种形式与规模的企业——从首次在国外交易的小企业到在世界各地设有子公司的跨国企业"，并指出了"有效公司合规计划的标志"，以及"司法部和证券交易委员会在决定展开调查或提起诉讼时考虑的因素，例如自愿自我披露、全面合作、及时和适当的补救措施，包括实施有效的道德与合规计划。"[1] 该指引第 5 章"执法原则指引"对公司合规计划进行了说明，并阐明了有效合规计划的标志。

1. 关于公司合规计划的说明

《美国〈反海外腐败法〉资源指引》主要从以下方面对公司合规计划进行了说明：（1）有效的公司合规计划加强了公司的内部控制，对发现和预防违反《反海外腐败法》的行为至关重要；（2）有效的合规计划是针对公司的特定业务和与该业务相关的风险而制定的，而且是动态的，随着业务和市场的变化而变化；（3）有效的合规计划促进了鼓励道德行为和承诺遵守法律的组织文化；（4）公司的合规和道德计划有助于防止、发现、纠正和报告不法行为；（5）执法机构在确定执法措施时会考虑公司在不法行为发生时和达成解决方案时合规计划的充分性和有效性；（6）执法机构并没有关于合规计划的公式化要求，而是采用常识和实用的方法来评估合规计划，并就三个基本问题展开调查，即：公司合规计划是否设计良好、该计划是否得到善意适用（即是否有充足的资源和权力对其进行有效运作）以及该计划是否在实践中行之有效。[2]

---

[1] See FCPA Resouce Guide, 25 November 2020, https://www.justice.gov/criminal-fraud/fcpa-resource-guide.

[2] See Criminal Division of the U.S. Department of Justice and the Enforcement Division of the U.S. Securities and Exchange Commission, A Resource Guide to the U.S. Foreign Corrupt Practices Act（Second Edition）, July 2020, pp.56-57.

2. 有效合规计划的标志

不同的公司在制定合规计划时要考虑到其规模、所面临的风险等因素，但对于所有规模的公司而言，有效的合规计划通常具有以下共同的标志[1]。

（1）高级管理层的承诺和表述清晰的反腐败政策。在组织内部，合规始于董事会和高级管理人员为公司其他部门设定适当的基调，因此，执法机构会考虑公司领导者对合规和道德文化的承诺，以及这一高层承诺是否在公司各级人员中得到加强和实施，尤其是合规计划是否真正得到了执行，而且执法机构会评估高级管理层是否明确阐述了公司标准、是否严格遵守了这些标准以及是否在整个组织内传播了这些标准。

（2）行为准则及合规政策和程序。公司的行为准则往往是建立有效合规计划的基础，而最有效的准则是明确、简洁且所有员工及代表公司开展业务的人都易于使用的，因此，在评估合规计划时，执法机构会审查公司是否已采取措施确保行为准则有效，以及公司是否对其进行定期审查和更新，而且，执法机构会评估公司是否制定了政策和程序，其中概述了公司内部合规责任，详细说明了适当的内部控制、审计惯例和文件政策，以及规定了纪律程序。

（3）监督、自主性和资源。在评估合规计划时，执法机构会考虑公司是否已将监督和实施公司合规计划的职责分配给组织内的一名或多名特定高级管理人员，这些人应在组织内拥有成比例的权限、充分的管理自主权，以及确保合规计划有效实施的充足资源。

（4）风险评估。风险评估是制定强有力的合规计划的基础，也是执法机构在评估公司合规计划时考虑的一个因素，尤其是执法机构会给予那些善意地实施了基于风险的合规计划的公司有益的加分，即使公司由于将更多的注意力和资源投入高风险领域导致该计划未能防止低风险领域发生违规行为；此外，在评估公司合规计划时，执法机构会考虑公司是否以及在多大程度上

---

[1] See Criminal Division of the U.S. Department of Justice and the Enforcement Division of the U.S. Securities and Exchange Commission, A Resource Guide to the U.S. Foreign Corrupt Practices Act（Second Edition）, July 2020, pp.58-62.

分析和应对了其面临的风险。

（5）培训和持续咨询。合规政策只有在整个公司内得到有效宣传，才能发挥作用，因此，执法机构将评估公司是否已采取措施来确保相关政策和程序在整个组织内得到宣传，这些措施包括对所有董事、官员、相关员工以及在适当情况下对代理人和商业伙伴开展定期培训和认证，而且公司应根据其规模和复杂程度制定适当措施，为遵守公司道德与合规计划提供指导和建议。

（6）激励和纪律措施。除了评估合规计划在整个组织中的设计和实施，该计划的执行对其有效性至关重要，因此，执法机构会考虑公司在执行合规计划时是否有成比例和明确的纪律程序，这些程序是否得到可靠和迅速的适用，以及这些程序是否与违规行为相匹配，鉴于积极激励可以促进合规行为，公司不仅可以采取晋升、奖金等多种形式的激励，还可以通过认可合规专业人员和内部审计人员来强调其内部的合规性；此外，执法机构还会考虑激励和纪律措施是否在组织内得到了公平和一致的适用。

（7）第三方尽职调查和支付。代理人、顾问和分销商等第三方通常会被用来掩盖在国际商业交易中向外国官员行贿的行为，因此基于风险的尽职调查对于第三方而言尤其重要，而执法机构在评估公司合规计划的有效性时也会考虑到这一点，这意味着公司应了解其第三方伙伴的资质和关联关系、将第三方纳入交易的商业理由，以及对第三方关系进行某种形式的持续监督；此外，执法机构还会评估公司是否已将其合规计划及对道德和合法商业惯例的承诺告知第三方，并在适当情况下，评估公司是否通过要求第三方提供证明或相互承诺的方式向其寻求保证。

（8）保密报告和内部调查。有效合规计划应包括一种机制，使组织的员工和其他人能够在保密的基础上报告可疑或实际发生的不法行为或违反公司政策的行为，而不必担心遭受报复，因此公司可以设置匿名热线或投诉接待员；此外，公司应针对报告建立一个高效、可靠和资金充足的程序，以调查指控并记录公司所采取的纪律或补救措施，并通过汲取经验教训来改进内部控制和合规计划，以及考虑在未来开展有针对性的培训。

（9）持续改进——定期测试和审查。一个良好的合规计划应当是不断进化的，因为公司的业务、经营环境、客户性质、所适用的法律和行业标准都会随着时间的推移而发生改变，而且合规计划在实践中会不可避免地不断暴露不足并需要持续改进，因此执法机构会评估公司是否定期审查和改进其合规计划，以及是否不允许这些计划过时。

第四节　美国有效合规计划在不同领域的应用

近年来，美国出口、制裁、反垄断和人权领域的相关政府部门陆续发布了该领域的合规计划评估标准，明确提出了出口合规和出口合规计划（Export Compliance Program）、制裁合规和制裁合规计划（Sanctions Compliance Program）、反垄断合规和反垄断合规计划（Antitrust Compliance Programs）以及人权合规的概念，指出了前三个领域中有效合规计划的基本要素。这些相关的指引为公司制定和审视自己的合规计划提供了有用的工具。

一、2017 年工业和安全局《出口合规指引》解读

2017 年 2 月 8 日，美国工业和安全局（U.S. Bureau of Industry and Security, BIS）对其《出口合规指引》（Export Compliance Guidelines）进行了更新。此次更新后的指引旨在帮助出口商建立和维护有效的出口合规计划，以确保其出口活动符合《出口管理条例》（Export Administration Regulations）的规定。该指引详细介绍了工业和安全局认为对关于货物、软件和技术的有效出口合规计划至关重要的八个要素，包括：（1）管理层承诺；（2）风险评估；（3）出口授权；（4）记录保存；（5）培训；（6）审计；（7）处理出口违规行为和采取补救措施；（8）建立和维护出口合规计划。[1]

---

[1] See International Trade Compliance Blog, US-BIS updates export compliance guidelines, 17 February 2017. Available at: https://www.internationaltradecomplianceupdate.com/2017/02/17/us-bis-updates-export-compliance-guidelines/.

二、2019 年财政部《OFAC 合规承诺框架》解读

2019 年 5 月 2 日，美国财政部外国资产控制办公室（Department of the Treasury's Office of Foreign Assets Control，简称 OFAC）发布了《OFAC 合规承诺框架》（A Framework for OFAC Compliance Commitments）。财政部指出，发布该制裁合规框架的目的是向受美国管辖的组织以及在美国境内或与美国开展业务的外国实体或美国人，或者使用原产于美国的货物或服务的外国实体，提供 OFAC 对制裁合规计划基本组成部分的看法，同时，该框架还概述了 OFAC 可能会如何将这些组成部分纳入其对明显违规行为的评估和对导致和解的调查解决中，并在附件中简要分析了 OFAC 在调查过程中发现的一些明显违反美国经济和贸易制裁计划的根本原因。

在该框架中，OFAC 强烈鼓励上述相关商业组织和个人通过制定、实施和定期更新制裁合规计划，采用一种基于风险的制裁合规方法。尽管每个基于风险的制裁合规计划将根据各种因素有所不同，包括公司规模和复杂度、产品和服务、客户和交易对手以及地理位置，但每个计划都应基于并包括以下五个基本要素——这也是对公司制裁合规计划的最低要求：（1）管理层承诺；（2）风险评估；（3）内部控制；（4）测试和审计；（5）培训。[1] 同时，该框架还指出了导致制裁合规计划无效或存在不足的根本原因，包括缺少正式的制裁合规计划、误解或不理解监管条例的适用范围、合规职能部门不集中等。值得注意的是，这是美国制裁执法部门首次强调制裁合规是一个整体运行良好的道德和合规计划的基本组成部分，以及有效的制裁合规计划是一个可能减轻处罚的因素。

三、2019 年司法部《反垄断刑事调查中公司合规计划的评估》解读

2019 年 7 月，美国司法部反垄断司（U.S. Department of Justice Antitrust Division）发布了《反垄断刑事调查中公司合规计划的评估》（Evaluation of

---

[1] See Department of the Treasury, A Framework for OFAC Compliance Commitments, pp.1-8. Available at: https://home.treasury.gov/system/files/126/framework_ofac_cc.pdf.

Corporate Compliance Programs in Criminal Antitrust Investigations），该指引指出，反垄断合规计划通过在公司内部建立良好企业公民责任（corporate citizenship）文化，以防止反垄断违法行为，从而促进自由市场经济中的激烈竞争，尽管反垄断合规计划可能无法防止每一项违法行为，但有效的合规计划不仅能够防止、发现和解决潜在的反垄断违法行为，还可以进一步采取补救措施，并有助于通过促进公司及时自我报告和及时、彻底地配合反垄断部门的调查促进公司和个人的问责性。[1] 此外，该指引还强调了在整个公司进一步整合合规工作的必要性。

该指引主要依据并参考了前文所述司法部发布的 2019 年版的《公司合规计划评估》和《司法手册》，尤其是在篇章结构上几乎完全模仿了前者。首先，该指引也提出了三个核心问题，即：（1）公司的合规计划是否应对和禁止刑事反垄断违法行为？（2）反垄断合规计划是否发现并促进了对违法行为的及时举报？（3）公司的高级管理层在多大程度上参与了违法行为？[2]然后，该指引围绕这三个核心问题，提出了检察官在起诉和量刑阶段对反垄断合规计划的有效性进行评估时应考虑的九个关键因素，包括：（1）计划的设计和全面性；（2）公司内部的合规文化；（3）反垄断合规职能和资源；（4）反垄断风险评估技术；（5）对雇员的合规培训和宣传；（6）监督和审计技术，包括持续审查、评估和修订反垄断合规计划；（7）举报机制；（8）合规激励和纪律；（9）补救方法。[3]

同年 7 月 11 日，美国司法部主管反垄断部门的助理司法部长马坎·德拉希姆（Makan Delrahim）宣布反垄断司将采取激励反垄断合规的新政策，尤其是将使用一个旨在激励反垄断合规计划的新模式——集中体现在《反垄断

---

[1] See U.S. Department of Justice Antitrust Division, Evaluation of Corporate Compliance Programs in Criminal Antitrust Investigations, July 2019, p.1. Available at: https://www.justice.gov/atr/page/file/1182001/download.

[2] See U.S. Department of Justice Antitrust Division, Evaluation of Corporate Compliance Programs in Criminal Antitrust Investigations, July 2019, p.3. Available at: https://www.justice.gov/atr/page/file/1182001/download.

[3] See U.S. Department of Justice Antitrust Division, Evaluation of Corporate Compliance Programs in Criminal Antitrust Investigations, July 2019, pp.3–17. Available at: https://www.justice.gov/atr/page/file/1182001/download.

刑事调查中公司合规计划的评估》中。[1] 这是美国反垄断执法机构"首次在反垄断刑事调查的起诉阶段考虑公司的合规工作",并"强调了成功的合规计划应具有的某些一般属性,包括效率、领导力、培训、教育、信息以及尽职调查"[2]。

四、2020 年国务院《人权合规指引》解读

2020 年 9 月 30 日,美国国务院(U.S. State Department)发布了《关于在与外国政府终端用户有关的具有监视功能的产品或服务的交易中实施〈联合国商业和人权指导原则〉的指引》(Guidance on Implementing the UN Guiding Principles for Transactions Linked to Foreign Government End-Users for Products or Services with Surveillance Capabilities,简称《人权合规指引》)。该指引旨在提供一个框架,帮助从事、设计和制造具有监督功能的产品和服务的美国公司识别出最终用户滥用该产品或服务侵犯或践踏人权的风险,尤其是帮助企业在不需要美国政府批准出口的情况下进行人权审查。该指引规定:"鼓励美国企业将人权尽职调查纳入合规计划,包括出口合规计划。这种整合应包括企业组织内最高级别的支持;对雇员进行有关人权考虑的培训;制定适当的政策、制度和流程;以及为减轻侵犯和侵犯人权的风险而作出的承诺和采取的步骤的文件和通信。"[3]

---

[1] See Assistant Attorney General Makan Delrahim Delivers Remarks at the New York University School of Law Program on Corporate Compliance and Enforcement, 11 July 2019. Available at: https://www.justice.gov/opa/speech/assistant-attorney-general-makan-delrahim-delivers-remarks-new-york-university-school-l-0.

[2] See Amy S. Matsuo, DOJ announces new antitrust compliance guidance and review of tech sector. Available at: https://advisory.kpmg.us/articles/2019/doj-antitrust-compliance-guidance-tech-sector.html.

[3] See U.S. State Department, Guidance on Implementing the UN Guiding Principles for Transactions Linked to Foreign Government End-Users for Products or Services with Surveillance Capabilities, p.1. Available at: https://www.state.gov/wp-content/uploads/2020/10/DRL-Industry-Guidance-Project-FINAL-1-pager-508-1.pdf.

第四章
英国的廉洁合规标准解读

与较为丰富或成熟的国际组织和美国的廉洁合规标准相比较而言，英国仅在几个法律文件中对廉洁合规标准作出了解释性规定，而且英国在很大程度上借鉴了国际组织和美国的廉洁合规标准，因此，企业等商业组织在根据英国《2010 年反贿赂法》及其配套法律文件制定公司合规计划、开展廉洁合规治理时，可以参考国际组织和美国的廉洁合规标准。

第一节　2020 年"SFO 合规计划评估指引"解读

2020 年 1 月 17 日，严重欺诈办公室（Serious Fraud Office，SFO）在其内部《SFO 操作手册》中增加新的一章，名为"评估合规计划"（Evaluating a Compliance Programme）。这就是通常所说的"SFO 公司合规计划指引"（SFO corporate compliance programme guidance）或"SFO 关于评估合规计划的内部指引"（SFO Internal Guidance on Evaluating a Compliance Programme）（以下统称"SFO 合规计划评估指引"）。尽管该指引被批评为"规定性远不如许多公司所希望的那样，而且在许多方面重复了严重欺诈办公室所经常使用的惯常做法，并没有增加多少真正的新内容"[1]，但它不仅明确提出了对合规计划的评估，也在某些方面指出了评估公司合规计划的要点所在。因此，本节将结合该指引，分析严重欺诈办公室在调查案件的过程中如何评估公司合规计划的有效性。

一、公司合规计划的含义

根据严重欺诈办公室的定义，"合规计划"指的是"商业组织的内部制度和程序，用于帮助确保该商业组织及其工作人员遵守法律要求和内部政策与程序。总的来说，近年来人们越来越关注合规，因为商业组织认识到了有效合规程序的重要性，即它有助于减低违反监管规定的风险以及由此造成的财务和声誉损失"，其中，"至关重要的是，合规计划要成比例、基于风险并进行定期审查"[2]。在调查案件时，严重欺诈办公室通常需要评估公司合规计划的有效性。

实践中，商业组织要根据其规模和业务的性质，制定适合自己的合规计划。对此，该指引指出："许多大公司都有一个部门，例如合规部门，负责监督和帮助确保整个商业组织甚至整个公司集团的有效合规。在某些行业，例如金融服务业，商业组织需要有一个合规部门，以及有效的制度和控制。中小企业可能没有单独的合规部门，但任何规模的商业组织都可以至少有一些合规安排。"[3]

严重欺诈办公室前总法律顾问阿伦·米尔福德（Alun Milford）在2015年9月8日举办的剑桥经济犯罪研讨会上，曾从检察机关的角度解释了合规的本质，他指出：为了应对现代金融服务业监管的新发展，许多企业为员工确定了角色，以确保他们不会违反监管规则，因此，合规官和合规部门诞生了，他们花费了大量时间与监管者打交道，但与此同时，随着企业开始意识

[1] See Tristan Grimmer, Joanna Ludlam, Sunny Mann, Jonathan Peddie, Charles Thomson, Henry Garfield and Yindi Gesinde, UK: The science of compliance: SFO releases guidance on how it will assess corporate compliance programmes, 3 April 2020, https://globalcompliancenews.com/uk-the-science-of-compliance-sfo-releases-guidance-on-how-it-will-assess-corporate-compliance-programmes/.

[2] See Evaluating a Compliance Programme, January 2020, https://www.sfo.gov.uk/publications/guidance-policy-and-protocols/sfo-operational-handbook/evaluating-a-compliance-programme/.

[3] See Evaluating a Compliance Programme, January 2020, https://www.sfo.gov.uk/publications/guidance-policy-and-protocols/sfo-operational-handbook/evaluating-a-compliance-programme/.

到自己在国外贿赂案件中面临的风险，企业通常会更加关注如严重欺诈办公室这样的刑事调查和检察机关。[1] 而且，反海外腐败合规和反商业贿赂合规都成为企业关注的焦点。

二、评估公司合规计划的意义

对于严重欺诈办公室而言，对公司合规计划进行评估有助于其就案件作出如下决定 [2]。

（1）起诉是否符合公共利益。

（2）商业组织是否应被邀请参加暂缓起诉协议谈判，如果是的话，暂缓起诉协议应包括哪些条款。

（3）根据《2010 年反贿赂法》第 7 条商业组织未能防止贿赂罪，该商业组织是否享有"充分程序"抗辩权。

（4）合规计划的存在和本质是否量刑考虑的一个相关因素。

显然，通过评估公司的合规计划，严重欺诈办公室的检察官可以判断是否需要对公司提起诉讼、是否要启动暂缓起诉协议程序、商业组织是否享有"充分程序"抗辩权以及如何进行最适当的量刑等。正如英国严重欺诈办公室所指出的，廉洁经营的英国公司在降低风险和把握商机方面明显处于更有利的地位，因为廉洁经营意味着要确保公司遵守英国《2010 年反贿赂法》及其他相关法律规定，同时始终要求公司的当地合作伙伴、代理商和经销商等遵守同样的高标准，因此，以廉洁为核心的公司往往能够保护和加强其品牌声誉，在长期内获得更大的、更可持续的商业成功，并将诉讼风险降至最低。[3] 因此，企业应重视其合规计划，尤其是反贿赂和反腐败合规计划，以在涉嫌特定犯罪时争取获得刑事责任方面的减轻或免除，以及避免触犯商业组织未能防止贿赂罪。

---

[1] See The Nature of Compliance, 8 September 2015, https://www.sfo.gov.uk/2015/09/08/the-nature-of-compliance/.

[2] See Evaluating a Compliance Programme, January 2020, https://www.sfo.gov.uk/publications/guidance-policy-and-protocols/sfo-operational-handbook/evaluating-a-compliance-programme/.

[3] See Bribery Act guidance, https://www.sfo.gov.uk/publications/guidance-policy-and-protocols/bribery-act-guidance/.

三、评估公司合规计划的方法

基于上述四个方面的问题，在具体的公司贿赂案件中，严重欺诈办公室的检察官通常会从过去、现在和将来三个时间维度对公司的合规计划进行评估（见表 4.1）。

表 4.1　严重欺诈办公室如何评估合规计划 [1]

1. 犯罪时合规计划的状态
（1）决定起诉。就所有的公司贿赂犯罪而言，检察官都应根据《皇家检察官准则》使用起诉贿赂犯罪的一般方法，同时根据《公司起诉指引》考虑起诉公司时需要考虑的附加公共利益因素，尤其是"所起诉的罪行是在公司合规计划无效的时候犯下的"，还是"有'真正积极主动'和有效的公司合规计划"——前者有利于起诉，后者不利于起诉。 （2）考虑抗辩。如果在贿赂行为发生时，商业组织已经制定了"旨在预防关联人从事这种行为的充分程序"，那么即使该组织在审判中应满足法院的要求，评估成功提出这种抗辩的可能性也是作出起诉决定的一个重要因素。 （3）量刑。如果商业组织已努力落实一些预防贿赂的措施，但根据《2010 年反贿赂法》第 7 条的规定，这些措施"不足以构成抗辩"，则可能仍然与量刑有关，即反映为较轻的罪责
2. 当前合规计划的状态
（1）决定起诉。即使是在不法行为发生时合规计划不佳的组织，在被决定予以起诉时，可能也已经加强了其计划。这将与《公司起诉指引》下的起诉决定相关，因为检察官应考虑一个组织是否采取了"补救行动"（例如加强其合规计划），以及是否有"'真正积极主动'和有效的公司合规计划"。这些都是不利于起诉的公共利益因素。同样，在作出起诉决定之前，必须充分考虑《公司起诉指引》和《皇家检察官准则》。 （2）考虑一项暂缓起诉协议。检察官在评估是否适合使用暂缓起诉协议时，还需要考虑该组织合规计划的现状，即签订暂缓起诉协议的一个重要考虑因素是商业组织是否已经有一个"真正积极主动"和有效的公司合规计划。这是决定该组织是否以及在多大程度上改革和改过自新的一个重要部分。 （3）量刑。法院在宣判时可以考虑商业组织合规计划的现状，包括罚款水平是否影响该组织实施有效合规计划的能力

[1] See Evaluating a Compliance Programme, January 2020, https://www.sfo.gov.uk/publications/guidance-policy-and-protocols/sfo-operational-handbook/evaluating-a-compliance-programme/.

（续表）

3. 合规计划今后如何改进——协议条款及其监督
即使商业组织还没有完全有效的合规计划，提供暂缓起诉协议也可能仍然是合适的，因为协议可以强制要求商业组织进一步改进其合规计划。暂缓起诉协议可以包含要求商业组织实施合规计划或改变其现有计划、政策或培训的条款。因此，考虑暂缓起诉协议的检察官需要评估这些条款是否适当，并向法院证明。如果暂缓起诉协议包含有关商业组织合规计划的条款，则检察官将需要能够在协议生效时评估预期的改革，以确定该组织是否遵守协议条款。暂缓起诉协议应规定该组织将如何满足检察官的要求，这可能包括由该组织自费任命一名合规监控人

SFO 合规计划评估指引还指出，英国司法部于 2011 年 3 月 30 日发布的《〈2010 年反贿赂法〉：商业组织防止关联人贿赂程序指引》中列出的六项原则有助于对合规计划进行评估，这些原则代表了一个用于评估合规计划的良好的总体框架。[1]

第二节　商业组织反贿赂合规：六项指导原则

为了帮助商业组织更好地理解可以采取哪些程序来预防贿赂，英国司法部于 2011 年 3 月，即《2010 年反贿赂法》生效前三个月，发布了《〈2010 年反贿赂法〉：商业组织防止关联人贿赂程序指引》和《〈2010 年反贿赂法〉快速入门指南》（The Bribery Act 2010-Quick Start Guide），其中，前者确立了商业组织在通过建立充分程序预防关联人贿赂时可以遵循的六项指导原则，这些原则提供了一个反贿赂和反腐败合规体系纲要（见表 4.2）。显然，英国采取了一种基于原则而非基于规则的方法，这意味着这些原则既不是强制性的，也不要求所有的商业组织都必须全部遵循，而是由各个商业组织灵活决定是否以及如何适用。但毫无疑问，这六项指导原则也是成功的反贿赂合规框架的基石，商业组织应考虑每一项原则，以确保建立反贿赂文化和最合适的合规计划。

---

[1] See Evaluating a Compliance Programme, January 2020, https://www.sfo.gov.uk/publications/guidance-policy-and-protocols/sfo-operational-handbook/evaluating-a-compliance-programme/.

表 4.2　商业组织防止关联人贿赂的六项指导原则

原则	含义
一、比例程序原则	商业组织防止关联人贿赂的程序应当与其面临的贿赂风险以及商业组织活动的性质、规模和复杂程度成比例，而且这些程序应当明确、切实可行、容易理解并得到有效的实施和执行
二、最高管理层承诺原则	商业组织的最高管理层（不论是董事会、所有权人还是任何其他同等机构或个人）要承诺预防关联人贿赂，并应当在商业组织内部培养一种绝不接受贿赂的企业文化
三、风险评估原则	商业组织要评估其面临的潜在外部与内部贿赂风险的性质和程度，而且这种评估应当是定期的、有公告的和有记录的
四、尽职调查原则	商业组织要使用尽职调查程序，采取成比例和基于风险的方法，对为该组织或代表该组织提供服务或将要提供服务的人员开展尽职调查，以减轻已识别出的贿赂风险
五、沟通（包括培训）原则	商业组织要进行与其面临的贿赂风险成比例的内外部沟通（包括培训），确保其预防贿赂的政策与程序在整个组织内得到贯彻和理解
六、监控与审查原则	商业组织要对旨在预防关联人贿赂的程序进行监控与审查，并在必要时对这些程序进行改进

　　无疑，商业组织未能防止贿赂罪及其"充分程序"抗辩迫使企业根据英国《2010 年反贿赂法》"对自身的合规化设计进行完善升级"，即所谓的"充分程序"是"对公司的合规化提出的要求"[1]，而且"'充分程序'抗辩旨在鼓励公司实事求是地评估其面临的贿赂风险，并制定成比例的程序来减轻这些风险。然而，这不是一个建立公司安全港的法律合规问题。勾选框合规（tick box compliance）不会起作用。其目的是促进建立预防贿赂的动态机制，将政策、程序和战略融入企业管理、行政和运营的各个方面。"[2] 其中，"勾选框合规不会起作用"指的是，公司应当对合规采取更深入、更灵活、更实质性的做法，避免僵化、图省事的"打钩"心态和勾选框合规方法，例如可根据自

[1] 参见梁宵：《企业合规再临"最严反腐法"大考》，载《中国经营报》2010 年 12 月 20 日第 B15 版。
[2] See HM Government, Insight into Awareness and Impact of the Bribery Act 2010 among Small and Medium Sized Enterprises（SMEs）, 2015, p.3.

身情况和可能面临的贿赂风险决定是否采取及采取何种适合自己的、动态的反贿赂合规进路。

一、比例程序原则

1. 比例程序原则的含义

比例程序原则是商业组织防止关联人贿赂六项指导原则中的核心原则。根据《〈2010 年反贿赂法〉：商业组织防止关联人贿赂程序指引》的规定，比例程序原则是指"商业组织防止关联人贿赂的程序应当与其面临的贿赂风险以及商业组织活动的性质、规模和复杂程度成比例，而且这些程序应当明确、切实可行、容易理解并得到有效的实施和执行。"[1] 此处所指的"程序"是指贿赂预防程序（bribery prevention procedures），包括贿赂预防政策（bribery prevention policies）和实施这些政策的程序。其中，贿赂预防政策通常要阐明商业组织的反贿赂立场，并表明如何维护这一立场和建立反贿赂文化。在此基础上，商业组织可以从其面临的贿赂风险、组织的规模、所开展业务的性质和复杂程度四个维度，判断是否需要及如何建立充分的贿赂预防政策和实施这些政策的程序。

正如该指引所指出的，商业组织应当采取基于风险的方法（risk-based approach）来管理贿赂风险，因为尽管没有任何政策或程序能够发现和预防所有的贿赂行为，但基于风险的方法确实可以帮助商业组织将有限的资源集中在最需要的地方，并产生最大的效果。商业组织防止关联人贿赂的程序应当与其面临的贿赂风险成比例，就是该方法的集中体现。

在宏观层面，《〈2010 年反贿赂法〉：商业组织防止关联人贿赂程序指引》指出，商业组织的贿赂预防政策至少可以包括以下三个方面的共同要素：[2]

（1）对预防贿赂的承诺（见原则 2）。

（2）减少具体贿赂风险的一般方法，这些风险例如因中间人和代理人的

---

[1] See The Bribery Act 2010: Guidance about procedures which relevant commercial organisations can put into place to prevent persons associated with them from bribing, p.21.

[2] See The Bribery Act 2010: Guidance about procedures which relevant commercial organisations can put into place to prevent persons associated with them from bribing, p.22.

行为而产生的风险，或者与招待费和促销费、通融费或政治与慈善捐款或赞助有关的风险（见原则3）。

（3）执行贿赂预防政策的总体战略。

据此，商业组织在制定自己的贿赂预防政策时，至少可以考虑将这三个方面的要素作为企业反贿赂合规政策的核心内容。

在微观层面，《〈2010年反贿赂法〉：商业组织防止关联人贿赂程序指引》指出，为实施商业组织的贿赂预防政策而制定的程序应旨在减少已识别出的贿赂风险，并预防关联人故意从事违法行为，因此，由风险决定的贿赂预防程序至少可以包括以下主题。[1]

（1）商业组织最高管理层的参与（见原则2）。

（2）风险评估程序（见原则3）。

（3）对现有的或潜在的关联人开展尽职调查（见原则4）。

（4）关于提供礼物、招待费、促销费、慈善与政治献金以及通融费的规定。

（5）直接和间接雇佣，包括招聘、期限、条款及细则、纪律处分和报酬。

（6）管理与所有其他相关人员的业务关系，包括签订合同前后。

（7）财务和商业控制，如适当的簿记、审计和批准支出。

（8）交易透明度和信息披露。

（9）决策，如授权程序、职能分离和避免利益冲突。

（10）执行，即详细说明违反商业组织反贿赂规则的纪律流程和处罚。

（11）举报贿赂，包括"说出来"或"举报"程序。

（12）商业组织实施贿赂预防程序的细节，例如其政策将如何适用于单个项目和组织的不同部门。

（13）宣传商业组织的政策和程序，并就其实施开展培训（见原则5）。

（14）对贿赂预防程序进行监督、审查和评估（见原则6）。

---

[1] See The Bribery Act 2010: Guidance about procedures which relevant commercial organisations can put into place to prevent persons associated with them from bribing, p.22.

2. 遵循比例程序原则的示例性做法

在《〈2010 年反贿赂法〉：商业组织防止关联人贿赂程序指引》附件 A "《2010 年反贿赂法》案例研究"所列出的 11 个基于模拟场景的示例性案例中，第 1 号、第 2 号、第 3 号、第 4 号、第 8 号和第 11 号共六个案例均为针对或涉及比例程序原则的案例。在这些案例中，比较重要的议题主要有三个，包括如何建立"充分程序"、如何制定关于通融费的政策以及如何制定关于招待费及其他商业支出的政策。对此，商业组织可以参考表 4.3 中列出的示例性做法。

表 4.3　商业组织遵循比例程序原则的示例性做法 [1]

充分程序	通融费	招待费及其他商业支出
◆ 向商业组织内外沟通其贿赂预防政策，并声明将透明地实施该政策和对贿赂零容忍 ◆ 开展尽职调查 ◆ 采取措施应对关联人贿赂，包括索要相关信息或通过网络搜索其背景信息、将反贿赂承诺写进合同之中、召开相关定期会议等 ◆ 确保员工可以秘密地提出任何对贿赂的关切 ◆ 对关联人的合同进行定期审查和续签	◆ 向关联人传达通融费不予支付的政策 ◆ 寻求区分应支付费用和通融费的法律意见 ◆ 在项目规划中避免为通融费留下操作时间 ◆ 要求关联人开展关于抵制通融费和遵守相关法律的培训 ◆ 将抵制通融费的某些程序作为与关联人之间合同安排的组成部分 ◆ 与关联人保持密切联系，并鼓励其制定自己的相关政策	◆ 对招待费及其他商业支出进行贿赂风险评估 ◆ 发布政策声明，承诺招待费及其他商业支出是透明的、成比例的、合理的和真实的 ◆ 发布适用于提供招待费及其他商业支出的内部程序指引，内容包括程序、费用用途、注意事项、招待水平和标准、公职人员招待规定、超限额费用的审批、会计记录等 ◆ 向员工提供适当的培训和监督

---

[1] 本表是根据《〈2010 年反贿赂法〉：商业组织防止关联人贿赂程序指引》附件 A "《2010 年反贿赂法》案例研究"中的第 1 号、第 2 号和第 4 号案例研究并经整理得出。See The Bribery Act 2010: Guidance about procedures which relevant commercial organisations can put into place to prevent persons associated with them from bribing, pp.33-34,36.

3. 关于通融费、招待费及其他商业支出的检查清单

如前文所述，根据《2010 年反贿赂法：严重欺诈办公室主任和检察长联合起诉指引》的有关规定，通融费是《2010 年反贿赂法》所禁止的，但合理的、成比例的、真实的招待费、促销费及其他商业支出是合法的。透明国际（英国）在其发布的《英国〈2010 年反贿赂法〉充分程序指引》中提出了更具操作性的检查清单（见表 4.4 和表 4.5）。商业组织可以对照这些检查清单进行自我评估。

表 4.4　关于通融费的检查清单 [1]

序号	具体措施	有	无	不清楚
1	有禁止支付通融费的书面政策			
2	该书面政策中包含对通融费的定义			
3	已开展调查和风险评估，以确定通融费的支付方式和地点			
4	有基于风险评估的详细程序和控制措施，以实施通融费政策			
5	已进行准备工作，以预防存在对通融费支付的需求			
6	为可能面临通融费风险的员工提供关于如何应对的培训和指导			
7	关于通融费的政策已向代理商和其他中介机构说明			
8	对通融费政策的实施情况进行了监督			
9	有可以准确地在账簿中记录任何通融费支付的程序			
10	高级管理层定期审查关于反贿赂政策（涉及通融费支付和相关记录细节）实施情况的报告			

---

[1] See Transparency International, The 2010 Bribery Act UK Adequate Procedures Guidance on Good Practice Procedures for Corporate Anti-Bribery Programmes, p.34.

表 4.5　关于礼物、招待费和其他费用的检查清单 [1]

序号	具体措施	有	无	不清楚
1	制定了包含礼物、招待费或其他费用的书面政策			
2	这些书面政策禁止提供或接受礼物、招待费或其他费用，只要可能影响或被认为会影响商业交易的结果，而且是不合理的、不真实的支出			
3	这些书面政策反映了礼物、招待费和其他费用被用作贿赂的幌子的特殊风险			
4	有确保关于礼物、招待费和其他费用的政策得到遵守的程序和控制措施（包括阈值和报告程序）			
5	有确保礼物、招待费和其他费用符合行为发生地法律的程序			
6	有确保向外国公职人员提供的礼物、招待费和其他费用符合公共组织规则的程序			
7	有明确的指导方针，使员工知道如何处理礼物、招待费和其他费用的提供或接受			
8	有向员工传达关于礼物、招待费和其他费用的指导原则的程序			
9	为员工提供关于礼物、招待费和其他费用规则的针对性培训			
10	有向业务合作伙伴沟通礼物、招待费和其他费用指引的程序			
11	礼物、招待费和其他费用都准确地记录在账簿上			
12	管理层对提供或接受的礼物、招待费和其他费用进行记录和审核，以确保符合政策要求			

---

[1] See Transparency International, The 2010 Bribery Act UK Adequate Procedures Guidance on Good Practice Procedures for Corporate Anti-Bribery Programmes, p.36.

二、最高管理层承诺原则

1. 最高管理层承诺原则的含义

在《〈2010 年反贿赂法〉：商业组织防止关联人贿赂程序指引》中，最高管理层承诺原则是指"商业组织的最高管理层（不论是董事会、所有权人还是任何其他同等机构或个人）要承诺预防关联人贿赂，并应当在商业组织内部培养一种绝不接受贿赂的企业文化。"[1] 一般而言，商业组织的最高管理层通常发挥着塑造企业廉洁文化的决定性作用，因此要尽可能参与制定贿赂预防政策和实施这些政策的程序，甚至要尽可能参与与预防贿赂有关的所有关键决策。董事会或同等机构有责任确保管理层、员工和任何外部利益相关方了解其对贿赂零容忍的政策和承诺，尤其是确保所有员工都清楚地认识到对贿赂零容忍政策的企业文化是有效的反贿赂计划的根本，并明确说明其所期望的企业文化以及违反反贿赂计划的后果。[2] 只有企业制定并公开承诺遵守详细的反贿赂计划——通常由零贿赂政策（no-bribes policy）、目标及详细的政策和程序构成，才能使其对贿赂零容忍的政策具有实质意义。[3]

在宏观层面，无论商业组织的规模、结构或市场如何，最高管理层对预防贿赂的承诺，尤其是在商业组织内部与外部沟通对贿赂的零容忍，都至少可以包括以下内容。[4]

（1）沟通商业组织的反贿赂立场。

（2）适当参与制定贿赂预防程序。

（3）承诺公平、诚信和公开地开展业务。

（4）承诺对贿赂零容忍。

（5）阐明员工和管理层违反贿赂预防政策的后果。

（6）阐明其他有关人员违反与预防贿赂有关的合同条款的后果，例如，

---

[1] See The Bribery Act 2010: Guidance about procedures which relevant commercial organisations can put into place to prevent persons associated with them from bribing, p.23.

[2] See Transparency International, The 2010 Bribery Act UK Adequate Procedures Guidance on Good Practice Procedures for Corporate Anti-Bribery Programmes, p.13.

[3] See Transparency International, The 2010 Bribery Act UK Adequate Procedures Guidance on Good Practice Procedures for Corporate Anti-Bribery Programmes, p.14.

[4] See The Bribery Act 2010: Guidance about procedures which relevant commercial organisations can put into place to prevent persons associated with them from bribing, p.23.

可以将避免与不承诺在不行贿的情况下开展业务的其他人开展业务作为一个"最佳实践"目标。

（7）阐明拒绝贿赂带来的商业效益，如声誉、客户和业务伙伴的信心。

（8）提及商业组织已有或正在建立的贿赂预防程序的范围，包括对秘密举报或揭发贿赂行为采取的任何保护措施和举报或揭发程序。

（9）明确参与制定和实施贿赂预防程序的关键个人和部门。

（10）提及商业组织参与的任何（例如在同一商业领域的）反贿赂集体行动。

在微观层面，商业组织的最高管理层可以采取与该组织的规模、管理架构和所处环境成比例的、合适的方式，参与到预防贿赂中，例如中小企业的最高管理层可以亲自参与发起、制定和实施贿赂预防程序和与预防贿赂有关的关键决策，而对于大型跨国企业而言，则应当由董事会负责制定贿赂预防政策并责成高管设计、运行、监督和审查贿赂预防政策与程序，但无论采取哪种模式，最高管理层都可以采取以下措施。[1]

（1）酌情挑选和培训高级管理人员，由其领导反贿赂工作。

（2）在关键措施（如行为准则）上展现领导力。

（3）批准所有与预防贿赂相关的出版物。

（4）在整个商业组织内的提高认识和鼓励透明对话上展现领导力，以确保向员工、子公司、关联人等有效沟通反贿赂政策与程序。

（5）与相关的关联人和外部机构（如行业组织和媒体）接触，从而有助于阐明商业组织的政策。

（6）在适当情况下，具体参与备受关注的、关键的决策制定。

（7）风险评估的保障。

（8）对违反贿赂预防程序的行为进行全面监督，并酌情就合规程度向董事会或同等机构提供反馈。

---

[1] See The Bribery Act 2010: Guidance about procedures which relevant commercial organisations can put into place to prevent persons associated with them from bribing, p.24.

2. 遵循最高管理层承诺原则的示例性做法

在《〈2010年反贿赂法〉：商业组织防止关联人贿赂程序指引》附件 A "《2010年反贿赂法》案例研究"中，针对最高管理层承诺原则的案例是第 10号案例。该案例假设的场景是：一家中小型零部件制造商正在海外市场寻找合同，但这些市场存在贿赂风险。作为筹备工作的组成部分，一名高级管理人员曾花了一些时间参与制定一项部门范围内的反贿赂倡议。为此，该高管可以考虑采取表 4.6 中的任何一项或多项做法。

表4.6 商业组织遵循最高管理层承诺原则的示例性做法[1]

最高管理层承诺原则
◆ 向其员工和主要业务合作伙伴明确作出承诺公平、诚信和公开地开展业务的声明，并参考其主要的贿赂预防程序和对部门倡议的参与
◆ 制定行为准则，其中包含合适的反贿赂条款，并使员工和第三方能够在其网站上查阅
◆ 考虑在商业组织内部推出一项行为准则，并由高管传递作出承诺的信息
◆ 高管在全体员工和其他关联人中强调理解和应用行为准则的重要性，以及违反有关预防员工、经理和外部关联人贿赂的政策或合同条款的后果
◆ 找到资历级别合适的人，由其作为处理与贿赂风险相关的疑问和争议的负责人

3. 关于最高管理层承诺原则的检查清单

通过上述分析可知，商业组织应当禁止任何形式的直接或间接贿赂，并承诺实施反贿赂计划。对此，商业组织可以对照表 4.7 中列出的关于最高管理层承诺原则的检查清单，评估自己是否以及在何种程度上遵循了该原则。

---

[1] See The Bribery Act 2010: Guidance about procedures which relevant commercial organisations can put into place to prevent persons associated with them from bribing, p.42.

表 4.7　关于最高管理层承诺原则的检查清单 [1]

序号	具体措施	有	无	不清楚
1	有对贿赂零容忍的公开政策			
2	对贿赂零容忍的政策已得到董事会或同等机构正式批准			
3	对贿赂有明确的定义			
4	对贿赂的定义是全面的，符合《2010 年反贿赂法》和其他有关立法			
5	有高等级的公开声明，如企业价值观声明，其中包含对商业廉洁的承诺			
6	有行为准则或同等政策文件，其中包含明确的反贿赂政策声明			
7	董事会或同等机构已正式批准反贿赂计划			
8	董事会或同等机构负责监督实施反贿赂计划			
9	董事会成员已收到关于其与该计划有关的职责的书面指导，包括对其自身廉洁的期望			
10	有处理董事违反反贿赂计划的程序			
11	董事会对反贿赂计划很了解			
12	反贿赂是董事会议程上的一个常设事项			
13	董事会定期收到关于反贿赂计划实施情况的报告			
14	首席执行官负责确保反贿赂计划在明确的权限范围内持续实施			
15	高级管理人员负责执行反贿赂计划			
16	项目经理负责反贿赂计划的详细实施			
17	明确分配给管理人员执行反贿赂计划的职责和权力			
18	董事长和首席执行官对反贿赂计划的实施表现出明显和积极的承诺			

[1] See Transparency International, The 2010 Bribery Act UK Adequate Procedures Guidance on Good Practice Procedures for Corporate Anti-Bribery Programmes, p.16.

（续表）

序号	具体措施	有	无	不清楚
19	董事会和高级管理层通过自己的行为为透明和廉洁树立了榜样			
20	有为符合业务开展所在的所有司法管辖区的所有相关反贿赂法律而制定的政策			
21	有确保反贿赂计划符合业务开展所在的所有司法管辖区的所有相关反贿赂法律的程序			
22	董事会和高级管理层熟悉《2010年反贿赂法》的规定和要求			
23	公司或其法律顾问保留反贿赂法律登记表，并跟进法律变更和法院判决			

三、风险评估原则

1. 风险评估原则的含义

根据《〈2010年反贿赂法〉：商业组织防止关联人贿赂程序指引》的规定，风险评估（risk assessment）原则是指"商业组织要评估其面临的潜在外部与内部贿赂（由代表其行事的关联人实施）风险的性质和程度，而且这种评估应当是定期的、有公告的和有记录的"[1]。实践中，越能全面地理解商业组织面临的贿赂风险，就越能尽早地、有效地预防贿赂。可以说，风险评估是设计适当的反贿赂计划的基础，可以遵循的商业原则至少包括以下几点：一是反贿赂计划应量身定制以反映出企业特殊的商业环境和文化，同时要考虑到诸如规模、所处行业、企业性质和经营地点等潜在的风险因素；二是企业应确保其了解对有效制定和执行反贿赂计划具有重要意义的所有内部和外部事项，特别是新出现的最佳做法，包括与相关利益方的接触；三是企业应分析哪些具体领域构成贿赂的最大风险，并据此设计和执行其反贿赂计划；四是企业应对相关利益方就反贿赂计划提出的建议持开放态度。[2]

---

[1] See The Bribery Act 2010: Guidance about procedures which relevant commercial organisations can put into place to prevent persons associated with them from bribing, p.25.

[2] See Transparency International, The 2010 Bribery Act UK Adequate Procedures Guidance on Good Practice Procedures for Corporate Anti-Bribery Programmes, p.21.

在宏观层面，商业组织应当使用适当的风险评估程序准确识别出其面临的贿赂风险，这样的程序至少可以考虑以下要素[1]。

（1）由最高管理层监督风险评估。

（2）投入适当的资源，确保能够反映出商业组织所开展业务的规模和识别并优先处理所有相关风险的需要。

（3）识别出有助于评估和审查风险的内外部信息源。

（4）开展尽职调查（见原则4）。

（5）准确、适当地记录风险评估及其结论。

在微观层面，商业组织常见的外部贿赂风险主要包括以下五大类[2]。

（1）国家风险（country risk）：表现在感知到的高腐败程度、缺少有效实施的反贿赂立法，以及外国政府、媒体、当地企业界和民间社会未能有效促进透明的采购和投资政策。

（2）行业风险（sectoral risk）：有些行业的贿赂风险明显高于其他行业，例如采掘业和大型基础设施行业就属于高风险行业。

（3）交易风险（transaction risk）：某些类型的交易会产生较高的风险，例如慈善或政治捐赠、发放牌照和许可以及与公共采购有关的交易。

（4）商业机会风险（business opportunity risk）：此类风险可能出现在高价值项目、涉及许多承包商或中间人的项目、明显不以市场价格定价的项目或者没有明确合法目标的项目中。

（5）商业合作伙伴关系风险（business partnership risk）：某些关系可能涉及较高的风险，例如：在与外国公职人员、财团或合资伙伴的交易中使用中间人；与政治公众人物的关系，其中拟定的业务关系涉及或与一位知名公职人员有关联。

同时，为了确保顺利地对外部贿赂风险进行有效评估，商业组织还可以

---

[1] See The Bribery Act 2010: Guidance about procedures which relevant commercial organisations can put into place to prevent persons associated with them from bribing, p.25.

[2] See The Bribery Act 2010: Guidance about procedures which relevant commercial organisations can put into place to prevent persons associated with them from bribing, p.26.

从以下几个方面进行自检[1]。

（1）员工是否缺少培训、技能和知识。

（2）是否存在奖励过度冒险的奖金文化。

（3）商业组织关于招待费、促销费以及政治或慈善捐款（charitable contributions）的政策与程序是否不够明确。

（4）是否缺少明确的财务控制。

（5）最高管理层是否缺少明确的反贿赂信息。

2. 遵循风险评估原则的示例性做法

在《〈2010 年反贿赂法〉：商业组织防止关联人贿赂程序指引》附件 A "《2010 年反贿赂法》案例研究"中，针对风险评估原则的案例是第 5 号案例。该案例假设的场景是：一家小型专业制造商正寻求在几个新兴市场之一扩大业务，这些市场都提供了类似的机会。但是，该制造商并没有专业的风险评估专长，也不确定如何着手评估进入新市场的风险。为此，该制造商可以考虑采取表 4.8 中的任何一项或多项做法。

表 4.8　商业组织遵循风险评估原则的示例性做法[2]

风险评估原则
◆ 将贿赂风险评估纳入调查范围，以确定要扩张的最佳市场
◆ 向英国外交部门和诸如英国贸易投资总署之类的政府机构寻求建议
◆ 查询当地商会、相关非政府组织和行业组织进行的一般国家评估
◆ 向行业代表寻求建议
◆ 通过进一步的独立调查，跟进所有的一般性或专家建议

3. 关于风险评估原则的检查清单

通过上述分析可知，风险评估可以使商业组织系统地了解其有可能面临的贿赂风险，并相应地设计出有效的反贿赂政策与程序，因此风险评估通常被认

[1] See The Bribery Act 2010: Guidance about procedures which relevant commercial organisations can put into place to prevent persons associated with them from bribing, p.26.

[2] See The Bribery Act 2010: Guidance about procedures which relevant commercial organisations can put into place to prevent persons associated with them from bribing, p.37.

为是设计适当的反贿赂计划的基础。对此，商业组织可以对照表4.9中列出的关于风险评估原则的检查清单，评估自己是否以及在何种程度上遵循了该原则。

表4.9　关于风险评估原则的检查清单[1]

序号	具体措施	有	无	不清楚
1	董事会或同等机构对风险评估程序进行监督			
2	贿赂风险评估职责已分配			
3	有对贿赂进行定期风险评估的程序			
4	定期的贿赂风险评估程序适用于公司有效控制下的所有业务			
5	风险评估程序识别出贿赂风险并确定其优先级			
6	根据评估的风险，制定并完善详细的反贿赂政策与程序			
7	风险评估程序持续进行，以评估贿赂风险并确定其优先级			
8	公开报告风险评估程序			
9	公开报告所发现的风险			
10	反贿赂计划在制定时以反贿赂商业原则为基准			
11	有将员工的意见和评论纳入反贿赂计划持续改进的程序			
12	有将工会或劳资委员会（如有的话）等员工代表的意见和评论纳入反贿赂计划持续改进的程序			
13	有研究和评估哪些人受与项目有关的活动影响最大的程序，以识别出关键的外部利益相关方			
14	有确保了解所有对有效制定和实施反贿赂计划有重要意义的内部与外部事项的程序，特别是新出现的最佳实践			
15	公布与相关利益方的合作结果			

---

[1] See Transparency International, The 2010 Bribery Act UK Adequate Procedures Guidance on Good Practice Procedures for Corporate Anti-Bribery Programmes, p.25.

4. 高风险领域——政治献金、慈善捐款和赞助

除了前文提到的通融费、礼物、招待费和促销费等其他商业支出，政治献金、慈善捐款和赞助也是商业组织需要重点关注的高风险领域。《英国〈2010年反贿赂法〉充分程序指引》特别提示，企业应确保政治献金、慈善捐款和赞助不被用来作为贿赂的幌子，并公开披露其所有的政治献金、慈善捐款和赞助情况，因为如果它们被用来作为贿赂的幌子或途径，甚至引发回扣行为，就会违反《2010年反贿赂法》第1条、第2条和第7条，而当涉及外国公职人员时还会违反该法第6条。为此，企业首先要制定与之相关的政策、标准和程序，其次要通过批准、检查、报告等机制提供有效的控制，再次要对相关款项进行监督、跟踪、记录和定期审查，最后还要确保政治献金、慈善捐款和赞助的透明和公开，包括公开披露其有关政策、程序、控制措施和实际执行情况等 [1]（见表4.10）。对企业而言，应高度重视与政治献金、慈善捐款和赞助有关的风险。

表4.10　关于政治献金、慈善捐款和赞助的检查清单 [2]

序号	具体措施	有	无	不清楚
政治献金				
1	有涵盖直接或间接政治献金的书面政策			
2	对政治献金进行了定义			
3	如果政策禁止提供政治献金，公司有预防政治献金的程序			
4	政策涵盖旋转门（revolving doors）			
5	政策和程序反映了政治献金被用作贿赂的幌子的特殊风险			

---

[1] See Transparency International, The 2010 Bribery Act UK Adequate Procedures Guidance on Good Practice Procedures for Corporate Anti-Bribery Programmes, pp.41-45.

[2] See Transparency International, The 2010 Bribery Act UK Adequate Procedures Guidance on Good Practice Procedures for Corporate Anti-Bribery Programmes, pp.43,46-47.

（续表）

序号	具体措施	有	无	不清楚
6	政策涵盖在其无业务的司法管辖区直接或间接提供政治献金			
7	如果公司聘请政界人士担任顾问，公司有任命他们的程序，并核查所支付的费用是否体现了适当和合理的服务报酬			
8	有确保政治献金不被用作贿赂的幌子的程序和控制措施			
9	有确保聘请代表公司的人员了解并遵守公司关于政治献金和负责任倡议的政策的程序			
10	如果政策允许提供政治献金，则政策涵盖在公司无业务的司法管辖区直接或间接提供政治献金			
11	如果政策允许提供政治献金，则政策具体规定了政治献金应符合可适用的法律			
12	如果政策允许提供政治献金，则有具有指定审批级别的审查和批准程序			
13	审查和批准程序包括核查，以确保不通过直接或间接向参与政治的政党、组织或个人提供政治献金达到在商业交易中获取优势地位的目的			
14	有可以准确记录任何政治献金的程序			
15	公司公布其自身及子公司所提供政治献金的详细资料，或者声明未提供任何政治献金			
16	公司公布其所倡议的重点关注问题（top issues）的详情			
慈善捐款				
1	有涵盖慈善捐款的书面政策			
2	有确保慈善捐款不被用作贿赂的幌子的程序和控制措施			
3	慈善捐款有审批程序，并有指定的审批级别			

（续表）

序号	具体措施	有	无	不清楚
4	有监督慈善捐款的程序，以确保其不会被用作贿赂的幌子			
5	有对接受慈善捐款的机构进行尽职调查的程序，以确保没有外国公职人员与将在业务开展中获得利益的机构有关联			
6	有可以准确记录慈善捐款的程序			
7	如果公司有基金或信托，则其捐款应受制于程序和控制措施，以确保其不被用作贿赂的幌子			
8	公司公布其自身及子公司所有的慈善捐款详情			
赞助				
1	有涵盖赞助的公开书面政策			
2	有确保赞助不被用作贿赂的幌子的程序和控制措施			
3	有符合正常采购程序的赞助审批和付款程序			
4	有对接受赞助的机构进行尽职调查的程序，以确保没有外国公职人员与将在业务开展中获得利益的机构有关联			
5	有监督赞助的程序，以确保其不会被用作贿赂的幌子			
6	有可以准确记录赞助的程序			
7	公布赞助名单			

四、尽职调查原则

1. 尽职调查原则的含义

在《〈2010年反贿赂法〉：商业组织防止关联人贿赂程序指引》中，尽职调查原则是指"商业组织要使用尽职调查程序，采取成比例和基于风险的方法，对为该组织或代表该组织提供服务或将要提供服务的人员开展尽职调查，以减轻已识别出的贿赂风险。"[1] 可以说，尽职调查是商业组织用来减少贿赂风险的有效工具之一。因此，企业应在其拥有有效控制权的所有商业实体中实施其反贿赂计划，并利用其影响力，鼓励在其有重大投资或与其有重大商业关系的其他商业实体中实施同等计划。[2]

《〈2010 年反贿赂法〉：商业组织防止关联人贿赂程序指引》主要从以下三个方面对开展尽职调查的意义和如何开展尽职调查进行了说明[3]。

（1）尽职调查作为公司良好治理的一个要素而牢固确立，而与预防贿赂有关的尽职调查通常构成更广泛的尽职调查框架的组成部分。尽职调查程序既是评估贿赂风险的一种形式（见原则 3），也是减少贿赂风险的一种手段，尤其是对特定的潜在第三方中介机构进行尽职调查可以显著降低贿赂风险。尽职调查在减少贿赂风险所起的作用上的重要性证明了将其作为一项原则的正当性。

（2）尽职调查程序应当与已识别出的贿赂风险成比例，它既可以在组织内部开展，也可以通过外部顾问开展。但要注意的是，旨在预防贿赂的尽职调查将因特定关系所产生风险的不同而有很大不同。例如，如果当地法律或习惯规定必须使用代理商，那么商业组织通常就需要在作出任何承诺之前开展彻底的尽职调查并尽可能减少风险，因为商业组织一旦与之建立了商业关系，就很难从中解脱出来。又如，商业组织的合并或彼此收购，都会产生特别重要的尽职调查影响。

（3）尽职调查应使用基于风险的方法。例如，在风险较低的情况下，商业组织可能会认为没有必要以尽职调查的方式进行大量工作，但在风险较高的情况下，就可能需要开展尽职调查，包括对拟定的相关人员进行直接询问、间接调查或一般调查。一般而言，可能需要更多信息的是注册的潜在和现有的关联方（如公司），而不是个人，因为前者更为复杂，所以此类尽

---

[1] See The Bribery Act 2010: Guidance about procedures which relevant commercial organisations can put into place to prevent persons associated with them from bribing, p.27.

[2] See Transparency International, The 2010 Bribery Act UK Adequate Procedures Guidance on Good Practice Procedures for Corporate Anti-Bribery Programmes, p.65.

[3] See The Bribery Act 2010: Guidance about procedures which relevant commercial organisations can put into place to prevent persons associated with them from bribing, pp.27-28.

职调查可能涉及直接要求提供有关个人背景、专业知识和商业经验的详细资料。

2. 遵循尽职调查原则的示例性做法

在《〈2010 年反贿赂法〉：商业组织防止关联人贿赂程序指引》附件 A "《2010 年反贿赂法》案例研究"中，针对尽职调查原则的案例是第 6 号和第 9 号案例。通过将这两个案例结合在一起，可以将场景假设为：一家公司在国外开展业务，但根据当地习惯或业务开展需要不得不依靠特定的当地代理商运营或与当地政府打交道，而该公司并不是很清楚如何对其开展尽职调查。为此，该公司可以考虑采取表 4.11 中的任何一项或多项做法。

表 4.11　商业组织遵循尽职调查原则的示例性做法[1]

尽职调查原则
◆ 在聘用代理商之前对其进行与风险成比例的尽职调查和背景调查，可以使用调查问卷或其他方法，调查个人或企业的基本信息
◆ 明确声明代理商所提供服务的确切性质、成本、佣金、费用和报酬支付方式等
◆ 考虑如何与代理商建立良好关系，包括代理商如何获得服务报酬以及如何确保其遵守适用于外国公职人员的有关法律法规
◆ 要求查看或提交代理商自己的任何反贿赂政策，如果是法人团体，还可以要求代理商提供相关报告程序和记录
◆ 对是否真的需要代理商、代理商是否具备所需的专业知识、代理商与外国公职人员之间是否存在互动或关系密切、要支付的费用是否合理且与商业有关等关键的商业问题保持警惕
◆ 在聘用代理商后，定期更新尽职调查
◆ 每年或定期更新与代理商的合同
◆ 定期前往外国实地检查代理商的情况

3. 关于尽职调查原则的检查清单

根据《英国〈2010 年反贿赂法〉充分程序指引》的有关内容，公司开展

---

[1] 本表是根据《〈2010 年反贿赂法〉：商业组织防止关联人贿赂程序指引》附件 A "《2010 年反贿赂法》案例研究"中的第 6 号和第 9 号案例研究整理得出。See The Bribery Act 2010: Guidance about procedures which relevant commercial organisations can put into place to prevent persons associated with them from bribing, pp.38,41.

尽职调查主要涉及以下六个方面，可以对照表 4.12 中的清单进行检查 [1]。

（1）商业关系（business relationships）。要明确公司商业关系的形式，不论是受控实体还是关联公司，例如代理人、合资企业、联营企业、顾问、分销商、承包商、分包商或供应商，然后评估不同形式商业伙伴的潜在贿赂风险以及公司在多大程度上可以要求和影响其反贿赂计划或个人行为。

（2）子公司（subsidiaries）。公司应在其拥有有效控制权的所有商业实体中实施其反贿赂计划，并利用其影响力，鼓励在其有重大投资或与其有重大商业关系的其他商业实体中实施同等反贿赂计划。

（3）重大投资。指的是投资方不是子公司，但公司在该实体中拥有大量股份并具有一定影响力的投资，对此进行尽职调查是适当反贿赂计划的必然要求，这可以确定它们是否以符合反贿赂计划的方式运作。

（4）代理人和其他中间人（intermediaries）。贿赂的高风险领域之一，尤其是在国防、采掘业和建筑业等政府大量参与的行业或部门，因为腐败的员工可以利用代理人或其他中间人将贿赂款项从账面上抹平，而且代理人主动采取行动可能会卷入贿赂，从而使公司在不知情的情况下受到牵连。

（5）合资企业（joint ventures）和联营企业（consortia）。可以被用来输送贿赂，因为某个成员可能在其他合伙人不知情的情况下行贿，所以监督其他合作伙伴的反贿赂计划的执行情况是一项关键任务，这就需要有正式的程序规定对相关企业和各方进行定期和彻底的审查，并规定要检查的领域。

（6）承包商（contractors）和供应商（suppliers）。承包和采购是极易发生贿赂和回扣的领域，因此，除了法律风险，腐败的承包商和供应商也是企业运营过程中的一个重要风险，而且一家公司可能与成千上万家承包商和供应商打交道，关键的选择是如何在其风险方法和资源范围内进行适当的尽职调查。

---

[1] See The Bribery Act 2010: Guidance about procedures which relevant commercial organisations can put into place to prevent persons associated with them from bribing, pp.66-76.

表 4.12　关于尽职调查原则的检查清单 [1]

序号	具体措施	有	无	不清楚
商业关系				
1	有要求或鼓励在与公司有重大商业关系的实体中实施与公司自身相当的反贿赂计划的政策			
2	公司公开报告称将反贿赂计划扩展到其商业关系			
3	公司有使用尽职调查应对商业关系中贿赂风险的程序			
子公司				
1	有在公司有效控制的所有商业实体中实施其反贿赂计划的政策			
2	有适用这项政策的程序			
3	有对并购遗留风险（legacy risks）进行尽职调查的程序			
4	公司使用员工人数或百分比、营业额、国家、业务单位等衡量标准，公开报告其反贿赂计划在公司有效控制的所有实体中的实施程度			
重大投资				
1	公司在进行重大投资前对其进行尽职调查			
2	有鼓励公司在有重大投资的实体中实施与其自身相当的反贿赂计划的政策			
3	有鼓励公司在有重大投资的实体中实施与其自身相当的反贿赂计划的程序			
4	公司定期监督其重大投资，以检查其反贿赂计划是否充分有效			
5	公司公开报告重大投资政策及其实施情况			
代理人和其他中间人				
1	有程序审查是否有任命代理人的有效商业案例			

---

[1] See Transparency International, The 2010 Bribery Act UK Adequate Procedures Guidance on Good Practice Procedures for Corporate Anti-Bribery Programmes, pp.66-76.

（续表）

序号	具体措施	有	无	不清楚
2	公司的政策是在任命代理人和其他中间人之前开展尽职调查			
3	在任命代理人和其他中间人之前，有开展尽职调查的程序			
4	公司有适当地记录尽职调查审查的程序			
5	公司公开报告接受尽职调查审查的代理人和其他中间人的数量和（或）百分比			
6	所有中间人的任命都需要经过高级管理层的批准			
7	有规定支付给代理人和其他中间人的报酬是对其所提供合法服务的适当和正当报酬的政策			
8	有确保支付给代理人和其他中间人的报酬是对其所提供合法服务的适当和正当报酬的程序			
9	公司的政策是向代理人和其他中间人支付的报酬应通过合法渠道支付			
10	有确保支付给代理人和其他中间人的报酬是通过合法渠道支付的程序			
11	公司的政策是不向代理人和中间人支付离岸账户款项			
12	有确保不向使用离岸账户的代理人和中间人付款的程序			
13	有要求代理人和其他中间人以合同形式同意遵守公司反贿赂计划的政策			
14	有要求代理人和其他中间人以合同形式同意遵守公司反贿赂计划的程序			
15	在与代理人、顾问和其他中间人签订的所有合同中，都有程序规定查阅记录的权利、调查合作以及与合同有关的类似事项			
16	有向公司的代理人和其他中间人提供建议和文件（解释遵守公司反贿赂计划的义务）的程序			

（续表）

序号	具体措施	有	无	不清楚
17	有可以向代理人和其他中间人清楚地告知在其违反公司的反贿赂计划时公司将采取的制裁措施的程序			
18	有以合同形式要求代理人和其他中间人保存适当的会计账簿和记录的程序，以供公司、审计师或调查机构检查			
19	公司有记录与代理人和其他中间人之间关系的重要方面的适当程序			
20	有监督代理人和其他中间人行为的程序			
21	如果代理人和其他中间人行贿或以与公司的反贿赂计划不符的方式行事，则公司有权终止合同			
22	公司有对行贿或行为与其反贿赂计划不符的代理人和中间人实施制裁的程序			
合资企业和联营企业				
1	在加入合资企业或联营企业之前，有开展尽职调查的程序			
2	有确保公司对其保持有效控制的合资企业和联营企业的反贿赂计划与其自身的反贿赂计划一致的政策			
3	如果公司对合资企业或联营企业没有有效的控制权，则有程序向该企业中的其他实体公布其反贿赂计划，并鼓励他们采用与该反贿赂计划一致的反贿赂计划			
4	如果尽职调查显示合资企业或联营企业的反贿赂计划与公司的反贿赂计划不一致，则有程序建立对合同的保护			
5	公司有监督其合资企业或联营企业的合作伙伴的反贿赂计划和绩效的程序			
6	如果合资企业或联营企业的政策和实践与公司的反贿赂计划不一致，则公司有采取适当行动的程序			
7	在发生贿赂或可能合理地认为已经发生贿赂的情况下，如果公司无法确保合资企业或联营企业的反贿赂计划与其反贿赂计划一致，则公司有程序按计划退出该协议安排			

（续表）

序号	具体措施	有	无	不清楚
8	公司公开报告因不符合公司的反贿赂计划而终止的合资企业或联营企业的数量			
	承包商和供应商			
1	有开展尽职调查的程序来评估潜在的承包商和供应商，以确保他们有有效的反贿赂计划			
2	公司有避免与已知或合理怀疑行贿的承包商和供应商打交道的程序			
3	公司有向承包商、分包商和供应商沟通其反贿赂计划的政策			
4	公司有向承包商、分包商和供应商沟通其反贿赂计划的程序			
5	公司公开报告对承包商和供应商的培训措施			
6	公司有监督重要承包商和供应商的程序，以确保他们有有效的反贿赂计划			
7	如果承包商和供应商行贿或其行为与公司的反贿赂计划不符，则公司有权终止合同			
8	公司公开报告因不符合公司的反贿赂计划而终止的承包商和供应商合同的数量			

五、沟通（包括培训）原则

1. 沟通（包括培训）原则的含义

根据《〈2010 年反贿赂法〉：商业组织防止关联人贿赂程序指引》的规定，沟通（包括培训）原则是指："商业组织要进行与其所面临的贿赂风险成比例的内外部沟通（包括培训），确保其预防贿赂的政策与程序在整个组织内得到贯彻和理解。"[1] 沟通（包括培训）有助于提高员工对其所处商业组织的贿赂预防政策与程序及如何正确履行承诺的认识和理解，从而达到预防贿

---

[1] See The Bribery Act 2010: Guidance about procedures which relevant commercial organisations can put into place to prevent persons associated with them from bribing, p.29.

赂的目的。

就沟通而言，商业组织至少需要注意以下三个方面[1]。

（1）在开展沟通时，要根据受众与商业组织之间的不同关系，并区分内部沟通和外部沟通，注意使用适当的内容、语言和语气。同时，可以根据商业组织面临的不同贿赂风险、该组织的规模以及其业务范围和性质进行不同的沟通。

（2）内部沟通应传达"高层基调"，但也可以侧重于相关政策与程序的实施及其对员工的影响。这些沟通可以包括关于特定领域的政策，如决策、财务控制、招待和促销支出、通融费、培训、慈善与政治捐赠、违规处罚以及对不同级别管理层的明确规定。对于可能在许多国家开展多种业务的商业组织而言，内部沟通是一种非常有用的管理工具。

（3）对外沟通（例如通过发布声明或行为准则）其贿赂预防政策可以消除现有和潜在的关联人的顾虑，并对那些意图代表其从事贿赂行为的人起到威慑作用。此类沟通可包含有关贿赂预防程序、控制、制裁、内部调查结果、招聘、采购以及招标规则的信息。

就培训而言，商业组织至少需要注意以下四个方面[2]。

（1）培训应当与风险成比例，但无论风险水平如何，一些培训可能有效地牢固建立反贿赂文化。培训可采取教育和提高认识的形式，使人们认识到贿赂所构成的威胁（尤其是在组织经营的行业或领域）和应对威胁的各种方式。

（2）一般培训对于新员工或代理人而言往往是强制性的，并将其作为入职过程的组成部分，但也要根据具体岗位的具体风险进行适当的调整。同时，还应根据特定人员的特殊需要、采购等高风险职能部门以及在高风险国家工作人员的特殊需要，安排培训。有效的培训往往是持续性的，并需要定期监测和评估。

---

[1] See The Bribery Act 2010: Guidance about procedures which relevant commercial organisations can put into place to prevent persons associated with them from bribing, pp.29−30.

[2] See The Bribery Act 2010: Guidance about procedures which relevant commercial organisations can put into place to prevent persons associated with them from bribing, p.30.

（3）要求关联人接受培训可能是适当的，这对于高风险的关联人而言尤其重要。在任何情况下，商业组织可能都希望鼓励关联人接受有关预防贿赂的培训。

（4）现在有许多不同的培训方式可供选择，例如传统的课堂或研讨会方式，以及电子学习和其他基于网络的工具，但不管是哪种方式，培训都应确保其目的得以实现，即参与培训的人对相关政策和程序的实践意义有了笃定的理解。

2. 遵循沟通（包括培训）原则的示例性做法

在《〈2010 年反贿赂法〉：商业组织防止关联人贿赂程序指引》附件 A "《2010 年反贿赂法》案例研究"中，涉及沟通（包括培训）原则的案例主要是第 7 号案例。该案例假设的场景是：一家小型英国专业设备制造商在具有较高贿赂风险的外国聘请了一名个人作为当地代理和顾问，以协助其在该国赢得合同和拓展业务。为此，该制造商可以考虑采取表 4.13 中的任何一项或多项做法。

表 4.13　商业组织遵循沟通（包括培训）原则的示例性做法 [1]

沟通（包括培训）原则
◆ 使参与投标的员工充分了解公司的反贿赂声明、行为准则，并在适当情况下，在投标书中包含其反贿赂政策的细节
◆ 在代理和顾问协议中包含关于贿赂预防措施的适当合同条款，例如要求该人不得提供或支付贿赂、赋予公司审计该人的活动和支出的权利、要求该人向公司报告官员的任何贿赂请求，以及在对该人的活动产生怀疑时赋予公司终止合同的权利
◆ 使公司员工充分了解适用于招待费和通融费等相关问题的政策与程序，包括所有的财务控制机制、对任何违规行为的处罚，以及关于如何报告任何可疑行为的说明
◆ 在适当情况下，为公司在外国工作的员工提供专门准备的培训，以补充信息

---

[1] See The Bribery Act 2010: Guidance about procedures which relevant commercial organisations can put into place to prevent persons associated with them from bribing, p.39.

3. 关于沟通（包括培训）原则的检查清单

通过上述分析可知，商业组织应当对反贿赂计划进行有效的内部和外部沟通，并公开披露关于该方案及其实施机制的信息。同时，董事、经理、员工和代理商都应当接受有关反贿赂计划的适当培训。在适当情况下，承包商和供应商等也应当接受此类培训。对此，商业组织可以对照表 4.14 中列出的关于沟通（包括培训）原则的检查清单，评估自己是否以及在何种程度上遵循了该原则。

表 4.14　关于沟通（包括培训）原则的检查清单 [1]

序号	具体措施	有	无	不清楚
	内部沟通			
1	有使所有员工了解其反贿赂计划的程序			
2	有向所有员工提供有关反贿赂计划的书面指导的程序			
3	商业行为准则以员工所使用的主要语言公布			
4	公布员工对反贿赂计划的认识和理解情况的调查结果			
5	公布员工对廉洁承诺（特别是反贿赂政策）的看法的调查结果			
6	公布已签署阅读反贿赂指引的员工人数和百分比信息			
7	公布关于反贿赂指引所使用语言的数量的信息			
	外部沟通			
1	有公开披露关于反贿赂计划及其实施机制信息的政策			
2	根据《全球报告倡议》中的"可持续性报告框架"报告其反贿赂计划			
3	根据《联合国全球契约的十项原则》第 10 条原则（反腐败）报告其反腐败计划			

[1] See Transparency International, The 2010 Bribery Act UK Adequate Procedures Guidance on Good Practice Procedures for Corporate Anti-Bribery Programmes, pp.55, 58-60.

（续表）

序号	具体措施	有	无	不清楚
	培训			
1	有确保对新员工进行适当就职或入职培训的程序，以便其清楚地了解商业组织的反贿赂计划、期望以及违规时的处罚程序			
2	有持续对董事、经理和员工进行适当培训的程序，以便其清楚地了解商业组织的反贿赂计划、期望以及违规时的处罚程序			
3	根据风险评估调整培训内容			
4	董事和员工的记录包括记录其接受反贿赂培训的文件			
5	定期评估培训活动的有效性			
6	公开报告反贿赂培训的范围和质量			
7	有继续对代理商进行适当培训的程序，以便其清楚地了解商业组织的反贿赂计划、期望以及违规时的处罚程序			
8	在适当情况下，有程序向承包商和供应商提供持续的培训			
9	有培训合同工的程序，以便其清楚地了解公司的反贿赂计划			
10	公开报告对代理商的培训措施			
11	公开报告对供应商的培训措施			

4. 企业支持反贿赂计划的有关措施

为了更好地支持反贿赂计划的实施，除了沟通（包括培训），企业至少可以从以下五个方面采取有关措施，并对照表 4.15 中列出的检查清单，评估自己是否以及在何种程度上采取了这些措施[1]。

---

[1] See Transparency International, The 2010 Bribery Act UK Adequate Procedures Guidance on Good Practice Procedures for Corporate Anti-Bribery Programmes, pp.60-63.

（1）对反贿赂计划实施的支持。由于反贿赂计划的成功实施在很大程度上取决于财务、法律、安全、内部审计等支持性职能部门的能力，企业应确保这些业务领域的员工或分包商具备实施该计划所需的技能和资源。

（2）行业的反贿赂集体行动。如果企业在腐败盛行的市场运营，则可以寻求鼓励支持透明度与廉洁建设的举措，例如参加国际倡议行动、与其他公司就部门或地区的反腐败举措进行合作、支持当地的反腐败组织、举办反腐败论坛等。

（3）内部控制方面的反贿赂商业原则。企业应建立并维持有效的内部控制系统，以打击贿赂行为，包括对公司会计与记录保存惯例做法以及与该计划有关的其他业务流程的财务和组织制衡；企业应保存准确的账簿与记录，以适当和公平地记录所有的财务往来；反贿赂计划应充分记录主要政策和程序的文件控制系统，以确定角色和责任，跟踪和更新方法、政策和程序的一致性，并提供审计跟踪，如果没有详细的书面计划，反贿赂系统就可能无法识别和解决漏洞。

（4）准确的会计账簿与记录。准确的会计账簿与记录对反贿赂计划至关重要，因为借此可以检查是否遵循了"充分程序"、通过确定改进措施以提高反贿赂的有效性，以及为执行反贿赂政策和法律而进行的调查或诉讼提供确凿证据；所有的交易都应真实记录在官方会计账簿中，企业不应保留"账外账"；应定期召开跨部门会议，审查内部控制制度和整个反贿赂计划的有效性。

（5）处理突发事件。公司应制定应对和处理突发贿赂事件的计划，明确规定在涉嫌或发现贿赂事件时由谁负责调查；在发生严重事故时，公司公共事务和联络部门需要参与；如果需要对事件进行调查，将由法律、内部审计或安全等专职部门领导；与董事长、首席执行官和董事会的沟通至关重要；为此，可以成立一个专门小组或将相关职责委托外包，以便在此类事件中使用专家的专业知识或避免因控制失效而可能产生的潜在冲突。

表 4.15　关于企业支持反贿赂计划有关措施的检查清单 [1]

序号	具体措施	有	无	不清楚
	对反贿赂计划实施的支持			
1	有为支持反贿赂计划的实施提供适当培训和资源的程序			
	行业的反贿赂集体行动			
1	公司是行业反贿赂倡议行动或工作组的成员			
2	公司是反贿赂倡议行动的成员或支持该行动			
3	公司参与当地的反贿赂集体行动			
	内部控制方面的反贿赂商业原则			
1	公司有反贿赂内部控制制度			
2	内部控制包括对公司会计与记录保存惯例做法以及与该计划有关的其他业务流程的财务和组织制衡			
3	有审计委员会负责监督内部控制、财务报告程序和包括反贿赂在内的相关职能			
4	公司确保财务往来有适当的职责分离			
	准确的会计账簿与记录			
1	有落实问责制的程序，以在整个公司及其子公司实施内部控制和适当的账簿与记录			
2	有可以准确、公正地记录所有财务往来的账簿与记录的程序，以备随时接受检查			
3	有跨部门的会议审查内部控制系统的有效性			
4	有确保不存在"账外账"、未充分说明的交易或虚假分录的程序			
	处理突发事件			
1	有处理贿赂事件的程序			

---

[1] See Transparency International, The 2010 Bribery Act UK Adequate Procedures Guidance on Good Practice Procedures for Corporate Anti-Bribery Programmes, pp.55,58-60.

（续表）

序号	具体措施	有	无	不清楚
2	有审查和决定是否向官方报告贿赂事件的程序			
3	公司公开报告各种涉及贿赂的公共法律案件			

六、监控与审查原则

1. 监控与审查原则的含义

在《〈2010 年反贿赂法〉：商业组织防止关联人贿赂程序指引》中，监控与审查原则是指："商业组织要对旨在预防关联人贿赂的程序进行监控与审查，并在必要时对这些程序进行改进。"[1] 实践中，商业组织本身及其所处的外部环境和面临的贿赂风险都会随时发生变化，因此就需要对贿赂预防程序进行监控与审查，并随时或定期根据这些变化对其进行改进。企业至少可以遵循以下商业原则：一是企业应建立反馈机制和其他内部流程，以支持反贿赂计划的持续改进，尤其是定期审查其适合性、充分性和有效性；二是高级管理层应定期向审计委员会、董事会或同等机构报告反贿赂计划审查的结果；三是审计委员会、董事会或同等机构应对反贿赂计划的充分性进行独立评估，并在企业年度报告中向股东披露评估结果；四是企业应定期审查和审计内部控制制度，特别是会计账簿和记录保存做法，以保证其设计、执行和有效性。[2]

根据《〈2010 年反贿赂法〉：商业组织防止关联人贿赂程序指引》的规定，商业组织可以从以下三个方面对贿赂预防程序进行监控与审查[3]。

（1）考虑使用广泛的内部和外部审查机制。为遏制、发现和调查贿赂行为而建立的制度，如内部财务控制机制，将有助于深入了解贿赂预防程序的

---

[1] See The Bribery Act 2010: Guidance about procedures which relevant commercial organisations can put into place to prevent persons associated with them from bribing, p.31.

[2] See Transparency International, The 2010 Bribery Act UK Adequate Procedures Guidance on Good Practice Procedures for Corporate Anti-Bribery Programmes, p.77.

[3] See The Bribery Act 2010: Guidance about procedures which relevant commercial organisations can put into place to prevent persons associated with them from bribing, p.31.

有效性。员工调查和培训反馈可以提供关于程序有效性的重要信息，并为员工和其他关联人提供一种使其了解反贿赂政策持续改进的手段。

（2）考虑向最高管理层提交正式的定期审查和报告。商业组织可以借鉴其他实践信息，例如相关的贸易机构或监管机构可能会在其出版物中强调关于好的或坏的做法的示例。

（3）考虑寻求某种形式的外部核查或认证，确保反贿赂程序的有效性。商业组织可以申请由行业协会或类似机构为该组织出具独立的反贿赂合规证明，但此类证明并不一定意味着该组织的贿赂预防程序就是充分的。

2. 关于监控与审查原则的检查清单

通过上述分析可知，商业组织的董事会或同等机构可以考虑是否委托外部核查或认证，以加强对反贿赂计划的内部与外部鉴证，同时还可以考虑公开披露已经进行的外部审查以及相关的核查或鉴证意见。对此，商业组织可以对照表4.16中列出的关于监控与审查原则的检查清单，评估自己是否以及在何种程度上遵循了该原则。

表 4.16　关于监控与审查原则的检查清单 [1]

序号	具体措施	有	无	不清楚
1	进行连续和（或）不连续的评估，以支持反贿赂计划的持续改进			
2	使用关键绩效指标来鼓励和衡量反贿赂计划改进和实施的进展			
3	与利益相关方，特别是供应商和承包商进行讨论，以获取他们对方案的意见			
4	在各业务部门之间对反贿赂计划进行内部基准测试			
5	对反贿赂计划进行外部评估			
6	有确保充分的审计跟踪来支持所有被记录的交易的程序			

[1] See Transparency International, The 2010 Bribery Act UK Adequate Procedures Guidance on Good Practice Procedures for Corporate Anti-Bribery Programmes, pp.81−82.

（续表）

序号	具体措施	有	无	不清楚
7	有与相关业务人员讨论反贿赂计划内部审查结果的程序			
8	有处理通过内部审查发现的不足的程序，并有文件载明对其进行弥补的行动计划和时间表			
9	外部顾问被用来监督反贿赂计划并对其提出意见			
10	参与反腐败活动和学习最佳实践，以改进反贿赂计划			
11	进行自我评估，并将结果应用于反贿赂计划的改进			
12	有确保内部控制系统（特别是会计和记录保存做法）接受定期内部审查的程序，以确保其在反贿赂方面是有效的			
13	有供高级管理层监督反贿赂计划的程序，定期审查其适当性、充分性和有效性，并酌情加以改进			
14	有供高级管理层定期向审计委员会、治理委员会、董事会或同等机构报告反贿赂计划审查结果的程序			
15	有可快速向高级管理层和董事会报告任何问题或关切的程序			
16	有供审计委员会、治理委员会、董事会或同等机构对反贿赂计划的充分性进行独立评估的程序			
17	有供审计委员会定期向董事会报告其对反贿赂计划充分性进行独立评估的程序			
18	有可利用事件经验来改进反贿赂计划的程序			
19	有向政府报告贿赂事件的适当程序			
20	董事会或同等机构已考虑是否委托外部核查或鉴证计划			
21	已进行外部核查或鉴证			
22	核查或鉴证意见已公开发布			
23	公开发布关于反馈机制和其他内部流程范围和频率的说明，以支持反贿赂计划的持续改进			

（续表）

序号	具体措施	有	无	不清楚
24	公开发布关于事件调查和解决程序的说明			
25	公布与其有关的贿赂案件细节			

第三节　中小企业与《2010 年反贿赂法》合规

英国司法部在发布正式的法定指引（《〈2010 年反贿赂法〉：商业组织防止关联人贿赂程序指引》）的同时，还发布了针对中小企业的非法定指引，即《〈2010 年反贿赂法〉快速入门指南》。该指南以问答的形式，提出了与《2010 年反贿赂法》有关的九个关键问题并对其进行了解答，从而为中小企业快速理解和遵守该法提供了入门指南。该指南的核心要点包括：《2010 年反贿赂法》仅涉及贿赂犯罪，不涉及其他经济（金融）犯罪；如果商业组织构成商业组织未能防止贿赂罪，则商业组织只有证明采取了"充分程序"来预防贿赂，才有可能获得对该严格责任的抗辩权；如果商业组织面临的贿赂风险很低或者根本没有贿赂风险，则商业组织可能完全不需要采取任何贿赂预防程序；该法不禁止合法的招待费、促销费或其他业务开支，但禁止一切形式的通融费（见表 4.17）。

表 4.17　《〈2010 年反贿赂法〉快速入门指南》问答 [1]

序号	问答
1	问：该法涵盖了什么犯罪？
	答：该法仅涉及四种贿赂犯罪（即行贿罪、受贿罪、行贿外国公职人员罪和商业组织未能防止贿赂罪），不涉及其他形式的白领犯罪以及欺诈、盗窃、会计和账簿犯罪、公司法犯罪、洗钱罪、竞争法犯罪等。

---

[1] 本表根据《〈2010 年反贿赂法〉快速入门指南》并经整理而得出。详见：The Bribery Act 2010-Quick start guide, pp.3-7.

（续表）

序号	问答
2	问：商业组织何时有可能承担责任？
	答：如果高级管理人员构成贿赂犯罪，那么商业组织可能会承担责任，该人员的行为将归于组织。如果为商业组织提供服务的人从事贿赂行为，商业组织也可能要承担责任，但可以通过证明建立了"充分程序"进行抗辩。
3	问：需要怎么做才能获得抗辩权？
	答：如果能证明商业组织建立了用于预防贿赂的"充分程序"，就能获得抗辩权，而何谓"充分的"取决于商业组织面临的贿赂风险以及所开展业务的性质、规模和复杂程度。可以参考前文所述的六项指导原则决定是否以及如何采取行动。
4	问：如何评估风险？
	许多商业组织只面临很低的贿赂风险或者根本没有贿赂风险（尤其是如果其业务主要在英国开展）。如果在海外经营，则风险可能较高，因此需要考虑所开展业务的国家、行业、项目价值和期限、类型、员工、交易对手、合作伙伴等。
5	问：如果不存在风险，是否还需要采取复杂的程序？
	答：不需要。如果贿赂风险很低，就不需要采取任何程序来预防贿赂，但如果风险较高，就需要采取与该风险成比例的程序，并不一定需要大量的书面文件或政策，对微型企业而言，就反贿赂政策向关键员工进行简单的口头提醒即可。
6	问：是否需要对所有供应商都开展尽职调查？
	答：不需要。只需要考虑对实际为商业组织提供服务或代表其提供服务的人员进行尽职调查；不太需要考虑对供应链下游的人员进行尽职调查。决定在哪里进行尽职调查和需要做多少调查取决于对贿赂风险的评估。具体而言：如果风险低，只需要确保为组织提供服务的人是真实可信的，通过业务联系人、当地商会或协会、互联网等途径进行查询即可；如果风险高，还需要确保关联方等不会从事贿赂行为，为此可以向组织的代理人索要简历、财务报表或账目、推荐信等，也可以通过私人接触对个人进行评估，但并不一定需要使用复杂和昂贵的技术。

（续表）

序号	问答
7	问：是否需要聘请律师或顾问就商业组织面临的风险、采用的程序或应开展的尽职调查级别提供建议？
	答：不需要。组织没有义务聘请律师或顾问来帮助其评估所面临的风险、可能采取的程序或要开展的尽职调查，尤其是在组织认为风险很低或根本不存在的情况下。该法不要求对组织已采取的任何贿赂预防措施进行外部证实。
8	问：能否根据该法提供招待费、促销费或其他商业支出？
	答：能。英国政府不打算将真实的招待费或类似的合理的、成比例的业务开支纳入该法，因此组织既可以继续提供真实的招待费、促销费或其他业务开支，也可以继续提供赛事门票、请客户吃饭、给客户送礼物、支付合理的差旅费等。
9	问：能否根据该法提供通融费？
	答：不能。因为通融费是贿赂。在英国，先前的法律和《2010 年反贿赂法》都没有对此类付款提供豁免。但是，可以继续支付法律规定的行政性收费或快速通道服务费用，这些都不属于通融费。

　　为了掌握出口型中小企业对《2010 年反贿赂法》和《〈2010 年反贿赂法〉：商业组织防止关联人贿赂程序指引》的了解情况、建立贿赂预防程序和所花费成本的情况、海外出口和经营行为受该法影响的情况以及因该法或该指引而遇到的任何具体问题，英国政府在 2014 年 1 月 7 日至 24 日以电话访谈和田野调查的方式，对 500 家出口型（正在出口或计划在未来五年内出口）中小企业（包括微型企业、小型企业和中型企业）[1] 进行了调查。

　　2015 年 7 月 1 日，英国政府发布了名为《深入了解中小企业对〈2010 年反贿赂法〉的认识及该法的影响》（Insight into Awareness and Impact of the Bribery Act 2010 Among Small and Medium Sized Enterprises）的报告。该报告强调，"一个充满活力和高效率的出口型中小企业部门是政府增长战略的

---

[1] 根据英国《2015 年小企业、企业和就业法》第 33 条的规定，小型企业的员工人数一般少于 50 人，微型企业的员工人数一般少于 10 人。

一个基本要素。因此，至关重要的是，中小企业不要因误解其影响和目的而寻求对该法和司法部指引作出不成比例的、繁重的和代价高昂的反应"[1]。

根据该报告，本次调查的主要发现有以下几点。[2]

（1）约三分之二（66%）的中小企业表示，他们知道《2010年反贿赂法》；在这些中小企业中，超过三分之二（72%）表示其公司对该法有足够的了解和理解，并能够实施适当的反贿赂程序。

（2）在表示了解《2010年反贿赂法》的中小企业中，只有约四分之一（26%）表示了解司法部发布的《〈2010年反贿赂法〉：商业组织防止关联人贿赂程序指引》；在这些中小企业中，大多数阅读了该指引（75%）并发现该指引有用（89%）；同时，一些中小企业正在使用关于预防贿赂的其他指引（占了解该法的中小企业数量的33%）和专业建议（24%）。

（3）了解该指引的公司更有可能制定贿赂预防程序（76%），而不了解该指引的公司则相对较少制定贿赂预防程序（50%）。

（4）半数以上（59%）的中小企业没有评估被索贿的风险，有半数以上（53%）的中小企业没有制定贿赂预防程序；与中型公司（39%）相比，没有评估被索贿风险的更可能是微型公司（79%）；同样，与中型公司（33%）相比，未制定贿赂预防程序的公司更可能是微型公司（69%）。

（5）在制定了一些贿赂预防程序的中小企业中，几乎所有（94%）的中小企业都表示他们有财务与商业控制，如记账、审计和支出批准；有仅比该比例稍低的公司表示其最高管理层承诺不会通过贿赂赢得业务（88%），并有针对违反其反贿赂规则行为的纪律程序和处罚（74%）。

（6）就中小企业贿赂预防程序的成本而言，迄今为止的平均支出为2730英镑，中位数支出为1000英镑（有22%表示其到目前为止无支出）——平均数和中位数之间的差异反映了因少数公司给出特别高数值的回答而导致平均数出现偏差；这与规模密切相关，微型公司支出最少，中型公司支出最

---

[1] See HM Government, Insight into Awareness and Impact of the Bribery Act 2010 among Small and Medium Sized Enterprises (SMEs), 2015, p.3.

[2] See HM Government, Insight into Awareness and Impact of the Bribery Act 2010 among Small and Medium Sized Enterprises (SMEs), 2015, pp.14-23.

多；在这种程度上，调查结果反映了成比例观念的应用，尤其越是大公司和那些出口到高风险市场的公司，越倾向于将更多的资源用于预防贿赂。

（7）中小企业主要将支出（按平均支出计算）用于以下具体的贿赂预防程序：财务与商业控制（3250英镑）；对已有或可能的关联人的尽职调查（1740英镑）；关于贿赂隐患的培训或意识提升（780英镑）；书面员工政策文件（760英镑）；口头通报和传达预防贿赂的必要性（240英镑）；报告贿赂（包括"说出来"或举报程序）（90英镑）；最高管理层承诺（30英镑）；违反公司反贿赂规则行为的纪律程序和处罚（30英镑）。

（8）贿赂预防程序的一般年度成本也随着公司规模的扩大而增加，但在总体水平上，平均年度支出为1160英镑，中位数年度支出为500英镑（有26%的中小企业表示其一般年度支出为零）。

（9）极少数中小企业（6%）表示，他们或代表其公司行事的代理人曾被索取小额贿赂，即通融费。

（10）《2010年反贿赂法》并未对中小企业出口产生任何具有普遍性的负面影响，大多数中小企业（占了解该法的中小企业数量的90%）表示该法根本没有影响；同时，绝大多数了解该法的公司（90%）表示，他们没有遇到与《2010年反贿赂法》有关的具体困扰或问题。

总体而言，《2010年反贿赂法》对英国出口型中小企业产生的影响是积极的，该法及司法部的指引推动了出口型中小企业的合规建设，而且它们采取的合规措施通常是成比例的、务实的和低成本的。显然，英国立法与执法机构对待出口型中小企业的做法具有重要的借鉴意义和参考价值，而且英国的实践表明，在推动企业反贿赂合规建设时不必过于担心会对中小企业造成潜在的负面影响。但是，该报告也表明，与中小企业沟通并引导其遵守反贿赂法及其有关法律文件是一项需要持续开展的重要的系统工程。

第四节　商业组织如何进行反贿赂合作

受美国《反海外腐败法》的影响，英国《2010年反贿赂法》的立法实践体现了反贿赂合作的理念。[1] 如前文所述，在执法机构决定是否启用暂缓起诉协议时需要考虑的公共利益因素中，合作是一个不利于起诉的因素。

事实上，"决定暂缓起诉协议是否处理公司案件的正确途径的关键在于，严重欺诈办公室会考虑公司向其提供合作的程度"，正如该办公室主任所言，"启用暂缓起诉协议是否正确将取决于三件事：合作、合作及合作"，但需要强调的是，"暂缓起诉协议不是公司起诉的捷径"，"并不适用于所有案件"，而且暂缓起诉协议的使用既受制于《皇家检察官准则》规定的《全套准则查验》或《门槛查验》，也受制于法院的司法审查和批准。[2]

为此，严重欺诈办公室于 2019 年 8 月发布了关于商业组织合作问题的《SFO 公司合作指引》(SFO Guidance for Corporate Co-operation)。该指引旨在协助评估商业组织的合作情况，因为商业组织的合作能够使其更快、更可靠地了解事实、获取可接受的证据，并将调查推进到检察官可以对事实适用法律的阶段，从而有利于公共利益和促进司法公正。[3]

一、反贿赂合作的含义和做法示例

根据《SFO 公司合作指引》的规定，"合作"是指商业组织向严重欺诈办公室提供超出或超越法律要求的协助。在执法实践中，严重欺诈办公室期待公司与其进行真正的合作，以全面查明所指控的不法行为，同时希望公司能够接受其违法这一事实，而且不会将合作视为逃避承担任何刑事责任的手段，因此该办公室不会接受任何只具有表面价值的自我报告，而不论其内容多么全面。[4] 该指引列举了几种合作或不合作的典型做法，商业组织可以从中更好地理解如何与严重欺诈办公室进行合作（见表 4.18）。

---

[1] 参见万方：《美国反贿赂合作机制及对我国反腐败机制发展的启示》，载《法学杂志》2018 年第 6 期，第 128 页。

[2] See Enforcing the UK Bribery Act–The UK Serious Fraud Office's Perspective, 17 November, 2014, https://www.sfo.gov.uk/2014/11/17/stuart–alford–qc–enforcing–uk–bribery–act–uk–serious–fraud–offices–perspective/.

[3] See Corporate Co-operation Guidance, https://www.sfo.gov.uk/publications/guidance–policy–and–protocols/sfo–operational–handbook/corporate–co–operation–guidance/.

[4] See The role and remit of the SFO, 18 May 2016, https://www.sfo.gov.uk/2016/05/18/role–remit–sfo/.

表 4.18　商业组织合作或不合作的做法示例 [1]

合作的做法示例	不合作的做法示例
◆ 与责任人（不论其在组织中的资历或职位如何）一起识别出可疑的不法行为和犯罪行为 ◆ 在疑点曝光后的合理时间内向严重欺诈办公室报告 ◆ 保存现有证据，并以可靠的证据格式及时向严重欺诈办公室提供	◆ 保护特定的个人或无理指责他人 ◆ 引起嫌疑人注意，并造成篡改证据或证言的风险 ◆ 对挑选的问题保持沉默 ◆ 战术上的延误或信息过载

此外，商业组织还可以采取其他"真正积极主动"的合作方式，主要有以下几种：采取补救行动，包括酌情赔偿受害者；指认有关证人、披露证人的账目和向证人出示的文件；在切实可行的情况下，应要求提供证人进行面谈；提供任何内部调查的报告，包括原始文件；[2]适当放弃公司所享有的特权（privilege）[3]（尽管公司既不能被迫放弃特权，也不能因为不放弃特权而受到惩罚）；等等。其中，值得注意的是严重欺诈办公室对放弃特权的态度是："当然不会反对任何一方正当地主张特权的决定；但是，有什么比公开和坦率地看待特权主张更好的方式来证明'合作'呢"[4]。显然，英国执法机构的态度是希望作为被告的商业组织主动放弃特权，并向其提供所有相关资料和全面合作，从而帮助其有效地开展调查。

二、反贿赂合作的要点：保存和提供证据

《SFO 公司合作指引》的大部分内容是指导企业如何保存和提供证据，特别是数字材料，同时也规定了如何提供面谈记录等，这是近年来存在争议

---

[1] See Corporate Co-operation Guidance, https://www.sfo.gov.uk/publications/guidance-policy-and-protocols/sfo-operational-handbook/corporate-co-operation-guidance/.

[2] See Deferred Prosecution Agreements Code of Practice, p.5, https://www.cps.gov.uk/sites/default/files/documents/publications/dpa_cop.pdf.

[3] 此处的特权，是指法律职业特权（legal professional privilege），包括咨询特权和诉讼特权等。

[4] See Enforcing the UK Bribery Act—The UK Serious Fraud Office's Perspective, 17 November 2014, https://www.sfo.gov.uk/2014/11/17/stuart-alford-qc-enforcing-uk-bribery-act-uk-serious-fraud-offices-perspective/.

的地方（见表 4.19）。

表 4.19　商业组织的合作：保存和提供证据 [1]

（1）好的一般做法

◆ 使用可降低文件破坏或损坏风险的方法保存数字和纸制相关材料

◆ 当获得材料尤其是数字材料时，确保数字完整性得到保护

◆ 应要求及时获取并提供材料，以响应严重欺诈办公室的要求并遵守约定的时间

◆ 提供相关文件保管人和文件位置（不论是数字还是物理位置）的列表

◆ 以有用的、结构化的方式提供材料，例如：根据严重欺诈办公室的要求，汇编选定的文件（包括纸制记录、数字通信、显示现金流的记录）；特别是按个别或特定问题分类的相关材料；内部调查收集的相关资料；关于商业组织的基本背景信息（包括组织结构图；列表、职务、联系人和相关人员的个人信息；数据保存类型——如电子邮件、音频、聊天记录等）

◆ 以商定的方式滚动提供材料

◆ 如怀疑资料遗失、删除或销毁，请立即通知严重欺诈办公室

◆ 确定第三方掌握的相关材料，可要求该商业组织为第三方材料的制作提供便利

◆ 提供商业组织掌握或控制的在国外持有的相关材料

◆ 及时提供基于特权扣留的文件清单，包括主张特权的依据

◆ 如果一个商业组织决定对相关材料（如首次报告、内部调查面谈或其他文件）主张法律特权，则严重欺诈办公室可在其认为有必要或适当情况下对该主张提出质疑

◆ 协助确定可能被合理地认为能够协助任何被告或潜在被告或者破坏起诉案件的材料

（2）数字证据和设备

◆ 以严重欺诈办公室要求的格式提供数字材料，即采用可供严重欺诈办公室的文件审查平台接收和查看的格式。该办公室可要求商业组织提供其正在制作的相关文件的时间表，以及用于提取文件的搜索词、"种子集"或用于提取文档的其他搜索方法

◆ 创建和维护关于数字材料和设备的采购和处理的审计跟踪记录，并指定一个人来提供一份关于连续性的证人证词

◆ 对老化的技术或定制系统保持警惕，并在调查和任何起诉和上诉期间保存读取数字文件的方式

◆ 提醒严重欺诈办公室注意该商业组织无法访问的相关数字材料，例如在内部调查中曝光的相关私人电子邮件账户、消息应用程序或社交媒体

---

[1] See Corporate Co-operation Guidance, https://www.sfo.gov.uk/publications/guidance-policy-and-protocols/sfo-operational-handbook/corporate-co-operation-guidance/.

（续表）

◆ 保存并提供相关数字设备的密码、恢复密钥、解密密钥等
（3）纸制证据和物证
◆ 创建和维护关于纸制与实物资料的获取和处理的审计跟踪记录，并指定一个人提供一份关于连续性的证人证词
（4）财务记录和分析
◆ 提供显示相关资金流动的记录
◆ 以结构化的方式提供相关的组织财务文件，包括银行记录、发票、转账、合同、会计记录和其他类似文件
◆ 提醒严重欺诈办公室注意该组织无法获取的相关财务资料，例如资金流入的银行账户
◆ 使会计师和（或）其他相关人员（包括内外部的）能够制作和审查财务记录，并解释它们是什么以及它们显示了资金流动的什么方面
◆ 建立和维护关于财务资料获取和处理的审计跟踪记录，并指定一个人制作证物并使其具有连续性
◆ 提供与利润、支出、罚款计算和支付能力相关的财务信息和计算方式
（5）行业和背景信息
◆ 提供行业的知识、背景及常见做法
◆ 识别出特定于市场或行业的潜在防范措施，提供相关市场中其他参与者的信息
◆ 将与该组织联系或向其报告的任何其他政府机构（包括国内或国外的执法机构或监管机构）通知严重欺诈办公室
（6）个人
◆ 为避免妨碍调查，在会见潜在证人或嫌疑人、采取人事或人力资源行动或者采取其他公开的步骤之前，应当及时咨询严重欺诈办公室
◆ 确定潜在的证人，包括第三方
◆ 避免破坏潜在证人的记忆，例如，通过分享或邀请他人评论另一个人的叙述，或者出示他们以前从未见过的证人记录
◆ 让员工和（如有可能）代理人接受严重欺诈办公室的面谈，包括在必要时安排他们返回英国
◆ 如有要求，请提供前员工、代理人和顾问的最新联系方式

三、作为合作重要方面的自我报告

在嫌疑被曝光后的合理时间内自愿对可疑的不法行为进行自我报告是合作的一个重要方面，而检察官在考虑公司所作的自我报告时，会考虑公司所提供信息的整体性、犯罪行为（如果有的话）先前被执法机构知悉的程度以及公司提供信息时的自愿程度——即不存在第三方即将披露的威胁或强迫。[1]

1. 英国公司自我报告制度的发展

在严重欺诈办公室最早发布的关于公司自我报告的指引中，曾暗示任何向该办公室举报不法行为的公司几乎都可以保证仅会被处以民事处罚，而不会被处以更严重的刑事处罚，但后来该办公室认为这种做法在原则上是错误的。[2] 因此，它在 2012 年 10 月发布了修订后的《SFO 公司自我报告指引》（SFO Guidance for Corporate Self-reporting），并在关于公司自我报告政策的重述中作出了如下解释：在决定是否起诉时，在该指引规定的范围内，法人团体自我报告的事实本身将是一个相关的考虑因素。

公司在发现不法行为后采取自我报告这种"真正积极主动"的做法，应当被视为不利于起诉的公共利益因素。其中，"真正积极主动"的表现之一是公司提供充分的信息，包括提供证人和披露任何内部调查的细节，以便全面了解公司的运行情况。[3] 这就意味着，严重欺诈办公室绝不会接受任何只具有表面价值的自我报告，而不论其内容多么全面。[4] 如果是错误地、不完整地报告不法行为，将被视为有利于起诉的公共利益因素。而且，尽管公司是否对其行为进行自我报告是严重欺诈办公室决定是否提供暂缓起诉协议的重要因素，[5] 但公司进行了自我报告并不意味着就有权签订暂缓起诉协议，甚至并不意味着有被邀请进行暂缓起诉协议谈判的权利，因为每个案件的情况都不一样，只能具体案件具体分析。

值得注意的是，"自 2011 年以来，苏格兰建立了'自我报告'制度，鼓励公司在发现自己组织内的贿赂或腐败行为时向皇家办公室和财政检察官署（Crown Office and Procurator Fiscal Service，COPF）报告，希望他们能够避

---

[1] See Deferred Prosecution Agreements, October 2020, https://www.sfo.gov.uk/publications/guidance-policy-and-protocols/guidance-for-corporates/deferred-prosecution-agreements-2/?preview=true#_ftn15.

[2] See The role and remit of the SFO, 18 May 2016, https://www.sfo.gov.uk/2016/05/18/role-remit-sfo/.

[3] See Corporate self-reporting, https://www.sfo.gov.uk/publications/guidance-policy-and-protocols/corporate-self-reporting/.

[4] See The role and remit of the SFO, 18 May 2016, https://www.sfo.gov.uk/2016/05/18/role-remit-sfo/.

[5] See Deferred Prosecution Agreements Code of Practice, https://www.cps.gov.uk/sites/default/files/documents/publications/dpa_cop.pdf.

免被起诉，并被移送民事追缴科（Civil Recovery Unit）进行民事和解。如果公司希望获得主动权，就必须遵守严格的条件，但并不能保证自我报告就一定能使公司避免被起诉；皇家律师（Crown Counsel）在决定民事和解是否适当时会考虑各种因素。在与公司达成和解的情况下，董事和员工仍有可能被起诉。自我报告制度必须每年由苏格兰检察长审查和批准，现在已经延长了几次，这被视为衡量其有效性的一项措施。一些原本可能不会曝光的腐败案件，通过该计划得到了有力的解决。避免了冗长的起诉，追回了相当一部分通过腐败获得的利润，并重新投入苏格兰社区。"[1]

可见，在英国的贿赂犯罪执法过程中，就是否可以获得民事和解或暂缓起诉协议并免于被起诉而言，自我报告并非唯一的决定因素，而只是一个"关键因素"，因为公司与检察机关之间的合作程度至少同样重要，同时，其他各种因素也会在不同程度上影响甚至决定执法者的态度。正如严重欺诈办公室前主任大卫·格林所言，公司向严重欺诈办公室自我报告所涉嫌犯罪行为的原因至少有以下几种：一是自我报告不会自动导致刑事诉讼，但至少可以大大降低公司被起诉的可能性，并提供了获得暂缓起诉协议或民事追缴的可能性；二是自我报告在道德和声誉上都是必需的，这是正确的做法，并表明公司重视行为的合乎道德性；三是自我报告有助于量化不法行为所带来的风险；四是公司犯罪有很多潜在的曝光渠道（包括举报人、交易对手、竞争对手、英国刑事司法系统的其他机构、与严重欺诈办公室有联系的海外机构以及严重欺诈办公室自身不断发展的情报能力），如果犯罪行为被掩盖，然后通过任何一种渠道被发现，公司将在股东愤怒、交易对手和竞争对手不信任、声誉受损、被采取监管行动以及个人和公司可能被提起诉讼等方面付出沉重代价；五是根据英国《2002年犯罪所得法》第327条至第329条的规定，隐瞒上述有关信息可能涉及与洗钱有关的刑事犯罪。[2]

---

[1] See Bribery Act 2010: Post Legislative Scrutiny Memorandum（Cm 9631）, June 2018, pp.31-32.

[2] See Ethical business conduct: an enforcement perspective, 6 March 2014, https://www.sfo.gov.uk/2014/03/06/ethical-business-conduct-enforcement-perspective/.

2. 向严重欺诈办公室进行自我报告的流程

严重欺诈办公室在 2012 年 10 月发布的《SFO 公司自我报告指引》规定了公司向严重欺诈办公室进行自我报告的流程，具体如下 [1]。

（1）初次接触以及随后的所有交流都必须通过严重欺诈办公室的情报科（Intelligence Unit）以"获取报告表"（secure reporting form）的形式进行，因为情报科是严重欺诈办公室内唯一被授权处理自我报告的业务部门。

（2）列明任何内部调查的性质和范围的纸质版报告都必须作为自我报告流程的组成部分提供给情报科。

（3）所有支持性证据，包括但不限于电子邮件、银行证据和证人证言，都必须作为自我报告流程的组成部分提供给情报科。

（4）在任何正在进行的内部调查过程中，都可以提供进一步的支持性证据。

（5）除上述提供的信息外，严重欺诈办公室不会就自我报告所需的格式向公司或其顾问提出建议，而且在流程完成之前也不会就自我报告的可能结果提供任何建议。

---

[1] See Corporate self-reporting, October 2012. https://www.sfo.gov.uk/publications/guidance-policy-and-protocols/guidance-for-corporates/corporate-self-reporting/.

第五章
其他国家的廉洁合规标准解读

本章将梳理并解读法国、新加坡、马来西亚、澳大利亚四个国家专责反腐败的机构或政府部门在促进企业廉洁合规治理上的制度、机制和标准等。在预防腐败和反海外腐败法律和合规标准上，四国均尝试进行或已经进行刑事法律制度改革，通过反腐败法律的修改和引入企业反腐败合规标准，激励和引导企业主动廉洁合规经营，将廉洁合规作为企业经营管理的目标和理念。本章将分析这些国家的重要法律改革，并对各国政府或专责腐败机构就企业廉洁合规发布的指引作出解读，最后就各国在廉洁合规标准上的特点、发展和趋势进行总结。

第一节　法国的廉洁合规标准解读

一、《萨宾第二法案》简介

近年来，法国企业遭遇多起海外反腐败执法，包括阿尔斯通、阿尔卡特、德西尼布等在内的企业和高管均受到巨额处罚乃至监禁，法国执法人员因没有相应的应对措施或应对措施极为有限而受到批评。此外，因在反腐败和反贿赂立法、执法上力度不够，法国也受到经合组织的批评。在此背景下，法国议会于 2016 年 12 月 9 日通过了《关于提高透明度、反腐败以及促进经济生活现代化的 2016—1691 号法案》，即所谓的《萨宾第二法案》，对该国的反腐败尤其是反海外腐败法律制度作出重大改革。

《萨宾第二法案》旨在鼓励企业实施全面的预防腐败措施，以便发现腐败违法行为。该法主要以美国《反海外腐败法》和英国《2010 年反贿赂法》为蓝本，全文共有 9 编，169 个条款，既有新设条款，也有对法国《刑法典》《刑事诉讼法典》《货币金融法典》等相关法律的修订条款。[1]

《萨宾第二法案》的主要内容如下 [2]。

（1）引入"强制合规"制度。企业合规成为法定的强制要求，如企业没有建立符合法律规定的合规制度，企业及其负责人需要承担法律后果。

根据《萨宾第二法案》第 17 条的规定，同时符合以下两个条件的公司负责人（股份公司和有限责任公司的董事长、总经理，无限责任公司的管理人）必须履行强制合规义务：①用工人数在 500 人以上，或者隶属于总部设在法国且总用工人数达到 500 人的公司集团；②单独报表或合并报表中的营业收入达到 1 亿欧元。此外，负有强制合规义务的实体负责人还包括符合上述两项条件的①采取大监事会体制的股份公司的大监事会成员；②工商业性质公立机构的董事长和总经理。同时，法人自身也对强制合规负有责任。

如未能建立符合法律规定的合规制度，法人主体可被法国反腐败局（Agence Française Anti-Corrption，以下简称 AFA）处以最高 100 万欧元罚款，其负责人将被处以最高 20 万欧元罚款。此外还将被要求在不超过三年的时限内完成合规制度的建立。

法国企业在海外（例如中国）设立的子公司，以及海外企业在法国设立的子公司，都将受《萨宾第二法案》第 17 条的规制而负有强制合规义务。

---

[1] 法国《萨宾第二法案》的全文，可参见叶海波、卢雯雯、吴秀尧、吴灏文：《反海外腐败合规实践指引》，法律出版社 2021 年版，第 291—300 页。

[2] 参见叶海波、卢雯雯、吴秀尧、吴灏文：《反海外腐败合规实践指引》，法律出版社 2021 年版，第 140—141 页。

依照《萨宾第二法案》第 17 条，[1] 符合法定条件的企业负有建立和实施内部合规程序的法定义务。该强制合规义务包括以下八项内容。

◆ 制定行动指南，用于定义或例示被禁止的、可能构成贿赂或有影响力的人贿赂犯罪的各类行为。此行动指南应被纳入公司的内部规章之中，并且作为《劳动法典》第 L.1321-4 条规定的员工代表质询程序之内容。

◆ 建立内部预警机制，旨在便利收集来自雇员且有关违反公司行动指南之行为或状况的举报。

◆ 制作企业风险管理路线图，该图应采取定期更新的资料库形式，用于确定、分析和分级化公司所面临的以腐败为目的之外部索求的风险，且须考量公司业务领域与公司开展经营活动的地理区域。

◆ 依据企业风险管理路线图，实施客户、第一层级供应商与中间商之评估程序。

◆ 建立内部与外部的公司会计控制程序，以确保公司的簿册、簿记与会计账目不被用于隐藏贿赂或有影响力的人贿赂犯罪行为。这些监控可以由公司内部的会计与财务控制部门实施，也可以在会计账目核查中交由外部审计人员进行。

◆ 面向公司中最容易遭受贿赂或有贿赂犯罪风险的管理人员与员工，建立培训机制。

◆ 建立旨在制裁违反公司行动指南的员工的纪律惩戒机制。

◆ 建立已实行措施的控制与评价机制。

（2）设立专门的反腐败执法机关——AFA。AFA 监督公司和其他法人是否依照《萨宾第二法案》建立和实施内部合规制度。AFA 下设的惩戒委员会可强制公司实施内部合规计划，并对公司和高管处以行政处罚。根据《萨宾第二法案》第 3 条的规定，AFA 的职权包括以下四项内容。

◆ 协调和信息传达，对预防和发现贿赂、利用影响力贿赂、贪污、获取

---

[1] 参见叶海波、卢雯雯、吴秀尧、吴灏文：《反海外腐败合规实践指引》，法律出版社 2021 年版，第 300—301 页。下述法定义务为《萨宾第二法案》第 17 条的法文原文翻译而来。

非法利益、挪用公共资金与妨害参与公共工程自由和投标人平等的犯罪事实的信息予以集中与传递。

◆ 制订并发布帮助公司预防和发现腐败贿赂行为的指引文件，指引应当相称、公开、定期更新。[1]

◆ 审查国家行政机关及其公共机构、混合经济公司、具公益性质的协会或基金会内部合规计划的建立和有效性。

◆ 监督强制合规义务的履行等。

（3）完善举报人保护制度。根据《萨宾第二法案》第6条，举报的范围即包括轻罪、重罪，也包括违反法律法规的行为或对公共利益的威胁等。根据《萨宾第二法案》第8条，员工人数达到50人的企业都必须建立内部举报机制。此外，法案还制定了对举报人进行保护的相关措施，要求公司对举报人的身份和举报内容保密，不得打击、报复举报人或对举报人采取歧视性措施。

（4）引入公共利益司法协议。[2] 公共利益司法协议即法国的暂缓起诉协议制度，根据《萨宾第二法案》，在查明法人有违法行为后，检察官可与涉嫌犯罪的法人签订公共利益司法协议，确定一定期限的考验期，在企业满足公共利益司法协议的协议内容，如缴纳罚款、赔偿受害人、完善企业反腐败合规制度，考验期满（一般不超过三年）并通过法国反腐败局的审核后，检察官将撤销起诉或不予起诉。

公共利益司法协议只适用贿赂罪名，且只适用法人犯罪，例如向公职人员行贿罪、利用影响力受贿或向有影响力的人行贿罪、向外国公职人员行贿罪、向对外国公职人员有影响力的人行贿罪等。

与英国《反贿赂法》的暂缓起诉协议制度类似，公共利益司法协议必须

---

[1] 反腐败局发布的指引性文件包括：《AFA建议》（2017年12月），《（合规义务）检查程序参与当事方权利和义务宪章》（2019年4月），《关于实施合规计划之刑罚实用指南》（2019年4月），《公共利益司法协议实用指南》（2019年4月），《（刑事）司法措施执行情况督察程序实用指南》（2019年4月），《萨宾第二法案第17条III检查适用对象指引》（2019年4月），《企业内部合规负责人实用指南》（2019年12月），《公司并购反腐败核查实用指南》（2020年1月），等等。

[2] 关于历年签订的公共利益司法协议主要内容，参见叶海波、卢雯雯、吴秀尧、吴灏文：《反海外腐败合规实践指引》，法律出版社2021年版，第167页（表17）。

获得法官的核准才能生效。大审法院院长将审查协议是否符合公共利益，该核准的过程以公开方式进行，协议全文也必须被公布在 AFA 网站上。

由于公共利益司法协议赋予检察官极大权限，实践中可能引发争议。法国司法部于 2019 年 1 月 31 日发布通令 [1] 规定检察官应当在达成公共利益司法协议时考虑以下因素：企业的前科；是否主动披露自身犯罪事实；企业表现出的与司法机关的合作程度。2019 年 6 月，法国国家经济金融检察署（PNF）与 AFA 联合发布《关于实施公共利益司法协议的共同指导路线》，进一步细化签署公共利益司法协议的条件，包括企业是否建立内部合规制度、企业是否主动对受害人进行赔偿、企业是否积极配合执法行为等。

二、《AFA 建议》解读

根据《萨宾第二法案》第 3 条，法国反腐败局的其中一项职能是制定并发布帮助公司预防和发现腐败贿赂行为的指引文件。法案通过后，AFA 发布了一系列对企业合规业务有指导意义的文件。2017 年 12 月，发布了《AFA 建议》（Les recommandations de l'AFA），对合规义务的各项要求的落实提出详细的建议。[2]

关于 AFA 颁布的指引的法律效力曾一度出现争议。例如在索能达公司案中，法国反腐败局就曾要求惩戒委员会裁定索能达公司制订的合规政策不符合 AFA 颁布的指引，因此构成对《萨宾第二法案》所要求的法定强制合规的违反。惩戒委员会最终作出了有利于企业的决定，裁定 AFA 提供的指引并无强制法律效力，企业不一定需要完全跟从，但企业需要提供相关证据证明企业自行制订的合规政策是合理、有效的。

综合现行法律和判例，如果公共机构或商业组织不遵循 AFA 发布的指引，将在执法中无法被"推定合规"，也可能会被反腐败局视作违反合规义务。在这种情况下，实体必须证明其所采取的合规措施符合《萨宾第二法

---

[1] Circulaire n° NOR : JUSD1802971C du 31 janvier 2018.

[2] Recommandations AFA destinées à aider les personnes morales de droit public et de droit privé et à détecter les faits de corruption, de trafic d'influence, de concussion, de prise illégale d'intérêt, de détournement de fonds publics et de favoritisme, publiées sous forme d'avis au JO du 22 décembre 2017

案》的规定。在公共机构或商业组织遵守了《AFA 建议》规定的情况下，反腐败局如果仍然认为公共机构或商业组织未履行其合规义务，就应当由反腐败局举证证明其违法。总而言之，AFA 发布的建议与《萨宾第二法案》第 17 条的法定强制合规共同构成法国反腐败合规标准，因此建议公私法人尽可能遵循建议中的内容。

2017 年版建议主要包括以下八大合规义务。

（1）管理层承诺。

AFA 强调管理层应当明确承诺对于任何腐败和贿赂的行为零容忍，并致力于推广廉洁、透明和合规的企业文化。以上承诺须融入企业管理及反腐败合规计划，合规计划需要被具体化为最高层预防和发现腐败行为的具体机制和企业员工行动守则。关于管理层承诺的四个要素，具体可见表 5.1。

表 5.1 管理层承诺的四要素

政策	对腐败零容忍；将预防和发现腐败作为核心管理目标；明确传达反腐败决心；确保反腐败措施的有效性并及时更新
内控体系	反腐败贿赂纳入员工和高管聘用、升职、年度考核；确保举报人不受报复或纪律处分
企业管理	任命专责合规的负责人，统筹反腐败合规的实施、审核、更新，并与企业管理各方保持合作；定期进行风险评估并确保反腐败计划的落实
沟通	向企业内部员工和外部关联方明确传达和沟通企业反腐败合规政策，减少行贿和索贿风险

（2）反腐败行动守则。

企业反腐败行动守则（Le code de conduite anticorruption）也是企业提供给员工和关联方的行为守则。制定清楚、明确的行为守则可表明企业将反腐败政策落到实处。

反腐败行动守则包括良好行为汇编，向员工指明什么是在业务活动中被明确禁止的行为，对可能构成腐败的行为下定义并进行例示，违反行为守则的纪律处分。

反腐败行动守则的内容可因企业的业务、地区等有所不同，但一般应包括礼物、招待、通融费、利益冲突、捐赠、赞助、游说费用。

守则应被纳入企业的内部规章，员工无论身处国内还是国外均应遵守行动守则。

（3）内部举报制度。

企业设立内部举报制度的目的是预防、发现违反企业内部行为守则的行为。违反企业行为守则的行为本身并不一定是违法行为。

内部举报制度的目的在于可将潜在违反企业合规制度的行为上报，企业可在受到更大损失之前终止不合规行为。

《AFA 建议》要求内部举报制度明确规定以下几点内容。

◆ 上级的角色，其应指导和建议下属举报违反守则的行为。

◆ 在企业内部负责收集举报信息的人，此人可由雇主指定或者聘用企业外部人士。

◆ 用于为举报人身份、举报事实以及被举报人身份保密的措施，在被举报人可能销毁文件资料时须谨慎保存相关证据。

◆ 举报人提供信息、文件以佐证其举报内容的程序。

◆ 与举报人沟通的程序。

◆ 在举报无果的情况下销毁相关材料的程序。

◆ 是否设置自动举报系统。

◆ 处理匿名举报的政策，建议与匿名举报人对话，以便于调查举报事实。

（4）企业风险管理路线图。

企业风险管理路线图是企业合规制度的基石。路线图的目的一方面在于识别、评估和分类腐败风险，以确保反腐败合规方案的有效和适宜，另一方面在于给管理层提供充足的信息，以便合规部门依据风险级别来有效预防和发现腐败行为。

企业风险管理路线图应覆盖企业管理与运营的全部过程，通过分析企业运营各流程，识别、预防和控制腐败风险。此外，路线图须以正式书面文件体现，并对路线图的制作说明理由。AFA 在监管企业是否遵守合规义务时会要求企业提供相关书面材料。最后，路线图应当及时更新，一方面周期性进行全面审查，评估企业的风险，另一方面当企业内部情况或外部环境发生重大变化时，及时进行重新评估。关于企业风险管理路线图要素及步骤，具体见表 5.2。

表 5.2　企业风险管理路线图要素及步骤

第一步	明确各方权责	管理层对反腐败合规负全责，制定政策、推广文化、核准风险管理路线图；合规官负责反腐败合规方案的实施、评估、审核和更新；管理人员负责业务范围内的风险管控；员工汇报风险点
第二步	识别风险	全面评估运营流程和业务活动，识别风险点；尽职调查须包括内部员工和第三方
第三步	评估风险	评估企业面对风险的脆弱性
第四步	评估风险应对	考察应对、处理风险措施的有效性，并根据风险控制水平来确定"纯"风险
第五步	风险分级处理	通过风险分级，区分内控制度可控制的风险、希望改善和加强管控的风险
第六步	形成风险管理路线图	正式和书面化风险管理路线图，定期更新

（5）第三方评估程序。

根据《萨宾第二法案》第 17 条，企业应对第三方进行尽职调查。对象包括客户、第一层级供应商和中间商、顾问、代理人。此外，还应关注业务所涉国家、公共机构、政治等带来的风险。

对第三方进行评估的目的是通过尽职调查，确定和评估风险，以决定是否与该第三方建立联系或者终止联系。

评估的内容如下：基本信息，包括姓名、住所或地址、员工数量、营业额、业务领域、专业能力、地域分布等；股权结构，包括主要股东和实际受益人；所在国家的腐败风险指数；业务领域的腐败敏感度；专业能力，尤其是中间人或者服务提供商的专业程度；廉洁名誉度，是否有涉及腐败的不利信息或者指控或犯罪记录；是否具备内部反腐合规程序；是否配合提供合规资料信息；与第三人合同关系性质和标的；第三人与公职人员的交往情况；获得报酬的渠道；报酬支付的方式。

（6）会计控制。

会计控制（contrôle comptable）指企业内部各级负责人设立的经常性和程式化的会计措施，旨在真实反映企业财务状况；而企业外部的会计监察（audit comptable）则是独立专家对会计系统作出的评价和改善建议。二者互为补充，均应在适当时候采纳。

会计控制的目的是通过会计措施预防腐败贿赂行为，确保企业运营的安全，识别并发现可能存在的不合规。

（7）培训。

培训可确保所有员工都理解企业的反腐败合规政策和措施，并在日常工作中身体力行。

针对员工的培训应明确员工在工作中会遇到的腐败风险，设计具有可操作性的合规措施，并注重对员工在内部流程上的合规警示。

人力资源部门需对高风险岗位员工进行培训，例如与第三方存在密切联系、采购、销售、招投标等部门的员工。

培训内容可根据培训对象、岗位内容、风险类型等进行区分。对腐败高风险岗位的员工而言，需通过培训了解企业反腐败政策、机制、落实，培训其积极预防和发现腐败行为。

培训的内容可包括以下内容：领导层的承诺、行为守则、腐败的一般知识、法律义务和制裁、合规机制、面对腐败行为时应该采取的态度和承担的责任、举报制度和举报人保护机制。

（8）内控制度与评价机制。

企业有必要建立全面的内控制度与评价机制，以便于确保反腐败措施的适应性和有效性。关于企业的内控制度与评价机制具体见表5.3。

表 5.3　内控制度与评价机制

层级	主体	内容
第一层级	员工	运营或相关部门自查自纠，或由上级部门检查；如发现漏洞，报告合规官并由其确定整改措施
第二层级	合规官	起草一份第二级控制方案，涵盖整个反腐败合规制度，内容包括检查的范围、负责检查者、检查的手段、检查的频率、通报检查结果与潜在的整改措施
第三层级	内部审计	评估投入反腐败的资金运用情况；风险管理路线图和行动守则的相关性和实施状况；举报人系统的架构和运行情况等

　　2017 年版建议实施后的三年间，AFA 在执法中发现识别高风险腐败行为是反腐败政策制定的核心，例如，企业并购重组是腐败行为的高发领域，而问题在于企业对高风险领域并无完备的管控政策。此外，在腐败预防中，AFA 也总结经验，认为应当强调管理层和合规官在企业廉洁合规治理中的核心作用。

　　2020 年 12 月 4 日，AFA 对 2017 年版建议进行了更新，第二版建议（以下简称 2020 年版建议）[1] 自 2021 年 1 月 31 日起生效，它规定 AFA 自该建议生效日起六个月后（即自 2021 年 7 月 31 日起）会在执法中援引该建议作为指引。2017 年版建议为企业反腐败合规设立了基本的八大原则性义务，2020 年版建议则在总结过往执法经验和不足的基础上，提炼出"三大支柱"，进一步完善了反腐败合规标准。

　　需要强调的是，AFA 颁布的此类建议并无法律强制力，公私法人均不会因此而承担任何额外的法律义务。AFA 的基本原则是公私法人应当采取"与风险相适应的"内部廉洁合规政策。

---

[1] Avis relatif aux recommandations de l'Agence française anticorruption destinées à aider les personnes morales de droit public et de droit privé à prévenir et à détecter les faits de corruption, de trafic d'influence, de concussion, de prise illégale d'intérêts, de détournement de fonds publics et de favoritisme (AFA recommendations intended to help legal persons governed by public and private laws to prevent and detect acts of corruption, trafficking influence, concussion, illegal traking of interests, embezzlement of public funds and favoritism). See https://www.agence-francaise-anticorruption.gouv.fr/files/files/Recommandations%20AFA.pdf.

AFA 总结过往三年间的执法经验，将 2017 年版建议的八大合规义务总结和提炼为企业反腐败合规"三大支柱"，进一步完善了法国的反腐败合规标准，并且强调反腐败合规中的核心要素。新的"三大支柱"包括：（1）管理层的承诺（l'engagement de l'instance dirigeante）；（2）廉洁风险图（la cartographie des risques d'atteintes à la probité）；（3）管控廉洁风险的措施和程序（mesures et procédures de maîtrise des risques d'atteintes à la probité）。2020 年版建议强调"三大支柱"是任何企业的反腐败政策中都缺一不可的要素，并进一步将"三大支柱"细化成具体指引和原则，建议企业据此建立反腐败合规政策，以符合《萨宾第二法案》的要求。

在第一支柱"管理层的承诺"中，2020 年版建议在 2017 年版建议的基础上增加了三项要求。第一，要求管理层的承诺落实到个人层面；第二，AFA 对管理层作出宽泛解读，将非行政职能的管理也纳入其中，即包括人事、监督、财务等各类企业内部从事管理和监管的机构及个人均视作管理层；第三，承诺包括落实，即管理层需要将合规作为工作内容的一部分，而且安排相应的人力物力来落实相关的廉洁合规承诺。

在第二支柱"廉洁风险图"中，2020 年版引入了"超越法律要求"条款，建议公私法人除了预防《萨宾第二法案》提及的刑事罪行，如盗窃、误用、挪用公款或洗钱等，要加入额外的风险防控措施，从而预防可能导致以上刑事罪行的各类行为。在绘制廉洁风险图的方法论上，AFA 认为企业应当根据自身的组织形式和特点，选择最合适的方式。AFA 建议企业通过工作坊、访谈、问卷等形式进行充分咨询，从而有效识别企业可能遇到的风险。AFA 强调各类风险评估方式均需要保存详细的记录以便查询，同样需要留档的还有提交管理层的各版本风险图和行动方案，其中各级批复均须留痕，而且，如有需要，每一次的会议纪要也要一并存档。与 2017 年版建议类似，AFA 强调风险图作为一个动态的项目，需要根据外部环境、立法以及内部实施情况等进行更新。

第三支柱"管控廉洁风险的措施和程序"（简称风险管理）是 2020 年版建议中变动最大的部分。2020 年版建议将 2017 年版建议中包括内控和评价在内的其他合规义务全部融合进风险管理，包括行为守则、培训、第三方尽职调查、内部举报制度、监控和评估反腐败合规计划五大板块。

　　总的来说，风险管理可分为三个步骤：预防风险、发现风险、监控和评估风险。新版建议在 2017 年版建议的基础上，对它们都提出了额外的要求。首先，"预防风险"部分要求：（1）将员工行为守则清楚传达给第三方，并通过合同条款的形式要求第三方同样遵守企业的行为守则；（2）在培训中增加关于内部举报制度的内容；（3）在安排尽职调查时，如第三方（或与第三方交往）有较高的廉洁风险，则需要进行更为全面、深入的尽职调查。其次，"发现风险"部分要求：（1）内部举报制度要求企业明确流程以方便举报；（2）明确对认定违反企业反腐败行为守则行为的处理结果、惩罚和跟进措施。最后，"监控和评估风险"部分要求：（1）建立预警指标，监控收到的举报数量、处理时间、主要事由等，并聘请专业组织根据指标来设计正式的监控和评估程序；（2）监控和评估应包括审计和内控程序（2017 年版是将审计和内控单列一项义务）；（3）通过建立三道防线，将风险进行分级管理。

　　最后，但也是最重要的，2020 年版建议设立了"遵守或解释"（comply or explain）原则。如前文所述，AFA 发布的建议没有法律效力，因此在 AFA 执法中，如企业表明它遵守了建议，在尚未进行具体的执法时，企业将被推定为合规（a prima facie presumption of compliance）。只有当 AFA 证明企业合规计划是"无效、不正确或不完整"的情况下，该种推定才会被推翻。如果企业决定不遵守 AFA 的原则或建议，那么企业将无法被推定为合规。从法律后果的角度看，当 AFA 对企业的廉洁合规政策提出异议时，企业需要证明它所采取的措施符合《萨宾第二法案》的法定要求。因此，即使 AFA 发布的建议依然没有法律强制力，但 2020 版建议中增加的"推定合规"将成为非常强有力的因素，必然会刺激企业遵守 AFA 的原则性建议，以便从 AFA 执法的"推定合规"原则中获益。

第二节 新加坡的廉洁合规标准解读

新加坡共和国（Republic of Singapore，简称新加坡）自 1965 年独立以来，迅速成为亚洲最富裕的国家之一。在廉政建设上，新加坡为举世公认的高度廉洁国家，连年在国际透明组织"清廉印象指数"的全球排名中位居前列。

新加坡并非一开始就实现了对腐败的有效打击。腐败案件最早由新加坡警察部队内的"反腐败部门"负责调查，但成效甚微，尤其对警员腐败的情况处处受限。因此，新加坡政府于 1952 年成立了独立的腐败行为调查局（Corrupt Practice Investigation Bureau，CPIB）。根据《防止腐败法》（Prevention of Corruption Act），腐败行为调查局负责调查贪腐案件，也是新加坡唯一负责调查腐败和贿赂案件的执法机构。腐败行为调查局直属总理公署，局长直接向总理负责和汇报。

腐败行为调查局成立之初受限于相关法律尚未完备、缺乏民众支持等，反腐败成效并不明显。自 1959 年后，政府加大对腐败官员的打击和执法。在法定授权方面，1960 年新加坡《防止腐败法》也进行修订，赋予腐败行为调查局广泛的刑事侦查权和强制处分权，可针对腐败行为和其他调查过程中披露的可被逮捕行为展开调查。[1]《防止腐败法》具有域外效力，如案件涉及在新加坡居住的个人或位于新加坡的商业，即便腐败和贿赂行为发生于新加坡之外，法律也同样适用。负责起诉腐败和贿赂犯罪的部门是新加坡总检察署。新加坡检察部门本身并不从事案件调查，腐败和贿赂案件由腐败行为调查局依法调查后，提交调查结果予检察部门进行审核与监督，并决定是否进

---

[1] 新加坡另一重要反腐败和反贿赂法律是 1999 年通过的《腐败、贩毒及其他严重罪行（利益充公）法》（Corruption, Drug Trafficking and Other Serious Crimes，CDSA），就腐败和贿赂引入新的规定。包括：（1）赋予法院在相关案件（严重犯罪还包括洗钱罪）中冻结、没收腐败所得产业及资产的权力。具体来说，法院对于触犯《防止腐败法》《腐败（利益没收）法》或《刑法》相关法条的既遂犯、未遂犯或教唆犯，在进行审理或询问时，如果被告对财物或资源的来源不能提出合理、完整的说明，法院即可采纳证人证言，认为该贿赂已经被接受、获得、同意接受或决定取得，并据此定罪量刑。（2）一般的刑事犯罪案件，举证责任在控方，而腐败案件的举证责任，由被告承担。（3）任何人向公务员行贿，公务员即便从未收受贿赂，也必须向上级报告，否则将违反法律。（4）公务员接受任何外界礼物，均须报告，如确属纪念物品而没有金钱价值，经允许后可收领；若当局认为具有金钱价值将予以估价，受赠者需按价格收购，否则归公。新加坡《刑法》也包含贪污和贿赂的相关罪名，但一般实践中检察署均引用《防止腐败法》进行起诉。

行起诉。[1]

腐败行为调查局在"迅速且准确，坚定但公正"的执法理念下，对腐败和贿赂行为采取"零容忍"的政策。腐败行为调查局的法定职责主要包括：（1）接受并调查涉嫌腐败的投诉，包括公权力机关、私营企业和机构、个人[2]；（2）调查有腐败嫌疑的公职人员的贪污不法行为；（3）审查并检讨政府公共机构的运作及程序，以减少公职人员的腐败机会，从源头预防腐败。自成立以来，腐败行为调查局也与社会各持份者紧密合作，包括公权力机关、私营企业、社区以及学校，举办防止贪污的社区教育、宣传活动，力求形成反腐败社会合力。

一、新加坡暂缓起诉协议制度改革

2018 年 3 月，新加坡议会通过了《刑事司法改革法案》，将暂缓起诉协议制度引入新加坡《刑事诉讼法》。与美国、英国和法国等司法管辖区一样，新加坡的暂缓起诉协议制度允许公司与执法或监管机构达成协议，延迟或附条件不起诉，条件是公司遵守有关其行为、外部监督安排、制度改进的协议条款。[3] 如公司未能遵守暂缓起诉协议的条款，总检察长办公室的公诉部门可向法院申请中止协议，起诉公司。但其他各司法管辖区与美国不同的是，其他各司法区域都只能由检察机关或执法部门与法人、合伙企业或非公司形式的实体就特定的经济犯罪签订暂缓起诉协议。英国、法国和新加坡均对可适用暂缓起诉协议的犯罪作出列举式的规定，例如，新加坡暂缓起诉协议适用的犯罪只有腐败犯罪、洗钱和受贿罪。引入暂缓起诉协议的目的在于给予检察机关较大的自由裁量权，在处理公司里少数人的腐败、经济犯罪的时候

---

[1] 警察局也可就符合法定要件的轻罪自行向初级法院起诉，总检察署仅对此进行指导。

[2] 根据《刑法》和《释义法则》（Interpretation Act 1965），"个人（person）"包括"任何公司或组织或个人团体，不管是否注册为公司"。该释义不仅适用于《刑法》，也适用于《防止腐败法》。因此与马来西亚的立法不同，新加坡无需单独的法条规定商业组织贿赂罪，新加坡的法律直接适用于个人和组织。

[3] 如本书前文所述，暂缓起诉协议最早起源于美国，主要处理青少年犯罪中不太严重罪行，目的在于通过社区监督来改造青少年犯，减少投放在青少年犯罪的资源。在青少年犯罪中的暂缓起诉协议条款中，当事人会同意他完成相应的改造计划同时承诺在此期间不会犯罪，以此作为检察官延迟起诉以及最终不起诉的条件。后来美国的暂缓起诉协议逐渐沿用至"白领犯罪"的领域，并且在近年来广泛运用在腐败、洗钱和欺诈犯罪的司法程序中。

不至于导致整个企业承担罪名乃至无法继续运作。

新加坡暂缓起诉协议的条款主要包括罚金、没收利润（以及关于如何使用这笔钱的规定）、对受害者的赔偿、诉讼费用的支付、要求实施强化的内部控制和其他合规措施、任命向检察官报告的独立合规监督员以及在暂缓起诉协议生效期间承诺不犯罪。与美国和英国的暂缓起诉协议一样，公司将被要求在与任何被指控的罪行或有关的任何调查中持续合作，包括提供可能被用来帮助检察官对个人提出指控的信息。

暂缓起诉协议罚金条款包括要求公司支付罚金以及上缴犯罪行为所产生的直接利润，因此 DPA 的罚金可大大高于新加坡《防止腐败法》目前规定的 10 万新元的最高罚款。例如，在 Keppel Offshore & Marine（KOM）一案中 [1]，KOM 承诺向新加坡当局支付总额为 1.055 亿美元的罚款，这一数额大大超过了《防止腐败法》规定的最高罚款。

新加坡暂缓起诉协议制度与英国的模式非常类似。与英国一样，暂缓起诉协议的条款必须得到新加坡高等法院的批准。法院将考虑拟议的暂缓起诉协议是否符合司法利益，以及条款是否公平、合理和相称。

一旦获得法院批准，暂缓起诉协议必须公布，并向公众提供可浏览的文件。由于 DPA 公开后，内容可能对公司造成声誉损害，这也成为公司考虑是否向新加坡当局自我报告腐败或贿赂行为的一个因素。为了司法、公共安全、公共保障或适当性的利益，或有其他充分的理由，法院有酌情权，推迟或编辑发布任何已达成、已变更或已到期的暂缓起诉协议。

与英国相比，新加坡的暂缓起诉协议制度在管理上的重要区别就是英国《2010 年反贿赂法》要求公布行为守则（Code of Practice）详细说明在何种情况下将签订暂缓起诉协议，以及签订暂缓起诉协议可能会考虑的主要因素。一方面新加坡并无该种法定的要求，另一方面法律部长在议会发言的时候，曾提及不会公布暂缓起诉协议的起诉指南，以避免这种指南成为"操纵

---

[1] KOM 受到了美国、巴西和新加坡执法机构的联合调查，在 2017 年与三国执法机构达成和解，KOM 与美国司法部签订了暂缓起诉协议，新加坡由于当时尚没有引入暂缓起诉协议，贪污调查局仅发布了附条件警示。也正是因为 KOM 案，加快了新加坡引入暂缓起诉协议的决心，在 2018 年 3 月正式通过了《刑事司法改革法案》，修改了刑事诉讼法。

刑事司法系统以逃避惩罚的工具"。[1] 但预计新加坡检察官在考虑是否与公司签订暂缓起诉协议时，将参考美国和英国反腐败执法机构会考虑的因素，例如信息披露、合作程度以及公司是否采取补救措施来解决其合规风险或违规行为。但目前来看，新加坡法院在考虑批准拟议的暂缓起诉协议条款时，将对这些因素给予多大的重视，或者如果没有这些因素，是否会得出不利的推论，还有待观察。

二、《新加坡企业反腐败实践指引》解读

为进一步帮助和提升私营企业廉洁治理的制度建设和落实，腐败行为调查局在 2017 年发布了《新加坡企业反腐败实践指引》(A Practical Anti-Corruption Guide for Business in Singapore，简称 PACT)[2]。PACT 旨在通过提供简洁且易于落实的"四步"指引，让商业组织可直接参照以建立有效制度、防范腐败。

1. 第一步：承诺（Pledge）

（1）高层承诺是关键。反腐败始于最高层的决心和承诺。最高管理层（即董事会及公司经营管理层）必须承诺对反腐败的零容忍。高层承诺对整个企业的价值、理念有极为重要的影响。只有管理层坚持并明确对反腐败的决心，诸如清廉、透明、精英治理等核心观念才能成为企业的基调。

（2）执行反腐败政策。高层对腐败零容忍的承诺需要得到落实，成为行动。这可通过制定清楚、公开的反腐败政策来实现。通过将公司运营中的公平和诚信的做法正规化形成政策，可为员工和商业伙伴提供一套明确的规定和原则。实施强力的反腐政策除了可降低企业腐败的可能性，也可提升企业的专业声誉。

---

[1] See Singapore Parliamentary Debates, Official Report（March 19, 2018）（Indranee Rajah, Senior Minister of State of Law）.

[2] See Corrupt Practices Investigation Bureau, PACT: A Practical Anti-Corruption Guide for Businesses in Singapore,https://www.cpib.gov.sg/files/PACT_2018.pdf.

一套有效的反腐败政策必须清楚、公开且易于被理解。政策需要形成正式文件，并与公司内外各方进行沟通，以提高认识和有效实施。强力的反腐败政策可在员工和商业伙伴中广泛增强反腐败的震慑作用，并增强"吹哨人"进行内部举报的信心。关于有效反腐败政策的关键要素具体如图 5.1 所示。

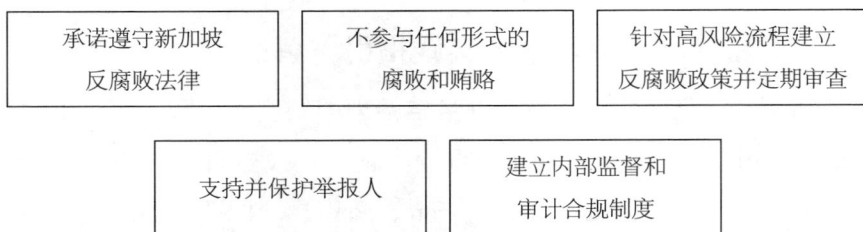

承诺遵守新加坡反腐败法律	不参与任何形式的腐败和贿赂	针对高风险流程建立反腐败政策并定期审查

支持并保护举报人	建立内部监督和审计合规制度

图 5.1　有效反腐败政策的关键要素

（3）建立一套内部行为守则。商业环境异常复杂，并非所有商业行为都有清晰的边界，更因为商业模式不断变化，为分辨合法行为和违法的腐败行为带来困难。企业行为守则可为员工提供一套有统一标准的行为和道德守则。一套综合、清晰的行为守则包括腐败高风险领域的行为和道德守则。因此，在腐败容易发生的领域，员工可通过查询行为守则，确保他们遵守法律法规。

行为守则应被清楚传达给所有员工，常见的方式包括在公共办公区域的显眼位置张贴和摆放行为守则，以及将其写入员工手册、聘任信件或其他重要文件。此外，内部的行为守则也须提供给所有第三方，如外部商业伙伴，以防止他们参与或尝试参与任何腐败行为。

2. 第二步：评估（Assess）

（4）常见的腐败高风险领域。常见的高风险腐败领域包括"礼物和娱乐""利益冲突""捐赠和赞助"等。关于常见的高风险腐败领域、情形和企业政策具体见表 5.4。

表5.4　常见的高风险腐败领域、情形和企业政策

高风险腐败领域	常见情形	企业政策	说明
礼物和娱乐	给予贵重礼物、经常给予礼物、安排娱乐活动等，目的是获得不当商业利益或好处，构成犯罪； 餐饮、礼券、红包等形式均构成行贿； 收受贿赂、接受娱乐活动均可构成犯罪，无论最后行贿人的目的是否达到	在行为守则中清楚写明何时才可接受或给予礼物或娱乐，并对礼物和娱乐的类别、金额、流程等作出规定	《防止腐败法》和《刑法》并没有对礼物或娱乐的类型进行列举，但公务员须遵循《行为手册》（Instruction Manual），在手册要求的情况下，对高于50新加坡币的礼物和娱乐申报并获批。 在存在官方联系、合作的情况下，公务员不允许接受任何礼物或娱乐。 《防止腐败法》禁止任何形式的通融费，公务员因其公职获益均构成犯罪
利益冲突	接受礼物和娱乐活动的金额、频次等不符合常理； 从家人或朋友经营的企业购买服务或商品； 与自己拥有股份或投资的企业建立商业合作	要求所有员工就存在或可能存在的利益冲突进行申报。 企业也应当对员工和商业伙伴进行充分的尽职调查，避免存在利益冲突	
捐赠和赞助	捐赠和赞助不能与商业合同有关，只能是为公司提供真实且可量化的收益，如增加公众知名度或品牌知名度等； 直接给予个人的捐赠和赞助涉嫌违法	要求所有的捐赠和赞助均需明确被记录至公司账簿	

（5）识别企业风险。因行业、公司规模、业务的不同，企业面临多样但不同的腐败风险。除了需要充分了解新加坡的反腐败法律之外，企业还需要采取额外措施来识别风险，包括与腐败高风险岗位的雇员进行会谈以了解情况、与商业伙伴沟通来分享最佳实践和相关情况、聘用专业的外部顾问等。

（6）风险评估。需要强调的是，没有一个可适用所有企业的一站式解决方案。因为运营区域、业务范围、人员情况等不同，企业面临的风险程度也不同。企业需要定期进行风险评估以保证企业的清廉和利益不受到侵害。最

基本的风险评估需要关注企业最容易受到腐败风险影响的职位和流程。

3. 第三步：管控与沟通（Control & Communicate）

（7）良好的内控机制。仅制定反腐败政策和企业行为守则并不足够，因为企业不可能完全避免员工的腐败事件。企业同时需要内控机制作为有效审查机制，确保员工的行为符合企业的反腐败政策、行为守则以及运营流程。完整的内控机制包括准确记录、规范流程、审计。

其中准确记录是核心要求，所有的交易、资产和权责都必须留痕，并且保留原始单据。常见的必须留下记录的文件包括交易凭证、合同、管理和运营文件等。规范流程需要准确记录、可查找、且可发给所有员工。如采购和财务批准这样的高风险流程尤其需要严格遵循上述要求。审计可定期开展或随时抽查，可内部进行或外包给第三方并就内控机制的改进提出建议。记录是为了找到不合规之处并阻吓想要违规的员工；规范流程是为了更容易发现潜在的腐败行为；审计则是为了尽可能早地发现管理、运营上的漏洞。

（8）有效的举报系统。员工应当被鼓励就涉嫌腐败和贿赂的行为向公司报告，并且只要是出于善意，无须担心举报会受到报复或斥责。匿名举报系统可避免员工真实信息泄漏，但匿名举报也可能带来错误举报或故意滥用的风险。关于举报系统的三要素具体如图5.2所示。

清楚的报告线	便利的举报机制	积极跟进举报
◆ 有专门负责的员工或小组跟进举报	◆有专门设立的邮箱、电话、地址，甚至是在比较隐蔽的地方设立一个举报箱	◆ 告知举报人调查结果； ◆ 如确认举报属实，向全公司再次声明零容忍政策； ◆ 如有疑惑，及时联系CPIB

图 5.2　举报系统的三要素

（9）顺畅的沟通体系。企业的反腐败政策、行为守则、内控体系以及举报系统均须公开、透明，并且定期向全体员工、商业伙伴以及其他利益相关者宣讲、沟通。对企业反腐败政策和控制体系有足够认识和了解对于应对可能发生的腐败行为非常有效。

需要注意的是，沟通不是一次性的，需要在员工所有关键的职业节点反复传达，例如在入职、转岗、升职等。信息传达的方式也并非机械化的，而是需要多渠道、多方式，例如通过合同、文件、网站、邮件、企业新闻、宣传片、海报、例会、培训等。

4. 第四步：跟踪（Track）

（10）建立跟踪和评估标准体系。商业环境在变，企业的反腐败系统也需要更新。定期跟踪和评估企业的反腐败系统和政策有助于企业保持反腐败系统的有效和可持续。主要的评估标准包括：现有系统在预防腐败上的效率、现有系统的成本和收益情况、现有系统在打击腐败行为上长期来看是否有可持续性。

（11）审核并改进。如发生以下情景，企业须作出必要更改以完善反腐败体系：企业重组、进入新的商业领域、出现新的反腐败法律或国际标准、商业运营环境发生重大改变。在考虑系统改进的方向和具体措施时，企业可考虑透过焦点小组或问卷调查，了解员工或商业伙伴的反馈；此外，了解同行业其他企业的反腐败政策或实践也非常有用。当评估完成后，结果以及相应的改进措施应当及时传达给所有员工，以再次强调企业对反腐败的重视和持续努力。

除 PACT 所提供的"四步"标准，新加坡在 2017 年发布了反腐败管理的新加坡国家标准 SS ISO 37001，该标准在制定中参考了 ISO 37001《反贿赂管理体系——要求及使用指南》。SS ISO 37001 作了适应本国情况的改进，通过该标准，新加坡企业在反腐败合规上也符合国际标准，并在国际市场上提升竞争力。新加坡国家标准引入与 ISO 37001 类似的反腐败合规要素，包括高层承诺、反腐败政策和流程、第三方风险评估和尽职调查、金融采购商业及合同内控制度、汇报监督调查程序、合适的补救措施以及持续的监控和改进、引入合规岗或合规职能的部门来进行监督等。

第三节　马来西亚的廉洁合规标准解读

马来西亚联邦（Federation of Malaysia，简称马来西亚）于 1957 年脱离英国殖民统治独立，目前设 13 个州和 3 个联邦直辖区。马来西亚社会普遍对公共部门的清廉印象不佳，国际透明组织所公布的清廉印象指数中马来西亚的排名并不高，在全球 60—70 名。尽管马来西亚推出多项防范腐败和贿赂的措施，企业界也积极落实"企业廉洁宣言"，但整体而言，反腐败的执行力仍不太高。此外政府部门和反腐败委员会一直被诟病选择性办案，尤其在政治性腐败上打击力度不够，整体而言仍有改善空间。

自 2010 年起，马来西亚提出政府转型计划，以公正平等作为国家发展的核心理念，希望逐步变成崭新的现代国家，计划拟定了七项国家最重要的关键领域，其中就将解决腐败问题视为相对优先的关键政策。马来西亚反腐败委员会（Malaysian Anti-Corruption Commission，简称 MACC）是隶属总理府下的组织之一，由反腐败委员会主席督导反腐败工作，不受任何党派干预。《2009 年马来西亚反腐败委员会法》（Malaysian Anti-Corruption Commission Act 2009）详细规定了 MACC 的机构设置、职能、权限以及与腐败和贿赂有关的罪行。马来西亚政府对 MACC 作为反腐败专责机构投入大量资源，并极为重视政府机构、私营企业及 NGO 的合作，共同改进国家公司机构的廉洁和诚信。

《2018 年马来西亚反腐败委员会法（修正案）》[Malaysian Anti-Corruption Commission（Amendment）Act 2018]对《2009 年马来西亚反腐败委员会法》作出重大修改，引入"商业组织贿赂罪"。该修正案于 2018 年通过并刊宪，在给予所有商业组织两年宽限期之后，正式在 2020 年 6 月 1 日生效。该修正案代表着马来西亚反腐败法律的重大改变，即企业作为一个商业组织将因其员工的行贿行为和不诚实的商业行为承担相应的刑事责任。MACC 稍后再联合总理府相关部门撰写并推出了商业组织廉洁合规治理的指引性文件。

《2018 年马来西亚反腐败委员会法（修正案）》生效时间尚短，对企业廉洁合规治理的促进作用仍有待观察，但可见反腐败治理从公权力机关延伸至商业组织及其员工已经是越来越多国家的共识，因为反腐败无法仅仅通过严格的刑事法律和强化执法来实现，反腐败关系公共部门和私营企业的复杂互动，也关系社会公众对其合法利益的认识和维护，只有政府机构、企业、非政府组织、公众均致力于廉洁，才能从根源上解决腐败贿赂问题。

一、《2018 年马来西亚反腐败委员会法（修正案）》解读

马来西亚于 2018 年引入该修正案的目的是为了形成清廉的商业环境，并鼓励所有商业组织采取"合理且成比例"（reasonable and proportionate）的措施来确保企业不参与腐败行为。

根据修改后的《2009 年马来西亚反腐败委员会法》第 17A 条第（1）款，如关联人（an associated person）承诺、给予或提供给任何人"好处"（gratification），其目的是"为商业组织获得或保留业务"或"为商业组织获得或保留业务提供便利"，则该关联人所在的商业组织（commercial organisation）即构成犯罪。

根据马来西亚总理府在《依据〈2009 年马来西亚反腐败委员会法〉第 17A 条第（5）款的充分程序指引》中的说明，企业高管或实际控制人是否知道关联人的贿赂行为，不影响商业组织贿赂罪的成立。

尽管第 17A 条并未将收受"好处"定义为犯罪，但需要注意的是《2009 年马来西亚反腐败委员会法》包含一个"雨伞条款"（sec.16 Offence of Accepting Gratification），即将任何以腐败为目的接受或同意接受"好处"的行为认定为犯罪。因此，不能因为第 17A 条只规制行贿行为，就不在公司层面就受贿作出相应的政策规定。

而且，其中所指的"好处"不限于现金，还包括礼品、折扣、选票、服务（商品及个人服务）、工作机会、贷款等各种形式的支付或给予。礼品包括现金、赠品、股份、彩票、旅游开支、娱乐开支、服务、会员卡、任何形式的佣金、珠宝、装饰物或任何具有较高价值的赠予物或服务。

商业组织的规定非常宽泛，涵盖所有在马来西亚注册的企业和所有在马来西亚有业务的企业。根据第 17A 第（8）款，商业组织包括根据《2016

年公司法》（Companies Act 2016）、《1961 年合伙企业法》（Partnership Act 1961）、《2012 年有限责任合伙企业法》（Limited Liability Partnerships Act 2012）注册并在马来西亚或其他地区运营的企业，也包括其他法域注册但在马来西亚有全部或部分商业业务的企业或合伙企业。

关联人涵盖所有级别的员工以及代理、分销商等关联方。根据第 17A 第（6）款，关联人包括董事、合伙人或商业组织的员工、或为商业组织的利益行事或为商业组织提供服务的个人，具体可视"相关情况"（relevant circumstances）而定。但法律并未有规定何为"相关情况"，这也导致从董事到普通员工都可能构成关联人，从而导致企业违反第 17A 条第（1）款。换句话说，企业不仅仅需要为管理层的腐败行为负责，还需要为普通员工、代理人、分销商、分支机构的合伙人等个人的行为负责。

根据第 17A 第（3）款，如果商业组织被认为触犯罪刑，管理层包括董事、实际控制人、合伙人等，以及涉及商业组织管理的个人，均会被认为是犯罪。

《2018 年马来西亚反腐败委员会法（修正案）》是以英国《2010 年反贿赂法》第 7 条商业组织未能防止贿赂罪为蓝本来制定。根据英国《2010 年反贿赂法》，如果与商业组织有关联的人员出于为商业组织获得或保留业务，或者为其在经营活动中获得或保留优势地位的意图进行贿赂，则商业组织构成商业组织未能防止贿赂罪。该条同样规定了法定的抗辩事由，即如果商业组织可证明建立"适当程序"以预防相关贿赂行为，则可能构成无罪。[1] 但不同的是，英国《反贿赂法》区分了商业组织犯罪与个人的行贿罪，马来西亚《2018 年马来西亚反腐败委员会法（修正案）》则将商业组织贿赂罪与商业组织中的个人、高管行贿罪混为一体，即触犯前罪将导致后罪。

违反第 17A 条第（1）款的处罚比之前任何受贿罪的规定都要高得多。根据之前的法律，罚金为收受贿赂物品或服务价值的五倍或 10000 马来西亚币，依照更高的来确定。但根据修正案，新施行的处罚包括罚金、监禁或二者皆有。罚金为收受贿赂物品或服务价值的十倍或 100 万马来西亚币，依照

---

[1] 关于该罪名的分析和相关案例，参见叶海波、卢雯雯、吴秀尧、吴灏文：《反海外腐败合规实践指引》，法律出版社 2021 年版，第 113—115 页。

更高的数额来确定；监禁最高可达有期徒刑 20 年。

须特别注意的是，修正案引入法定的抗辩理由，即企业廉洁合规可作为有效的抗辩。根据第 17A 条第（4）款，如果商业组织可证明建立"充分程序"，用以预防企业的关联人作出腐败或贿赂行为，则可作为法定的抗辩理由供法庭考虑。根据第 17A 第（3）款，如管理层可证明他们没有同意（consent）或默许（connivance），并且其已经恪尽职守（exercised due diligence）来阻止犯罪行为，则在考虑相关的职能、能力及环境的情况下，也可作为抗辩理由。

根据修正案，企业没有反腐败合规制度本身并不构成犯罪，但当企业被认为犯有商业组织贿赂罪的时候，企业如果没有已经建立的"充分程序"，将没有第 17A 条第（4）款的法定抗辩理由。修正案因此假定企业需要为员工的贿赂或腐败行为承担责任，从而将举证责任置于企业身上。对企业来说，最好的应对就是根据企业的规模、特点、运营、人员等情况制定相应的反腐败合规政策，以构成法定的"充分程序"抗辩理由。关于商业组织贿赂罪的构成要件具体见表 5.5。

表 5.5　商业组织贿赂罪的构成要件

构成要件	具体内容
犯罪主体	商业组织
客观要件	关联人承诺、给予或提供好处，其目的是为商业组织获得或保留业务，或者为商业组织获得或保留业务提供便利
犯罪对象	自然人、法人或其他组织
法定抗辩理由	充分程序抗辩

二、《第 17A 条第（5）款充分程序指引》解读

上述《2018 年马来西亚反腐败委员会法（修正案）》第 17A 条第（5）款规定"总理应发布根据第（4）款制定的指引"。如前文所述，第 17A 条第（4）款规定了"充分程序"可作为商业组织贿赂罪的法定抗辩理由。根据该

条授权，马来西亚总理府 2018 年发布了自 2020 年 7 月 1 日起实施的《依据〈2009 年马来西亚反腐败委员会法〉第 17A 条第（5）款的充分程序指引》（简称《第 17A 条第（5）款充分程序指引》）[1]，以帮助商业组织了解如何通过建立充分的反腐败合规程序来预防商业运营中的腐败。

《第 17A 条第（5）款充分程序指引》强调立法目的是引导企业建立合理且相称的措施来确保企业不参与腐败行为。企业需要将措施以公司政策和流程的方式清楚呈现，并且通过培训、沟通和实施来确保反腐败措施的有效性。

马来西亚颁布的《第 17A 条第（5）款充分程序指引》明确提及本指引是提供原则性的规定，并非是细节性的要求。企业应当根据公司的实际情况，如规模、业务、行业、风险、治理体系等，对《第 17A 条第（5）款充分程序指引》中的原则性规定作出符合企业实际情况的安排。如果企业发生了腐败行为，应由法院来判断企业是否建立了必要的措施来预防腐败行为。目前尚没有案例来进一步说明法院的裁量基准和原则，但法院显然会考虑案件的具体情况和相关因素，例如企业是否制定了合理、有效的反腐败政策并在实践中进行了落实。无论如何，企业如果没有制定反腐败合规政策就没有任何抗辩理由，而如果制定并落实则至少可在遇到员工腐败贿赂案件的时候，援引该政策作为抗辩理由。

《第 17A 条第（5）款充分程序指引》将商业组织反腐败合规总结为五个原则性的规定 "T.R.U.S.T."。T 代表最高层承诺（Top Level Commitment），R 代表风险评估（Risk Assessment），U 代表执行内控措施（Undertake Control Measures），S 代表系统性评估、监控和执行（Systematic Review, Monitoring and Enforcement），T 代表培训和沟通（Training and Communication），见图 5.3。

---

[1] 指引由总理府 National Centre for Governance, Integrity and Anti-Corruption（GIACC）起草，法律事务部长拿督刘伟强（Datuk Liew Vui Keong）签字通过并生效。See Prime Minister's Department, Guidelines on Adequate Procedures: Pursuant to Subsection（5）of Section 17A Under the Malaysian Anti-Corruption Commission Act 2009, https://pulse.icdm.com.my/wp-content/uploads/2019/12/Prime-Ministers-Department-Guidelines-on-Adequate-Procedures.pdf.

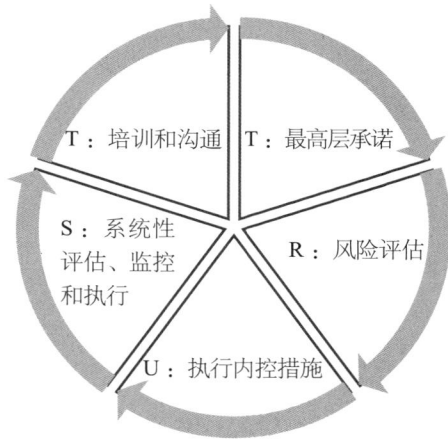

图 5.3　商业组织反腐败合规五原则

（1）最高层承诺要求管理层对内部员工和外部利益相关者作出明确承诺，遵守反腐败的法律和监管要求，并要求企业作出努力来有效管控企业的腐败风险。具体包括以下内容：

◆ 建立、维持并定期审查反腐败合规计划，计划需要包括清晰的政策和目标。

◆ 鼓励合规文化的建立。

◆ 就企业的反腐败政策和承诺向内部员工和外部管理方清楚传达制定指引。

◆ 鼓励举报任何怀疑或已经构成腐败的事件，或反腐败合规计划的不足。

◆ 指定专门负责人或机构（可以是内部或外部第三方机构）负责合规事项并给予充分的资源。

◆ 确保专门负责监督反腐败合规项目的人事有清楚的权责划分。

◆ 确保最高管理层（包括董事会和执行机构）可获悉所有审计、风险评估、内控措施、运营情况的结果。

（2）风险评估是企业反腐败合规的基础，只有准确识别企业的风险，才能有针对性制定政策。《第17A条第（5）款充分程序指引》建议定期评估，以识别、分析、评估企业内部运营和外部法律、社会、政治环境的风险，并对风险的优先级进行排序，目的是以风险评估为基础建立适合企业的流程、系统和内控机制。《第17A条第（5）款充分程序指引》建议每三年进行一次全面风险评估，并在需要时对特定风险进行评估。《第17A条第（5）款充分程序指引》建议将风险评估制度化，使之成为企业日常管理中的一部分。风险评估主要包括以下内容。

◆ 企业治理体系和内部系统/流程中的弱点所暴露出的可能导致腐败和欺诈风险点。

◆ 可能构成腐败款项支付的交易。

◆ 在腐败高风险地区或行业中发生的商业行为。

◆ 为企业利益行事的外部关联方的可能涉及违反反腐败法律和监管要求的不合规行为［由于修正案第17A第（6）款对"关联人"的定义极为宽泛，因此也要求企业关注所有第三方的行为］。

◆ 与供应链上的第三方（例如，代理、供应商、分销商、合同方等）的关系，因供应链属高风险流程。

（3）执行内控措施指企业建立符合企业情况和规模的内控制度和突发事件应对的措施，以预防腐败风险。内控措施包括尽职调查、举报渠道、其他重点事项。所有内控措施都应该满足四个要件：最高层批准、随时更新、公开并可查询、有需要时可随时随地使用。

◆ **尽职调查**：在与重点对象形成任何正式关系之前，进行尽职调查，包括顾问、代理、经销商、分销商、供应商、董事会成员、高管、资深政府公职人员。内容包括背景调查、相关信息和文件的核实、面对面谈话以评估风险等。

◆ **举报渠道**：建立可行、保密且安全的举报渠道，供内部员工和外部相关方对于已经发生或怀疑是腐败的行为、系统漏洞等进行举报；无论匿名还是实名，举报应当是善意而非恶意，对于善意举报应禁止报复；建立安全的信息管理系统以保护举报者的个人信息以及举报的内容。

◆ **其他重点事项**：反腐败政策或声明；利益冲突申报与核查；礼品、娱乐、招待和旅行的政策和守则；捐赠和赞助的政策和守则，包括政治献金；通融费的政策和守则；财务政策，例如财务审批中的权限划分和签字流程；非财务政策，例如招投标中的权限划分和批准流程；了解反腐败监察体制的缺漏并进行改进；对必要流程的所有文件管理并保存。

（4）系统性评估、监控和执行指最高管理层应确保反腐败合规项目的效率、效用和成效受到定期的评估，并以此进一步改进企业的反腐败合规。评估可以由内控部门进行，也可委托独立第三方开展。评估的内容包括以下主要方面。

◆ 计划、建立、落实和维持监控制度，内容需包括评估和监控的范围、频率、方法。

◆ 委任合适的人选或赋予相关机构职能开展内部的评估和监控。

◆ 持续开展对反腐败政策和流程的评估、监控和改进。

◆ 考虑每三年聘请有资质的独立第三方对企业的合规政策和流程进行标准化的评估（可考虑的标准包括 MS ISO 37001——马来西亚国标37001）。

◆ 确保执行反腐败政策和流程的人员正确执行了相关政策、符合企业的立场和要求。

◆ 对于行为不合规的员工，需有相关的纪律措施来纠正、惩戒。

（5）培训和沟通要求企业对于反腐败政策、培训、举报、惩处等主要措施建立内部和外部的培训及沟通渠道，告知并确保员工和外部相关人士均清楚了解。培训和沟通的要点具体如下。

◆ 企业的反腐败政策须公开，且通过各种合适的渠道传达给所有员工和商业伙伴。

◆ 在进行政策传达时，须充分考虑对象、方式、方法，例如可能需要多次通知或培训，也可能需要将材料制作成不同语言来发放。

◆ 政策传达的渠道需多样化，包括内网或外网发布消息、邮件、新闻、宣传片、海报、员工手册、企业商业行为伦理手册、小视频、大型宣讲会等。

◆ 企业须提供充分的培训让员工和商业伙伴了解企业的反腐败立场，特别是与企业之外的个人和组织交往时应注意的事项。

◆ 培训的形式同样需要多样化，包括对反腐败基本要素的入门培训；腐败高风险岗位的专门培训；反腐败讲堂、视频、法律的公司定期培训；内网或外网上的相关培训项目、大型宣讲、拓展项目等。

第四节　澳大利亚的廉洁合规标准解读

澳大利亚联邦（Commonwealth of Australia，简称澳大利亚）目前仍属英联邦，名义上的国家首脑（Head of State）是英女王伊丽莎白二世，但英王的权力只是名义上的。澳大利亚总督（governor-general）代女王行使职权，尽管总督仍由英王任命，但总督历来由澳大利亚政府向英王推荐。国家的日常管治由国家的政府首脑（head of government）——总理（prime minister）负责，总理是在选举中获胜的政党的首领或联合政党选出的首领。

澳大利亚联邦和州政府（包括新南威尔士、维多利亚、昆士兰、南澳、西澳和塔斯马尼亚）的权力分配与美国非常类似，通过成文宪法规定联邦政府享有的权力，包括国防、外交、移民、关税、邮政，其余没有在宪法中明文规定的权力（"剩余权力"）全部由州政府享有。澳大利亚各州的州宪法对本州的权力分配、机构、运作等作出明确安排；北领地和澳大利亚首都领地分别在 1978 年和 1988 年成为自治领地（self-governing territory），根据《1978 年北领地自治法案》[The Northern Territory (Self-Government) Act of 1978] 以及《1988 年澳大利亚首都领地自治法案》[The Australian Capital Territory (Self-Government) Act of 1988]，联邦政府将绝大部分管治权授予两个自治领地。在州政府内部还存在上百个地方政府，其权力由各州和自治领地通过的法律规定，各地方政府的权力分配、组织形式、运作方式均存在不同程度的差异。

澳大利亚属联邦议会体制，有参议院和众议院两院。众议院总共有 150 人，任期为三年；参议院总共 76 人，每个州各选举 12 人任期为六年，北领地和首都领地各 2 人任期为三年，政府的主要人员从这些成员中产生。

澳大利亚的法律体系是基于英国普通法体系而建立，很多法律与英国议会通过的法律几乎完全一样。与绝大多数普通法系类似，进入 20 世纪之后澳大利亚也进行了大量的成文法立法。例如，在反腐败反贿赂以及对公职人员行为的规范和监督上，澳大利亚就由联邦政府颁布制定较为完整的规范公职人员的法律制度，并通过刑法修正案完善国内打击腐败贿赂的制度和规制反海外腐败行为。

在执法上，澳大利亚有联邦和州两级执法机构。对于联邦《刑法典》（Criminal Code）规制的腐败贿赂罪行，主要的执法机构是澳大利亚联邦警局（Australian Federal Police）[1]，联邦警局完成调查后再提交联邦检察署公诉部门总监决定是否起诉。

在司法体系上，尽管案件审判适用判例法体系，但州法院与联邦法院存在不同的法律和判例法体系。州法院对州内的所有事务包括部分联邦事务均有管辖权，每个州均有完整的司法体系，从地区法庭一直到州最高法院。联邦最高法院（the High Court of Australia）对所有联邦法院和州法院有普遍的上诉管辖权，对澳大利亚在国际条约下的责任、驻外代表的相关事务以及州之间的纠纷有一审管辖权，并拥有对联邦宪法和联邦政府行为的解释权。

一、贿赂公职人员罪简介

由以上简要介绍可见，澳大利亚的立法、司法、执法系统均区分联邦和州层面，在具体的权力分配和边界的界定上较为复杂。具体在反腐败和反贿

---

[1] 其他执法机构或提供信息予联邦警局的机构还包括澳大利亚犯罪委员会（Australian Crime Commission，要求相关人士、机构提供文件，并要求相关人士出席质证环节回答问题）、澳大利亚证券和投资委员会（Australian Securities and Investments Commission，调查可能违反《公司法》的商事和民事案件）、澳大利亚竞争和消费者委员会（Australian Competition and Consumer Commission，就违反《竞争与消费者法案》的民事和商事诉讼开展相关程序）以及澳大利亚交易报告和分析中心（Australian Transaction Reports and Analysis Center，没有调查权，可提供联邦警局相关的信息）。

赂上，同样区分联邦和州。私人之间、商业组织之间、私人与商业组织之间的腐败贿赂行为由各州的法律予以规定。州和自治领地禁止员工或代理收受贿赂，或给予贿赂，此外对于信托法或依据其他法律规定被赋予法定职权的个人，也可在特定情况下构成收取或给予贿赂。由于大多数州和自治领地的法律对"代理"的定义也包括了政府雇员、公职人员、警察或议员，因此州和自治领地的法律同样可用于规制州和自治领地的公职人员。

联邦层面的立法只规制联邦公职人员，针对的对象分为外国政府公职人员和联邦公职人员。澳大利亚《刑法典》[Criminal Code Act 1995（Cth）] 第141条禁止向任何联邦公职人员承诺或提供腐败或贿赂，第142条禁止任何联邦公务人员提供或被提供腐败或贿赂。

《刑法典》第70.2条禁止贿赂外国公职人员，即禁止提供、提议或承诺提供利益予另一人，或导致向另一人提供、提议或承诺提供利益，而该利益为不合法利益，利益既包括金钱也包括非金钱；主观上以不当影响公务人员在其职权范围内行事为目的，以获得或保留商业利益，或获得或保留商业上的优势，无论是否有明示的故意影响外国公职人员，该罪行均适用。

《刑法典》第70.2条具有域外效力，不仅适用发生在澳大利亚境内的行为，也适用发生于境外的由澳大利亚公民、居民或澳大利亚公司（根据联邦或州或地区的法律成立）实施的犯罪。

利益包括任何形式的好处。不限于金钱或财产，还可以包括折扣、培训、教育、娱乐、餐饮、旅游、未来就业的承诺等。利益的价值不限，可以是一次性给予，也可以是常规的持续性的给付，也无须直接提供给外国公职人员，可由代理人居间提供或收取。

贿赂外国公职人员罪有两个法定抗辩理由，一是当地成文法明确允许或要求提供利益的情况，该抗辩理由不适用没有成文法支持的当地习俗；二是通融费，但需要满足两个条件，即数额不大和提供通融费的唯一或主要目的是加快或确保对方完成一项较小的常规政府行政行为。关于是否允许通融费，是公司反腐败合规中的常见问题。尽管澳大利亚法律允许通融费，但即便是澳大利亚政府也多次建议企业不要支付通融费。一方面现在越来越多的外国法律禁止通融费，如英国的反贿赂法，另一方面允许通融费可能带来更为严重的商业风险，让公司可能受到官员更多索贿的要求。此外，《刑法典》中其他常见的辩护理由也同样适用贿赂外国公职人员罪，例如胁迫，但不了解法律则不能作为抗辩理由。

违反现行法律规定的处罚极为严格。个人最高处罚是 10 年监禁或最高 210 万澳币的罚款；公司的最高处罚是较大的：2100 万澳币或贿赂所获得利益的三倍，如无法确定所获得利益的具体数额，则处罚公司年营业额的 10%。关于贿赂外国公职人员罪的构成要件具体见表 5.6。

表 5.6 贿赂外国公职人员罪的构成要件

构成要件	具体内容
犯罪主体	自然人、法人和非法人实体
主观目的	不当影响公职人员行事，以获得或保留商业利益或优势，而该利益或优势不合法
客观要件	提供、提议或承诺利益予外国公职人员，或导致向公职人员提供、提议或承诺利益，而该利益为不合法利益，利益包括商业利益和非商业的个人利益
犯罪对象	外国政府机构的雇员或官员或公职参选人（政府机构包括军队和警方），外国政府机构的合作方，外国公职人员的中间人，外国政府司法部门的人员，国际组织的雇员，任何根据该国法律担任公职的人员，或任何为外国政府机构服务的人员
法定抗辩理由	当地成文法允许；通融费

根据联邦《刑法典》第 12 条，公司同样可构成联邦刑法下的犯罪主体。这也意味着公司需要为其代理或雇员的行为负责。根据联邦总检察长办公室的解释，公司可在以下情况下构成"贿赂外国公职人员罪"。

◆ 公司的董事会或公司的高级管理代理人，故意、明知或本该避免但实施了外国贿赂罪。

◆ 公司董事会或公司高级管理人员明确、默示、暗示授权或允许公司代理人实施外国贿赂犯罪行为。

◆ 该公司的代理人提供贿赂，并显示该公司内部存在指导、鼓励、容忍或导致实施外国贿赂犯罪的企业文化。

◆ 该公司的代理人提供贿赂，且该公司被证明未能创造和维持一种企业文化，要求遵守禁止贿赂外国公职人员的法律。

需要强调的是，上述的贿赂罪是实质性的，即公司因其代理人或雇员的行为而被认定犯有实质性的外国贿赂罪。因该罪被起诉的公司是不能依照下文将讨论的第70.5A（5）条的"适当程序"进行无罪辩护。

2019年12月2日，澳大利亚政府正式向议会提交《2019年刑事立法修正案（打击公司犯罪）法案》（简称《法案》），《法案》的目的意在强化澳大利亚公司反贿赂和反腐败的义务。《法案》扩大了反海外腐败针对的对象，将外国公职人员的定义延伸至"公职参选人"；此外还将贿赂收受的内容扩大至以贿赂为目的获取"个人"利益，即非商业利益，例如给予个人荣誉头衔、签证等；在贿赂的影响上也从过往的"非法获得好处"改为对外国官员"施加不当影响"。[1]

二、"公司预防海外腐败失职罪"修正案解读

《法案》对澳大利亚刑事法律的重大改变是计划参考英国《反贿赂法》，在《刑法典》中加入新的罪名，即"公司预防海外腐败失职罪"[2]。根据修订后的《刑法典》第70.5A条，如公司（body corporate）的关联人（associate）为公司利益犯下前文所述的贿赂外国公职人员罪，则该罪行将自动触发公司的责任。但是，如果公司已经建立"充分程序"（adequate procedures），旨在防止其关联人实施向外国公职人员贿赂的行为，则该"充分程序"构成法定抗辩理由，本罪不成立。

本罪名适用的公司是在澳大利亚注册成立的公司法人或根据《2001年公司法》被认为是在澳大利亚注册的公司，即包括澳大利亚公司也包括外国公

[1] 该部分修改了澳大利亚《刑法典》第70.2条。
[2] 草案计划在澳大利亚《刑法典》中加入新的第70.5A条。

司，一般而言其商业名称中包含"Pty Ltd"或"Ltd"。

关联人被定义为公司法人的高级职员、雇员、代理人、承包商、子公司或受控实体（包括在澳大利亚境内和境外注册的子公司），或以其他方式为法人团体提供服务的人。可以是个人，也可以是法人或非法人团体。在特定情况下，可包括公司对其施加了一定程度控制的承包商或代理人。

如公司可证明它已经建立充分程序来预防关联人实施对外国公职人员的贿赂，则本罪行不成立，但公司应就是否建立充分程序来预防犯罪承担举证责任。

关于公司是否满足"充分程序"的要求，由法院在具体案件审判中一事一议，并无一个法定的统一标准。何为充分程序本就是需要根据案件的具体情况，尤其是公司的规模、业务、运营等来判断。

处罚与贿赂外国公职人员罪一致。个人最高处罚是 10 年监禁或最高 210 万美元的罚款，公司的最高处罚是较大的：2100 万美元或贿赂所获得利益的三倍，如无法确定所获得利益的具体数额，则处罚公司年营业额的 10%。

本罪与贿赂外国公职人员罪在法定抗辩理由上的区别在于，触犯贿赂外国公职人员罪可自动触发商业组织预防海外腐败失职罪，除非存在法定的抗辩理由，即公司已经建立"充分程序"，否则两罪均成立。但公司已经建立"充分程序"的抗辩理由不是贿赂外国公职人员罪的法定抗辩，该罪的抗辩理由为本地成文法允许通融费。关于公司预防海外腐败失职罪的构成要件具体见表 5.7。

表 5.7　公司预防海外腐败失职罪的构成要件

构成要件	具体内容
前提条件	公司的关联人触犯贿赂外国公职人员罪
犯罪要件	满足前提条件将自动触发本罪成立
法定抗辩理由	充分程序抗辩：只有当法院认可公司建立充分程序，才不构成本罪

三、《预防海外腐败犯罪的充分程序指引（草案）》解读

澳大利亚总检察长办公室于 2019 年发布《预防海外腐败犯罪的充分程序指引（草案）》（Draft guidance on adequate procedures to prevent the commission of foreign bribery consultation paper，简称《指引》）[1]，列出了可能构成"充分程序"的措施类型，并就指引征求社会公众和其他利益持份者的意见。目的在于为有海外贿赂风险的公司应该如何避免触犯本罪，如何为预防海外腐败犯罪建立公司政策、程序、举报和应对机制等提供参考和指引。

《指引》对于反腐败和反贿赂的国际和国内标准进行符合澳大利亚情况的适当补充。《指引》参考了英国司法部根据《2010 年反贿赂法》第 9 条发布的指引，此外还参考了澳大利亚贸易委员会、美国司法部、国际标准化组织、经合组织、联合国毒品和犯罪问题办公室、世界银行以及英国透明国际发布的关于反腐败的指引或标准。

《指引》所建议的政策和程序不一定全部适用于每个公司的情况，因此公司政策与《指引》不一致并不一定导致法庭认为公司没有建立"充分程序"。

《指引》建议公司可以就建立或加强反腐败合规寻求专家意见，例如聘用专门的咨询公司、律师事务所等。

公司还必须证明其将反腐败政策融入公司文化和价值。例如，所有对公司反贿赂政策的高度认识，以及对公司反腐败政策的实际执行，都是该种文化的证明。

所有公司都应建立反腐败合规体系，以防止其业务中发生腐败和贿赂行为。考虑到公司经营的情况多种多样，例如，由于规模、类型或行业的原因，反海外腐败的政策和落实也会大不相同。《指引》因此提出两大原则：相称性（3.1）和有效性（3.2），并根据两大原则给出了反海外腐败政策的要素（3.3），以及重点事项的具体流程（3.4）。

---

[1] See Australian Government Attorney General's Department: Draft guidance on adequate procedures to prevent the commission of foreign bribery consultation paper, 26 November 2019, https://www.ag.gov. au/crime/publications/draft-guidance-adequate-procedures-prevent-commission-foreign-bribery- consultation-paper.

3.1 相称性原则——考虑风险、规模和业务性质

相称性指公司为防止海外腐败而实施的政策和程序应与公司的情况相称，包括其面临的外国腐败风险、公司规模、经营业务的性质。

公司应评估其面临的海外腐败风险的性质和程度。评估既可是企业整体风险评估的一部分，也可是针对海外腐败进行的专门评估。管理层应对评估过程进行监督，并指定适合的人员来进行。在恰当的情况下，评估的过程还可引入其他关键的利益持份者，如供应商和客户。

公司在制定降低腐败的政策和程序时，应与风险评估确定的腐败风险相适应。例如，一个与外国官员接触有限或没有接触的低风险公司，与面临高风险的公司相比，如在被认为腐败程度高的国家开展业务或涉及需要外国官员批准或许可的高价值交易，前者可采取较少的反海外腐败措施，而后者应采取较为充分、全面的措施来降低海外腐败的风险。

公司应制定和实施适合公司规模、结构、业务性质的反贿赂政策和程序。换句话说，没有一个可一概而论适用所有公司的模板，公司采取的具体政策和程序需要解决其特定的风险状况和情况。

整体而论，小公司不一定需要实施大公司那样的全面计划。在小公司中，管理层可通过与合规职能部门在日常工作中密切合作或管理层本身就包含一部分的合规工作，已经可算是执行合规计划。相比之下，大型企业有多个业务单位、分层管理结构和多个报告渠道，因此需要更复杂的合规计划来连接合规职能部门与管理层和董事会。反贿赂合规的资源配置，包括人力物力，也应反映组织的业务规模以及识别和减少相关风险的需要。

不同规模的企业也可采取不同的方法来实现管理层对公司反贿赂合规措施的承诺。小公司的管理层可能需要亲自参与制定和实施合规政策和措施。对于大型跨国公司来说，一个合理、相称的方法是由董事会和高层管理人员制定预防贿赂政策，并责成较低层级的管理人员设计、实施和监督日常的反贿赂措施。但董事会仍需要听取有关措施的有效性的定期通报，并定期进行合规和（或）审计的审查。

3.2 有效性原则——五个指标

公司必须在实践中形成一个有效的反海外腐败合规计划。清晰且可行地落到纸面的政策是公司合规计划的一个关键因素，且只有纸面的政策落到实处，才是真正有效的合规计划。《指引》总结了有效的反海外腐败合规计划的五个主要指标。

1. 内部廉洁文化：公司内部有深入人心的廉洁文化。

2. 高层支持：高层管理人员和董事会以实际行动表明支持反腐败合规。

3. 反腐败合规部门：建立强大的反腐败合规职能部门。

4. 风险评估和尽职调查：有效的风险评估和尽职调查。

5. 第三方评估：谨慎且恰当地使用第三方。

建立公司内部廉洁文化，包括以下主要内容。

◆ 相关员工，特别是高风险控制职能部门的员工对公司的反腐败政策和程序有高度的认识和理解。

◆ 公司对反腐败政策和程序的有效性进行定期和彻底的评估，并定期更新。

◆ 高管对海外腐败风险有充分了解并积极核查。

◆ 高管的言行不鼓励贿赂，并支持公司合规。

◆ 运用各种机制适当监督高管的行为，包括赋予合规职能部门充分资源和独立性来进行监督。

◆ 高管和中层管理人员的实际行为表明他们对合规的承诺。

◆ 高管恰当处理合规职能部门提出的关切或异议，例如，停止或修改有不合规嫌疑的交易。

◆ 负责反腐败政策和流程的人员对在其监督下发生的不当行为负责，并对监督工作负责。

◆ 对参与海外腐败和贿赂的雇员采取适当的纪律处分，包括直接解雇。

◆ 如代理人、承包商等违反有关防止腐败贿赂的合同规定，采取恰当的措施，如解除合作关系。

◆ 签发付款或审批的人了解并在实践中应用公司的反贿赂政策和程序。

◆ 对外国贿赂指控进行适当和全面的评估和调查，这些评估和调查由具有适当资格的人员进行，并作出完整的记录。

高层管理人员和董事会以实际行动表明支持反腐败合规，可通过以下因素来体现。

◆ 在日常管理中积极参与合规政策制定，并使用合规方面的专业知识。

◆ 与公司的合规部门举行会议并听取他们的工作简报。

◆ 审查海外腐败的风险并参与制定处理这些风险的方案。

◆ 接收关于海外腐败风险和事件的内部审计结果报告，并参与这些结果的讨论。

◆ 确保合规职能部门有足够的资源来履行其职能，并认真和积极地对待合规或相关控制职能部门为防止外国贿赂措施而提出的资源要求。

建立强大的反腐败合规部门或类似的内控职能部门，实践中合规职能可根据企业情况单独成立部门，或设在审计、法务、财务部门当中，可通过以下因素来体现合规职能的实现。

◆ 自主运作，包括识别和提出对海外腐败风险的关注，并在战略和运营决策中发挥作用。

◆ 有足够的资源来履行其职能。

◆ 参与培训其他员工。

◆ 直接并定期向高级管理层报告，如需要，可直接向董事会报告。

◆ 定期接受绩效考核。

◆ 对公司有关海外腐败指控的信息，有全面和及时的信息渠道，包括保密信息。

公司也可将合规职能外包，但外包的情况需满足以下相关要素。

◆ 这样做有明确的商业理由。

◆ 对外包的合规服务供应商存在有力和有效的监督。

◆ 合规服务供应商应能充分获取公司相关信息。

◆ 应定期评估外包流程的有效性。

有效的风险评估和尽职调查，可通过以下要素得到证明。

◆ 识别、分析、优先考虑和处理海外腐败的风险。

◆ 得到高级管理层的批准和监督。

◆ 得到与业务规模相称的适当资源支持。

◆ 在与第三方接触的过程中，以及在合并和收购中，或者在其他相关情况下均需要适用风险评估和尽职调查程序。

在与外国官员打交道时，应谨慎且恰当地使用第三方（如代理人），可通过以下因素来评估第三方。

◆ 有明确的商业理由。

◆ 受到最高管理层的适当监督。

◆ 受制于明确的合同条款，这些条款描述了需要完成的工作任务。

◆ 受制于适当的支付条款和机制，以确保合同工作得到执行。

◆ 接受对记录和基本文件的实际监督。

◆ 为服务所支付的对价应与服务相称。

上述因素并不是详尽的、规定性的或决定性的。这些因素的实施可能取决于法人团体的情况（见前文关于相称性原则的要求）。例如，规模较小的公司可能没有必要设置与大型公司同样复杂的合规职能，但合规职能必须是有效的。在小型公司中，合规职能甚至只需要被设置为一个人的工作内容的一部分，只要该人的工作能够提供有效的合规职能，这完全是合理和可以接受的。

3.3 反海外腐败政策的要素

基于以上两大原则，《指引》就企业建立预防海外腐败的政策提供了主要的要素。一般来说公司的预防海外腐败政策应明确阐述其反腐败和预防腐败的立场。它应该能够被公司的所有相关人员，包括管理层、董事会（如适用）、雇员和其他相关人员轻松理解。该政策应阐明公司面临的腐败风险、旨在减少这些风险的活动和程序，以及旨在防止公司相关人员贿赂的措施。该政策应成为入职计划的一部分，以确保所有新入职的员工都了解公司的预防贿赂政策。

政策的具体内容需要根据公司的具体情况量身定制，以解决公司的特定风险状况和情况，但有一些基本要素有必要纳入任何公司的预防贿赂政策中，包括以下内容。

◆ 风险评估程序。

◆ 董事会和经理层级的高管对预防海外腐败的承诺。

◆ 公司降低腐败风险的方法，包括尽职调查。

◆ 公司预防贿赂政策的实施策略，包括沟通和培训。

◆ 举报义务、保护措施和保障举报人安全的渠道。

◆ 合规计划的监测和审查。

公司根据运营所面临的特定风险，可以在其预防贿赂政策中加入预防高风险行为的政策，包括但不限于针对以下行为的政策。

● 减轻由代理人和中间人的行为引起的风险。

● 公司对礼物、款待、促销支出、政治捐款、慈善捐款以及根据企业社会责任计划所需要进行的其他行为的具体规定。

● 公司对支付通融费的政策。

● 高层管理人员和董事会参与预防贿赂的情况。

● 对索贿和敲诈的应对。

● 尽职调查，特别是对关联人、潜在关联人的尽职调查。

● 雇佣安排和商业关系的建立需包括适当的尽职调查程序，以减少贿赂的风险。

● 财务和商业控制，如适当的簿记、审计和支出审批。

● 交易的透明度以及向合规职能部门、高级管理层和董事会进行信息披露。

● 识别、避免和管理利益冲突的流程。

● 决策过程管理，包括权力下放和职能分离。

预防海外腐败的政策应该是明确的、实用的和可获得的。应确保政策在公司的所有相关职能中可以被有效应用。预防海外腐败政策可独立成一份文件，也可以构成其他相关政策的一部分，例如关于招聘或公开招投标的政策。

公司还应采取政策，要求其控制的其他实体，如代理人、子公司和承包商，实施适当的反腐败和反贿赂措施，可将反腐败和反贿赂承诺作为参与公司业务的必要条件。这些措施可以是针对相关实体的，也可以是关于公司自身合规的措施。

3.4 重点事项的具体流程

《指引》对于上述反腐败反贿赂政策在实施中需要采取的流程进行了归纳和总结，具体包括六个方面的流程安排：风险评估、管理层承诺、尽职调查、沟通和培训、保密的举报机制和调查、监督和审查合规计划。

（1）风险评估

澳大利亚贸易委员会（Austrade）建议采用基于风险的方法来制定反贿赂和腐败合规计划，包括三个关键步骤：进行腐败风险评估、对风险进行评级、记录过程和结果。

随着情况的变化，如进入新市场或相关人员更替后，有必要定期重新评估风险。

在进行腐败风险评估时，公司应注意到以下常见的外部风险，包括公司或其关联方的风险。

◆ 与外国公职人员或外国政府实体进行交易，例如，需要就投标获得批准。

◆ 在腐败程度很高的管辖区或部门开展业务。

◆ 参与高风险的交易，如进行慈善或政治捐款、寻求获得许可证和执照，以及与公共采购有关的交易。

◆ 参与高风险项目，如高价值项目、涉及多个承包商或中介机构的项目、无法反映市场价格的项目或没有明确合法目标的项目。

◆ 聘用第三方代理或中介，代表公司与外国公职人员进行商业谈判，以获得业务或其他利益。

◆ 有合资企业伙伴。

◆ 与有政治背景的人（尤其是有明显的公权力职能的个人）有关系。

◆ 与商业交易有关的付款没有得到适当的解释或记录。

◆ 以风险很高的方式与外国公职人员打交道，例如提供奢侈或昂贵的餐饮、住宿或活动。

聘用第三方代理是进入外国市场的一种常见手段。然而，除非采取适当的尽职调查，否则使用这些代理人会带来风险。澳大利亚贸易委员会提醒企业在使用第三方代理或中介时，常见的危险信号包括：描述模糊的服务和交付物、在该领域缺乏经验、与空壳公司进行交易或通过空壳公司进行交易、应外国公职人员的要求进行的交易、大笔的佣金（可能被用作贿赂官员的"混合资金"）、高额费用、预付费用、紧急付款、现金支付、多笔小额支付、向个人账户或离岸账户或信托基金付款。

在风险评估过程中，也应审查公司内部的贿赂风险因素。这些因素包括员工意识和培训不足，对开展业务中过度冒险的奖励，不明确的反贿赂政策和程序（提供礼物、款待、促销支出和政治或慈善捐款），以及不适当的财务控制。

（2）管理层承诺

公司的管理人员应在制定、实施和促进其反贿赂政策方面发挥关键作用。这一责任适用于高层管理人员（包括所有者、董事会或同等人员），也可延伸至较低层的管理人员，但高层管理人员对在公司内部培养反贿赂和反腐败文化负有最大责任。

管理层在制定反腐败反贿赂政策和流程中的角色应包括以下内容。

◆ 传达公司的反腐败政策，具体表现为管理层发起政策的制定和后续审查，并坚持采取彻底和有效的合规措施。

◆ 挑选高级管理人员来领导反贿赂工作，或是（特别是在小企业）让高层管理人员参与领导这项工作。

◆ 批准并背书所有与预防贿赂有关的出版物。

◆ 在适当情况下，具体参与高级别和关键的决策。

◆ 对腐败风险评估进行监督和保证。

管理层在落实和推广反腐败反贿赂政策中的角色应包括以下内容。

◆ 传达公司的反贿赂立场，如通过声明表明高层对防止贿赂、廉洁文化和对腐败零容忍的决心。

◆ 监督反映反贿赂政策和程序的行为准则的制定，并确保员工和第三方都能了解行为准则。

◆ 全面监督违反政策的行为，并在适当时向董事会提供反馈意见。

◆ 宣传防止贿赂的商业和社会效益。

◆ 通过适当的激励和惩戒措施，促进和执行合规计划。

◆ 促进和提高对公司预防贿赂程序和行为准则的认识，包括对举报机制的保护和流程。

（3）尽职调查

尽职调查不仅是腐败风险评估的一部分，也是可有效缓解风险的措施。在建立商业关系之前，应采用彻底的尽职调查。尽职调查的程度应与特定关系或情况的风险相称。

需要进行尽职调查的高风险情况包括以下几点。

◆ 涉及第三方中介，对潜在的第三方中介进行尽职调查可以大大降低风险（例如，如果中介协助公司在外国市场建立业务，则可能需要广泛的程序）。

◆ 一旦建立将很难结束的商业关系。

◆ 涉及兼并、收购业务，以及与外国子公司有关的事项。

在风险较高的情况下，尽职调查程序可以扩展到进行直接和间接的询问和背景研究。公司可以要求提供有关个人的背景、专长和经验的详细资料，并通过自查和联系推荐人来核实所收到的信息。切实可行的措施可能包括让相关人员填写调查问卷、网络搜索、搜索相关的政府（公共）数据库和名单，或向了解相关人员历史和声誉的第三方询问。这些都可以由公司或指定的专家来完成。

由于不受公司控制（但为其提供服务）的关联方也有可能为公司的利润或收益而实施外国贿赂，包括合资企业的股东或其他合同关系的相对方，因此也应成为风险评估的一部分，并在必要时接受尽职调查程序。如果非受控的关联方存在海外腐败或贿赂风险，公司应确定该关联方是否有足够的措施来降低风险。公司可要求该公司证明其对反腐败反贿赂的承诺，并实施相称的反贿赂措施。如果这些措施没有到位，无法核实，或公司无法要求该实体实施这些措施，这可能会引起腐败风险的严重警告，需要考虑是否适合继续进行交易或合作。

公司不一定需要核实非受控的关联方是否完全执行了反贿赂措施，但应在合理的基础上确信他们至少遵守法律法规。如果海外腐败风险较低，查看关联方的相关文件已经足够，但在风险较高的情况下，需要更多的尽职调查和监测程序来确保合规。

（4）沟通和培训

沟通和培训可确保员工了解公司的反腐败和反贿赂政策，以及确保相关政策得到落实。沟通和培训的频率和内容应与所面临的贿赂风险、公司的规模及其经营的性质相适应。

内部沟通需要传达管理层对反贿赂政策的承诺，并使员工意识到特定的反腐败政策与他们的日常工作有什么关系。通过沟通和培训，应该让员工尤其是高风险部门的员工，了解参与海外腐败贿赂的后果，他们应该如何应对贿赂要求，以及到哪里报告贿赂问题。

预防贿赂的政策应传达给所有员工，并便利员工获取政策的途径。政策文件可通过员工手册、指南、内部网、通知和培训材料充分进行传达。公司也可公开其反腐败的政策或作出明确的声明，这样不仅有助于展示公司反腐败的决心，也有助于促进廉洁文化的形成。

培训的内容、形式、频率可根据岗位、职能进行定制，以有效减轻风险。可为公司的雇员、董事、经理、代理人、承包商和供应商提供不同的培训。培训内容应包括一般和特定部门的风险以及公司的反腐败政策和程序（特别是与接受培训的人直接有关的程序）。公司应考虑为面临特殊腐败风险的员工提供有针对性的培训，如从事承包、营销和销售的员工，以及在海外工作或与外国公职人员有交往的员工。公司可将具体案例和其他与公司业务相关的真实场景纳入其中。培训应作为入职培训的一部分，应持续对员工进行培训。培训的提供和材料应定期审查，以确保内容与最新的法律和政策保持一致，并须包含丰富内容以确保相关性。

（5）保密的举报机制和调查

无论规模大小，所有公司都需要建立举报机制，允许内部和外部利益相关者提出对贿赂风险的关注，报告贿赂或可能存在贿赂的情况，并可就反腐败政策和程序提出改进意见。

有效的报告机制应当是可见的、安全的、保密的、易于使用的，并为举报人提供充分的保护。举报机制应确保指控得到适当的分析和评估，并确保合规职能部门能够获得所报告的信息。举报机制应提供关于举报人可能获得的保护的信息，包括调查报复投诉的程序。

公司的举报系统可以由具有相关培训和专业知识的第三方提供。它可以是热线或在线系统的形式。

有效的举报机制需要建立有效的回应机制，包括对报告的指控给予适当的考虑和调查。调查的范围应适当、客观、及时，并有充分的记录。调查可由独立的第三方进行。此外，公司应根据调查的结果，采取适当的行动来解决问题，包括修改现有政策，对不法分子采取纪律处分或建立新的制度。公司可以利用调查报告的结果来探讨问题存在的根本原因、漏洞和问责制的缺失。

（6）监督和审查合规计划

通过监督和审查反海外腐败合规项目，可检验现有政策和程序的有效性，使其适应商业环境的变化。

根据相称性原则，随着公司腐败风险的变化，合规政策也应当作出相应的调整。进入新的市场、运营调整、腐败事件、政府或监管环境的变化，都可能引发新的审查。

公司可采用以下内部和外部机制来监测和审查。

◆ 内部审计和财务控制机制可用于发现和阻止腐败贿赂行为并监督交易。

◆ 对员工和其他同事进行问卷调查，以测试对公司政策和程序的认识水平。

◆ 为员工提供保密和匿名的报告渠道。

◆ 通过培训和其他机制对反贿赂机制的有效性进行反馈。

◆ 由内部或外部的专家进行定期审查，并汇报给管理层。

◆ 监管机构公布的相关信息。

◆ 就反腐败反贿赂政策和程序的有效性进行外部第三方的认证（如 ISO 37001 的认证，但需注意这种核查或认证并不一定意味着公司符合《刑法典》第 70.5A（5）条对充分程序的要求）。

第五节　小结

反腐败是全球各国政府及监管机构共同致力达到的治理目标。原因是多方面的，包括腐败影响国家经济发展、侵蚀政治制度和社会根基、阻碍创新和发展、损害国家声誉从而影响投资者信心、对国家可持续发展和核心利益造成不可挽回的损失等。行贿是腐败发生最直接的肇因，因此各国在打击腐败上采取严厉的执法措施来惩罚和震慑贿赂行为。近年来，各国均认识到事后惩处并没有完全改善企业所处的环境，也没有彻底解决企业自身的问题，无法从根源上解决腐败的肇因。

研究表明，法律规范和政治制度的改进，再辅之以公平、公正、透明、廉洁的社会文化，在打击腐败上是切实可行的。基于此，各国的反腐败立法和廉洁合规标准有趋同的趋势，即从"事后惩处"转变为"事前预防、事中控制、事后惩处、宣传教育"的综合治理模式，最终目标是通过社会治理和企业自治，针对商业行为的各方，多管齐下，营造公平竞争环境，最大化市场和商业中每位参与者的效能。

早在美国通过《反海外腐败法》之前，美国监管部门就开始意识到企业自治和行业标准对于打击不合规商业行为的重要性。曾在 20 世纪 60 年代到 80 年代长期担任美国联邦贸易委员会委员长的保罗·兰德·迪克森（Paul Rand Dixon）在任期内首次将联邦贸易委员会的监管重点从对单个案件的执法转为整个行业的普遍合规管理，并通过引入"顾问意见（advisory opinion）"，为企业合规提供建议和指引，最终成功达到激励企业主动合规的目的，这也成为美国沿用至今的反腐败合规监管和执法方向。迪克森曾精辟指出企业合规管理制度的精髓就在于，使法令的遵守不再依赖严格监视、个人自觉与诚实，而是用合理的事前规划来避免违法行为的发生。一言以蔽之，就是以制度改变人性。

本章和第六章围绕企业自治展开讨论，本章分析企业自治的外部推力，即国家如何通过刑事制度改革，引入暂缓起诉协议制度，激励企业开展廉洁合规治理；第六章解读企业自治的内部改良，通过选取代表性企业解读其对廉洁合规的重视，以及如何将廉洁合规融入企业治理和商业行为。需要强调的是，就打击腐败和贿赂而言，社会治理同样重要。企业当然有其长期愿景和社会责任，但企业存在的核心目的是实现自身盈利，如果严苛预防、监管和惩处措施导致企业为了合规已经无法继续运营和盈利，那么企业合规制度也失去其存在的根本。因此除了激励和引导企业廉洁、诚信、道德、正当地盈利，还应当为企业创造公正、透明、可预期的社会环境，这就包括划分政府和市场的边界、界定政府和企业的关系、打击垄断和不当竞争、对权力进行有效的监督、改善社会治理等。

在制度创新上，马来西亚修改的《2009 年马来西亚反腐败委员会法》、澳大利亚政府向议会提交的《2019 年刑事立法修正案（打击公司犯罪）法案》，均参考英国《2010 年反贿赂法》引入公司预防商业贿赂失职罪，而罪名的法定抗辩理由即企业是否建立"充分程序"来确保企业在预防腐败和贿赂上作出足够努力。法国在 2016 年通过的《萨宾第二法案》、新加坡在 2018 年通过的《刑事司法改革法案》，相继引入暂缓起诉协议来激励商业组织建立反腐败合规制度，以在发生腐败犯罪、洗钱时，换取执法机构暂缓起诉的宽容政策。

在引导企业建立廉洁合规制度上，新加坡腐败行为调查局于 2017 年发布了《新加坡企业反腐败实践指引》，通过提供清晰、简明的"四步"标准，帮助企业完善反腐败制度并落实。马来西亚总理根据《2018 年马来西亚反腐败委员会法（修正案）》的授权发布了《第 17A 条第（5）款充分程序指引》，该指引自 2020 年 7 月 1 日起实施，目的在帮助商业组织了解如何通过建立充分的反腐败合规程序来预防腐败。澳大利亚总检察长办公室于 2019 年发布《预防海外腐败犯罪的充分程序指引（草案）》，旨在为企业海外运营的廉洁合规提供资源和指引，草案发布后也收到社会各方利益相关者的反馈意见。受到新冠肺炎疫情的影响，目前指引还未发布终稿。法国反腐败局在 2017 年 12 月发布《AFA 建议》，通过官方给予指引的方式，帮助私营和公共部门实体预防和发现贪污、贿赂、挪用公共资金等犯罪行为，尤其是对于合规义务的各项要求的落实提出详细的建议。

通过对法国、新加坡、马来西亚和澳大利亚四国对反腐败法律最新的发展以及企业反腐败合规指引梳理，可得出以下四点结论。

第一，各国均致力于激励和引导企业将廉洁合规作为公司治理和商业行为的核心目标和价值。在刑事法律改革上从事后惩处转变为注重"事前预防 + 事后惩处"。法国、新加坡相继引入暂缓起诉协议制度，鼓励商业组织建立预防腐败和贿赂的合规制度来换取执法机构暂缓起诉的宽容政策；马来西亚、澳大利亚参考英国反贿赂法引入企业预防贿赂失职罪名，即在企业未能预防其关联人的腐败贿赂行为时，企业须承担相应的刑事责任，而法定的抗辩理由就是企业反腐败合规制度的建立。

此外，政府以及反腐败专门执法机构推出企业廉洁合规的指引文件，为企业廉洁合规提供原则性的建议。在标准的具体内容上，各国均采纳"国际共识 + 本国实践"的模式，借鉴国际标准的同时进行适当的调整以适合本国国情、法律、政治制度，其中各国的标准尤其受到英国和经合组织标准的影响。

第二，廉洁合规的立法模式呈现出自上至下的趋势，可见国家意志、政治决心在打击腐败贿赂中的重要作用。无论是在普通法法域（新加坡、澳大利亚）、大陆法法域（法国）还是混合式法域（马来西亚），四个国家都采取国家或联邦立法的模式，由中央政府或联邦政府自上而下统一对打击腐败贿赂以及廉洁合规治理进行立法，并提供实践标准。

第三，廉洁合规治理的标准呈现出国际标准影响国内标准、先行者的标准和实践对后发者影响极大的趋势。美国通过暂缓起诉协议制度要求企业强制合规以满足监管部门的要求，过往暂缓起诉协议中的企业合规内容和标准影响了国际标准的制定，再进一步影响与美国经贸关系密切的其他国家。例如，《新加坡企业反腐败实践指引》在主要的廉洁合规要素上，与美国执法部门的指引以及经合组织国际标准基本一致。英国《2010年反贿赂法》率先引入的"商业组织未能防止贿赂罪"之后，也影响到其他普通法国家的反腐败立法修订和标准的推出，马来西亚《2018年反腐败委员会法（修正案）》就以英国《2010年反贿赂法》为蓝本，对本国反腐败法进行重大修改，引入"商业组织贿赂罪"。

第四，各国廉洁合规标准的法律效力如何仍有待观察，目前尚未有案例或法律规定不符合国家的廉洁合规标准将受到处罚。澳大利亚《反海外腐败需要采取的程序指引（草案）》强调反腐败合规的基本原则：成比例和有效性。无论是新加坡、马来西亚、澳大利亚在其制定的指引中均强调企业应当根据其具体情况和特定风险来制定符合企业规模、人员、业务、行业的反腐败合规政策、制度和实施方案。

法国将强制合规作为企业义务，如违反可由反腐败局下的惩戒委员会作出行政处罚的决定。法国曾出现案件，当事企业对反腐败局处罚的决定不满，向惩戒委员会提出行政复议。在2019年法国索能达公司案中，法国反腐败局要求惩戒委员会裁定索能达没有根据反腐败局提供的《AFA建议》制定公司合规政策，因此违反《萨宾第二法案》的强制合规要求。惩戒委员会最终作出了支持企业的裁决，即反腐败局的合规建议不具有强制性，企业可根据自身情况作出调整；而企业如能证明其合规政策相称及有效，即便没有完整遵循反腐败局的合规建议，也可被认为是符合《萨宾第二法案》的强制合规要求。索能达案所体现的逻辑在所有法域均具有参考价值，即企业不一定需要严格遵守各国政府或反腐败机构给出的指引或建议，但企业如果因不合规受到行政或刑事处罚，企业需要就合规政策的合法性、成比例、有效性承担举证责任。

第六章
国外代表性企业的廉洁合规政策解析

　　企业为何要廉洁合规？与传统观念不同，企业内部为腐败付出的代价远不止于金钱。腐败会侵蚀企业利润，导致企业不再关注创新和可持续发展并致使其竞争力下降，单个企业的腐败有外溢效应并影响整个行业和市场其他参与者。腐败会给企业造成三层损害：第一层是直接利益损失；第二层是决策带来的不良后果；第三层是廉洁风气变坏后，团队向心力的丧失，而这是企业绝对不能容忍的。[1] 尽管腐败与个人的道德和品格相关，但如果企业内部大量存在类似行为，那么就是公司治理出现了问题。腐败指向的管理混乱、效率低下、内控失效、价值观缺失等问题将导致人才流失，严重遏制创新，阻碍企业发展。

　　前文分析了国外如何通过反腐败法律制度惩罚腐败行为，同时引入暂缓起诉协议或类似制度激励企业在公司治理中加入预防腐败的合规计划。本章则将关注点放在企业，解读企业如何通过自治来纠正内部不合规行为并以此为契机来提升企业的治理能力。本章选取西门子、空客公司、微软公司、苹

---

[1] 参见邹铭佳：《反腐的长期性和社会化》，2020 年 3 月 25 日，https://opinion.caixin.com/2020-03-25/101533700.html。

果公司和特斯拉五家具有代表性的国外企业，解读他们如何根据国际标准、法律要求及自身情况等制定成比例和有效的廉洁合规政策。这五家企业均明确要求所有员工不得在交易中支付贿赂或回扣等，但在政策、流程、措施、审查、例外等方面存在不同的侧重点和不同的要求，这说明企业须根据自身业务的性质对其反腐败政策进行量身定制，同时根据企业在实践中发生的不合规行为对该政策及时进行更新，以确保企业廉洁合规政策的有效性。

第一节　西门子的廉洁合规政策解析

成立于 1847 年的西门子是德国历史上最成功的企业之一。自 2006 年开始，西门子因为在多个国家、地区的系统性腐败和贿赂事件遭到以美国司法部、证券交易委员会为首的执法部门的调查，震动全球。2008 年，西门子分别与美国和德国的执法机构达成和解，同意缴纳 16 亿美元的罚金，同时承诺重建企业合规体系，彻查内部腐败和贿赂行为。西门子是美国《反海外腐败》执法中里程碑式的案件，改变了全球反腐败执法趋势和立法模式。美国执法机关自西门子案之后开始大肆利用《反海外腐败》的域外法权，在全球范围内调查大型跨国企业，罚金屡创新高，多个法域在某种程度上为应对美国反腐败执法也在本国引入了企业强制合规要求以及暂缓起诉协议或类似制度。[1]

西门子的商业行为准则和合规体系也对企业合规制度和行业合规标准产生了重要影响。一方面，西门子制定并实施了全球最严格且强有力的反腐败体系，聘请专业机构和任命高管，花费超过 7 亿美元，重构了企业的整个合规体系。另一方面，经由反腐败执法事件后，西门子非常清楚地认识到合规需要所有市场参与者均廉洁地参与商业活动，否则一家企业无法应对来自全球市场的重大合规风险。因此，西门子发起联合行动[2]，目标是通过公司、公共部门和民间团体的共同努力，创造公正、公平和清廉的市场条件。西门子

---

[1] 关于西门子的商业诚信政策全文，参见 https://assets.new.siemens.com。

[2] 参见 https://new.siemens.com/cn/zh/company/sustainability/compliance.html。

根据与世界银行和欧洲投资银行的和解协议，发起设立"廉洁行动项目"[1]，联合政府机构、非政府组织、科研院校、智库等外部机构以开展项目、培训、教育等方式，在全球推动建立公平竞争环境、廉洁诚信道德准则以及打击腐败等行动；同时，西门子也将内部的合规体系向外部进行推广和宣传，例如联合竞争对手建立反腐败联盟，在行业内部发起廉洁公约和廉洁宣言等。

2018 年 12 月，西门子推出了最新的商业行为和反腐败合规政策。其中，西门子将"只有清廉的业务才是西门子的业务"作为公司运营的前提，"公平可靠"是公司的行事准则，强调公平竞争并将廉洁作为所有商业行为的核心。值得关注的一点是，西门子将合规定义为遵守法律法规和西门子的内部规章制度，要求所有业务完全符合法律规定和企业的内部原则、规章制度。西门子的合规体系可归纳为"以管理层职责为核心的预防、发现和应对"体系，即围绕管理层职责打造诚信与透明的企业文化和合规体系。关于西门子反腐败合规政策亮点具体见表 6.1。

表 6.1　西门子反腐败合规政策亮点

为什么反腐败	与大多数企业强调腐败将为企业带来金钱、业务、资源的损失不同，西门子直截了当将"廉洁"作为企业的价值观，即"廉洁和公平竞争是西门子的核心价值观"
以管理层职责为核心	围绕管理层职责打造由预防、发现和应对组成的合规体系
将反腐败合规融入管理和运营	"只有清廉的业务才是西门子的业务"
贿赂	向公职人员和私人雇员给予利益均构成贿赂，公职人员定义广泛，包括所有政府官员和被视为公职人员的非政府机构的雇员
通融费	禁止支付通融费

---

[1] 关于西门子发起的廉洁行动项目，参见 https://new.siemens.com/global/en/company/sustainability/compliance/collective-action.html#SiemensIntegrityInitiative。其中与世界银行的协议（2009 年签订）要求西门子在 15 年内支付 1 亿美元支持廉洁行动项目，与欧洲投资银行的协议（2013 年签订）要求 5 年内支付 1345 万欧元。

（续表）

政治参与、赞助、捐赠	允许，但保持严格的政治中立，且须符合西门子的目标、品牌和社会承诺
高风险领域和流程	礼品、款待、捐赠、赞助、慈善捐献、会员资格、差旅、第三方应付款、贸易和出口控制、利益冲突、洗钱、内幕交易

1. 预防，包括合规风险管理、合规政策与流程、全面培训和咨询

西门子明确规定反对一切形式的腐败和贿赂。西门子所有商业业务和商业行为，包括通过外部合作伙伴进行的商业交易，均禁止任何形式的腐败。

西门子将腐败定义为"不诚实或不合法的行为"，除了最为常见的贿赂，还包括商业欺诈、贪污、徇私枉法及裙带关系。贿赂需满足目的和行为两个要件，即以获得不当利益为目的，向公职人员、公共部门或私人雇员提供、承诺或给予货币、礼物或其他利益的行为。其中公职人员或公共部门雇员的定义极为广泛，包括所有政府官员和根据相关法律被视为公职人员的非政府机构的雇员。

西门子主要的合规政策和流程包括如下内容。

◆ 禁止通融费——西门子将通融费定义为向级别较低的政府官员提供金额相对较少的现金或其他好处，满足其个人利益需求或加速其执行政府常规职能。

◆ 礼品、款待——允许，但仅限于合理范围内，须透明并正确地记录在公司的账簿和财务记录中；在类型、价值和频率方面与场合和接受方的职位相匹配；不可以换取任何类型的好处为目的；不可用以不合理地影响接受者的决策或造成行为不当的印象。

◆ 捐赠、赞助、慈善捐献、会员资格——允许，但其目的只能是宣传公司，且必须严格审查，确定这类行为可促进实现公司的合法目标；不得为了获取不当业务优势或其他不道德的目标，而承诺、提供或开展以上活动；必须在宗教和政治方面保持中立；强化品牌和社会承诺，仅仅合法是不足够的。

◆ 政治参与——保持政治中立，在涉及政治家、政党和党派的活动中是无党派，且须符合西门子的商业目标。

◆ 差旅——如须支付第三方的差旅费，须确保合理和适当。

◆ 第三方——禁止通过第三方代表西门子行贿，禁止利用第三方以不合适或不恰当的方式影响公职人员或私营雇员，在建立联系之前须做尽职调查并在业务关系存续期间对业务伙伴进行持续监督。

◆ 应付款——允许，但须符合法律规定，确保只为合法的目的维持账户或资金，只基于合理的文件付款。

◆ 贸易和出口控制规范——遵守适用于国内和国际贸易的出口管制和海关条例，包括供应链安全规范；在受制裁国家开展业务须进行彻底审计；确保遵守所有法域的出口控制条例（例如在美国境外也需遵守美国的出口控制规范）；警惕任何侵权或未经授权使用的风险，并提示相关部门。

◆ 利益冲突——申报可能存在的利益冲突（包括对商业伙伴的投资、投资可影响竞争对手等情况），确保决定是基于西门子的最佳利益。

◆ 反洗钱——采用基于风险的方法来对客户、商业伙伴和其他第三方的身份、背景及付款来源进行验证，确保资金来源合法。

◆ 内幕交易——禁止员工根据内幕消息进行交易，也禁止员工根据内幕交易诱使其他人从事证券交易或推荐证券交易。

◆ 培训和咨询——依照合规政策针对全体员工进行全面的培训，如有任何疑问可随时咨询。

2. 发现，包括质疑和澄清危险信号、多条举报途径、公平的内部调查

◆ 所有危险信号都需要得到澄清——员工须注意危险信号并要求进行澄清，包括财务记录和付款明显不一致；价格高、折扣大或利润率过高；责任不明确或资格有问题的合作伙伴；可疑的私人关系或业务安排；不寻常的高额费用或佣金、过度的礼品、娱乐或招待；在合同中拒绝反腐败条款；无正当商业理由，要求支付预付款；要求现金支付或转账到离岸银行账户或第三方账户。

◆ 举报——鼓励员工对可能存在的腐败和腐败进行举报，承诺会进行公平的内部调查；违反公司政策和主张的情况可报告给上级经理、首席合规官、法律与合规人员、人力资源人员、"Tell Us"热线、全球特派调查官或员工代表。

◆ 调查——西门子将审查所有报告，禁止对投诉者或举报者打击报复，否则将被视为违规而受到处罚。

3. 应对

所有可能违反公司政策和流程的举报都会依照相关流程给予清晰的答复。西门子同时参考当地法律要求，建立明确的处理机制，如被证实属于违规行为，将采取适当的纪律处分措施；此外，西门子还将定期审查并更新以消除薄弱环节。

第二节　空客公司的廉洁合规政策解析

空客公司因其 2011—2015 年的军用和民用航空业务在多个国家和地区涉嫌欺诈、贿赂和腐败行为而受到美国、英国、法国反腐败执法部门的联合调查。2020 年 1 月 31 日，空客公司与美国司法部、英国严重欺诈办公室、法国反腐败局达成协议，支付超过 39 亿美元的罚金，[1] 成为史上被处罚金额最大的国际腐败案件。空客公司与各国执法机构达成的暂缓起诉协议中包括了对本公司反腐败合规政策和措施的改进，本部分解读空客公司改进之后的反腐败政策 [2]。关于空客公司反腐败政策亮点具体见表 6.2。

---

[1] 关于罚金总额，英国严重欺诈办公室和美国司法部的说法不一，前者为 36 亿美元，后者为 39 亿美元，绝大部分报告和新闻均引用美国司法部 39 亿美元的数字。

[2] 关于空客公司的合规政策和行为守则，参见 https://www.airbus.com/company/ethics−compliance.html。

表 6.2　空客公司反腐败政策亮点

为什么反腐败	腐败导致巨额的民事和刑事处罚，也会损害空客公司及所有员工的名誉、努力和业务
对关键概念做列举解释	例如何为"有价值之物"，空客公司结合业务和过往情况，作出详细的说明，其中承诺支付医疗、教育或生活费用，以及向公职人员控制的企业投资等列举均是其他企业政策中并未作出相关说明的部分
高层承诺	在董事会中设立道德和合规委员会（Ethics & Compliance Committee）管理、监督公司合规计划，并负责就计划有效性的更新提出建议
通融费	禁止通融费，唯一的例外是，当遭遇即刻的健康、安全或福利的危险时，可先支付费用，但须立刻向法务与合规团队上报
调查和更新	承诺将对所有确认的不合规事件进行调查，找到根源，并确保企业道德和合规政策得到及时更新以弥补缺漏
高风险领域和流程	礼品和招待、赞助、捐赠和会员资格、第三方、供应商、利益冲突、企业合并、合资企业、国际合作、洗钱

空客公司采取对腐败零容忍的政策，无论是涉及政府公职人员还是私人，也无论是支付贿赂还是收受贿赂。空客公司也要求所有雇员以最高诚信、廉洁和公正的标准开展业务，符合空客公司的政策以及行为指引。空客公司禁止所有向公职人员和商业组织的雇员提供、承诺、给予金钱或有价值之物以获得或维持业务，或得到某种"不当优惠（improper advantage），也禁止所有要求或者接受公职人员和商业组织的雇员给予金钱或有价值之物以获得或维持业务"。此外，在与公职人员及其亲属交往时，必须尤为谨慎，因各国对于公职人员腐败的法律与商业组织、个人的要求并不一致。

空客公司也充分认识到反腐败的重要性，因腐败会带来巨额的民事和刑事罚金，且将空客公司及其所有员工的声誉、努力、商业置于危险之中。如违反空客公司的反腐败政策和指引，员工将受到相应的纪律处分。

空客公司在反腐败政策中对关键要素进行了详细的解释和说明，包括以下内容。

A. 有价值之物——贿赂不止金钱。根据空客公司需要遵守的各国法律，有价值之物的定义极为广泛，除了金钱，还包括各种形式的礼物、招待、机会和投资等，例如提供奢华或过于贵重的礼物和招待；承诺支付医疗、教育或生活费用；赞助或向公职人员建立的"假慈善基金会"捐赠；对政府决策起关键作用的公职人员的亲属提供雇佣机会或实习机会（即便并不支付薪水）；对公职人员控制的企业投资，该公职人员个人会从中受益。

B.不当优惠——贿赂可为了多种目的。贿赂的目的通常是为了获得不当的优惠，而该种目的可有各种形式，包括：获得、保留或更新合同；获得牌照或监管许可；避免国家或政府行使某种不利行为；获取竞争对手的投标信息；影响法院或仲裁机构作出决定；避免或减少关税、处罚、纳税等。

C.通融费——通融费指小额的、非正式的支付给较低层级官员的费用，用以加速日常的行政行为的费用。常见的包括支付费用以加快签证申请的处理。

空客公司禁止支付通融费。唯一的例外是，当遭遇即刻的健康、安全或福利的危险时，可先支付费用，但须立刻向法务与合规团队上报。

空客公司将反腐败合规计划分为预防、识别、补救三大部分，并鼓励员工就计划的实施和合规文化提出意见以不断进行改进。

1. 预防——团队、政策和流程、第三方尽职调查流程、培训和合规意识

（1）团队。空客公司任命首席道德和合规官领导一整个法务和合规团队来负责企业合规事务，包括评估风险、起草政策、开展第三方尽职调查、调查合规实践、内控、培训、支援、就公司合规提出建议。此外，董事会中建立了专门的道德和合规委员会总体负责、监督空客公司合规事务。除专职合规的人员外，空客公司还在全公司各部门、各地区招募非全职的道德和合规代表作为联系人，任何人如有关于合规的疑问、投诉、咨询均可联系道德和合规代表。

（2）政策和流程。空客公司结合自身情况、运营、业务性质等制定了一系列的流程管控政策，以下为主要的政策和流程。

◆ 礼品和招待政策。

◆ 赞助、捐赠和会员政策。

◆ 预防第三方腐败政策（商业发展支援倡议）。

◆ 供应商合规政策。

◆ 预防和申报利益冲突。

◆ 预防与企业合并、合资企业和类似情况相关的腐败政策。

◆ 预防国际合作中出现的腐败政策。

◆ 反洗钱和了解你的客户政策。

（3）第三方尽职调查流程。为回应反腐败政策希望实现的目标，在与第三方建立关系前，空客公司引入基于风险的第三方尽职调查流程。尽职调查的深度和内容取决于第三方提供的服务；空客公司与第三方可能建立的关系，例如代理、供应商、合资企业的合作方等；第三方与政府公职人员交往的程度；第三方运营和主要运作的司法管辖区或国家。

（4）培训和合规意识。空客公司员工必须通过线上学习参与必要的合规培训。此外，根据职能、所处国家以及职位所面临的风险，部分员工会被要求进行面对面的线下培训。培训是强制性的要求，主管同时也有职责确保团队所有成员都接受了培训。

2. 识别——举报、不合规指控和调查以及监控、内控和审计

（1）举报。空客公司致力于建立公开、可信任的举报机制。所有雇员都可以通过空客公司的"公开热线（Open Line）"安全提交保密或匿名的信息。雇员也可直接与部门经理、人力资源负责人、法律和合规部门员工进行交流。空客公司保护基于善意进行的举报，禁止对举报人或协助调查的员工进行报复。

（2）不合规指控和调查。空客公司承诺将迅速、全面、客观对举报或线索进行认真的调查。为此，空客公司也建立了相应的调查流程确保不同渠道的举报或线索都将被有效应对，无论是来自空客公司公开热线还是日常商业行为。如不合规指控得到了确认，空客公司不仅将对牵涉的雇员采取恰当的纪律处分，还会对问题的根源进行彻底调查以采取及时和恰当的补救行为，包括对空客公司道德和合规计划进行及时更新。

（3）监控、内控和审计。空客公司道德和合规部门负责整个道德和合规计划，确保计划被有效实施。此外，空客公司董事会下设的行政委员会、道

269

德和合规委员会负责关键政策和流程的定期监管和管理，主要是提供建议以加强道德和合规项目的有效性。此外，公司审计和鉴定部门会检测和评估内控制度和流程的有效性，并提供信息予空客公司来设计行动方案以加强相关内控。

3. 补救

如不合规行为源于合规政策、流程或工具上的缺陷，空客公司会对道德和合规计划采取相应的补救措施，并会格外重视总结经验。

第三节　微软公司的廉洁合规政策解析

微软公司在解释为何不容忍任何腐败行为时，强调微软公司的业务建立企业与顾客、合作方以及供应商的信任，贿赂将破坏宝贵的信任。贿赂更影响微软公司客户的决策，同时也与微软公司的企业使命冲突，微软公司致力于赋予世界上每一个个人和组织更大能力，以成就更多。微软公司将反腐败政策[1]的目标确定为简洁明晰的"防止在全球任何交易中支付贿赂或回扣"。为达到该目标，微软公司要求须诚信和透明地开展业务，不得支付或提供任何形式的贿赂或折扣，对象包括政府官员、政府所有或控制的公司的雇员。在商业交易中，微软公司禁止员工索取或接受贿赂或回购。反腐败政策同样适用代理人、供应商、合作伙伴、顾问、游说客。该项政策也是微软公司在全球活动的共通政策，每位员工都必须遵守。关于微软公司反腐败合规政策亮点具体见表 6.3。

表 6.3　微软公司反腐败合规政策亮点

为什么反腐败	腐败和贿赂破坏企业与顾客、合作方和供应商的信任，影响客户决策，与公司使命冲突
应对敲诈勒索	明确规定不要因为官员的敲诈勒索就雇佣其建议的人，永远适用常规招聘程序

---

[1] 关于微软的反腐败政策全文，参见 https://www.microsoft.com/en-us/legal/compliance/anticorruption。

（续表）

应对威胁	如面临迫在眉睫的健康和安全风险，允许付款以避免伤害；但一般情况下需获得合规部门的授权，如无法获得授权也必须在付款后 48 小时内向合规部门汇报
明确承诺	即便拒绝贿赂会让微软公司在业务上遭受损失，员工也不会因此受到处罚
通融费	禁止所有类型的通融费
高风险领域和流程	与代理人合作、礼品、款待或差旅、慈善捐赠、招聘决定

结合微软公司的业务、流程、风险点，微软公司反腐败政策的主要内容可概括为以下五点。

1. 禁止一切贿赂和腐败

禁令适用所有有价值之物，包括金钱、商业机会、工作机会、合同机会、捐赠、履行、礼物、招待等。其中高风险情况和行为包括以下内容。

◆ 代理人——确保代理人合法且诚信；决定建立联系前，审查并遵守"诚信代表政策"。

◆ 交易透明——确保合同准确反映了付款，如存在附带协议或预先付款等不寻常的交易，须提高警惕，交易须遵守"道德销售政策"。

◆ 礼物、款待和差旅——确保不是贿赂或回扣，且具有合法的商业目的，须遵守"礼品、款待和差旅政策"。

◆ 慈善捐赠和赞助——不得使政府官员受益，如可带给官员个人利益或是与官员交换好处的一部分，不要捐赠，捐赠须遵守"慈善捐赠政策"。

◆ 涉及政府官员的招聘——不要雇佣官员和与之相关、官员建议的人来帮助微软公司获得或维持业务；即便收到官员承诺、威胁或勒索，也不要因此而作出雇佣决定，始终适用微软公司的常规招聘流程，审查并遵守"涉及政府官员的招聘决定程序"。

◆ 通融费——通融费指为确保或加快官员的日常行政行为而支付的款项，微软公司禁止支付通融费。

◆ 迫在眉睫的威胁——如健康或安全受到迫在眉睫的威胁，如人身暴力威胁，可付款以避免即刻的伤害，但在可能的情况下，应咨询商业行为与合规部并获得授权，如无法获得事先批准，应在 48 小时内向商业行为与合规部报告。

◆ 政治捐助——微软公司鼓励个人参与政治活动，但只能以个人身份参与；因此不能以微软公司名义或微软公司代理人承诺政治或竞选捐助，政治捐助需符合公司政策和流程、法律和"微软公司参与公共政策过程的原则"（注意：该条适用允许政治捐助的司法管辖区）。

2. 保持准确的账簿和记录

在微软公司企业账簿、记录和账户中准确记录向第三方支付的款项或赔偿。

3. 提出疑虑和问询

如有任何关于腐败的问题，联系有关部门，或进行匿名举报。

4. 禁止报复

即便导致业务流失，员工也不会因为拒绝支付或收受贿赂、折扣、从事其他违反本政策的活动而遭到不良后果。若有人善意提出可能违反本政策的疑虑或配合调查，微软公司不会容忍任何针对该人的惩罚或报复。

5. 了解谁是政府官员

须采取"合理的步骤"来识别正在打交道的是否政府官员。微软公司将政府官员定义为：任何政府实体或分部的员工，包括民选官员；任何代表政府实体行事的个人，即使是暂时的；国有或政府控股公司的管理人员和员工；政治组织候选人；政党官员；国际组织的官员、雇员和代表。

第四节　苹果公司的廉洁合规政策解析

苹果公司于 2021 年 2 月首次在专门的商业道德和合规链接中公开一系列合规政策文件。[1] 苹果公司强调公司始终将"道德、廉洁、保密、合规"

---

[1] 参见 https://www.apple.com/compliance/。

作为公司运营和商业行为的核心原则。苹果公司强调公司如何在日常进行运营，对苹果公司继续在全球推出最好产品至关重要，而其中最为核心的就是商业行为和反腐败合规政策。[1] 关于苹果公司反腐败合规政策亮点具体见表6.4。

表6.4　苹果公司反腐败合规政策亮点

公职人员定义	对公职人员的定义是本章解读的所有企业中最为宽泛的，包括政府公共资金支付酬金的人员及行使公共职能的人员
不合规和贿赂"红旗"信号事件	包含了"谣传和听说是贿赂的事件"
旅行开支	为公职人员与苹果公司业务相关的旅行支付费用时，必须得到事前的授权，无论金额是多少
餐饮限额	区分美国和非美国公职人员，对于非美国公职人员，提供详细的国别清单
通融费	禁止所有通融费
高风险领域和流程	回扣、礼品、差旅、餐饮、第三方

1. 贿赂

苹果公司禁止所有类型的贿赂。贿赂被定义为提供或给予任何有价值之物，以获得或维持业务，或获得不当优势。同时禁止所有类型的腐败，不得接受任何人提供的贿赂，无论对方是公职人员还是私人。

有价值之物包括现金、礼品卡、礼物、餐饮、旅游和娱乐，也可包括承诺、保证有价值之物，如工作机会。

苹果公司不会因为获得或维持业务或得到商业上的优势而进行任何形式的雇佣，包括实习机会和派遣职位。苹果公司提供"反腐败雇佣政策"供员工获得更多信息。

合理和常规的商业礼物、餐饮以及其他为合法商业目的而提供的接待，

---

[1] 关于苹果公司的反腐败政策全文，参见 https://s2.q4cdn.com/470004039/files/doc_downloads/gov_docs/Anti-Corruption_Policy.pdf。

可在国际标准和本国反腐败法律的范围内得到允许，但必须与苹果公司的反腐败政策一致。苹果公司提供"商业行为政策"供员工获得更多信息。

2. 回扣

回扣构成贿赂的一种，通常发生在第三方给予金钱或其他有价值之物，以获得信息、折扣或其他好处。

与贿赂一样，回扣包括现金或其他有价值之物，如礼品、餐饮和娱乐。

苹果公司禁止所有类型的回扣。

3. 通融费

通融费同样构成贿赂的一种，通常被用来便利或加快常规的、非自白裁量性质的政府行为。通常低级别的公职人员会要求支付通融费，来提供本应当是其正常职能范围内的服务。

苹果公司禁止所有类型的通融费。

唯一的例外是，当遭遇即刻的健康或安全的危险时，可支付费用以避免危险，但须立刻向商业行为部门上报。

公开的、明确记录的用以加快流程的费用，直接支付给政府或国有的机构，这一般不被认为是通融费。例如为加快护照申请、派送邮件、加快政府文书工作（例如签证），均不构成为贿赂目的而作出的通融费，但以上费用须公开，且是直接向机构支付。

4. 公职人员

苹果公司反腐败政策中的公职人员指由政府公共开支支付酬金或行使公共职能的个人。包括为地方、州（省）、国家政府工作的雇员，国际组织的雇员，政府所有或政府运营的学校、医院、企业的雇员。只要在以上的部门、政府、组织工作，无论是何职位，均构成公职人员。

关于公职人员的所有政策均适用其家庭成员。

如当地法律允许，苹果公司可为公职人员支付旅行费用，前提是旅行与商品或服务的促销、推广、政策解读等有关，且必须经过商业行为部门或法务部门的批准。

对于美国公职人员的礼品和餐饮支出，苹果公司有相应的要求。而对于非美国公职人员在餐饮上的限额，苹果公司提供一个详细的国别清单。

任何活动只要邀请公职人员，必须遵守"邀请政府或公职人员、官员参加活动的道德政策"。

5. 第三方

与苹果公司业务有关的第三方的腐败、回扣、通融费将导致苹果公司承担法律责任。第三方须确保他们的第三方，包括次级分销商或代理，同样理解并遵守苹果公司的反腐败政策以及遵守反腐败法律法规。第三方行为不构成合理抗辩。此外，不了解政策同样不构成抗辩。

如第三方可能与政府或公职人员打交道，在与该第三方建立联系前，须联系苹果公司全球合规部门以确认是否需要额外的尽职调查。相关信息可参考"尽职调查政策"。

如发生以下"红旗"信号，须提高警惕并提示商业行为部门。

◆ 谣传或听说可能存在腐败。

◆ 与公职人员或政府部门相关的可疑开支项目，包括一次性付款要求，要求支付大额中介费，或通过第三方支付，或在第三国支付。

◆ 与公职人员或部门存在密切联系，或坚持要求使用特定或对业务并无帮助的顾问。

6. 准确的记录和内控

根据法律规定，苹果公司有义务记录并保存准确的记录，以真实反映公司所有的交易，并维持充分的内控审计体系，包括保留所有相关文档以及恰当进行授权。

确保所有的记录均准确反映交易情况，包括发票、开支记录以及其他所有商业记录。不要错记、漏记、修改记录或报告。提供尽可能详细的细节。

当涉及与政府公职人员或部门的联系时，确保对相关的内容作出详细描述，包括提供的服务的详细内容，接受的工作任务的详细内容，政府交往的详情，以及详细的开支情况。例如"建造和项目管理""商品认证""设计费"这样的简要描述是不可接受的。

如遇到索取贿赂或要求回扣的情况，可直接拒绝。向对方解释这是违法且与苹果公司的政策冲突的，并将事件上报商业行为部。

7. 举报可能或已发生的腐败贿赂行为

对于商业决策或行为是否合适，如有疑问，应咨询商业行为部。对代表苹果公司利益与政府公职人员打交道的第三方，须仔细监督。

如发现任何可能或已经发生的不合规和不合法行为，须立刻上报商业行为部或法务部门。

第五节 特斯拉的廉洁合规政策解析

特斯拉全球反腐败政策[1]非常清楚，即不支付或接受任何形式的贿赂，不支付或接受任何形式的回扣，不会容忍任何与业务相关的腐败。特斯拉的反腐败政策简洁、清楚，十个英文单词即可概括 "Don't offer any bribe to anybody, for any reasons（不要以任何理由向任何人行贿）"。特斯拉的反腐败政策适用所有分支机构、所有雇佣、所有代表特斯拉利益的独立第三方，包括独立合作商、顾问、代理、供应商、分销商。此外，特斯拉通过了 "行为守则（Code of Conduct）"，要求所有员工在销售、购买或代表特斯拉行事时，作出符合法律和道德的行为。尽管违反行为守则并非一定违法，但特斯拉明确要求员工遵守公司政策、美国法律和其他业务所在地的法律，否则将导致纪律处罚、开除或终止商业关系。关于特斯拉反腐败政策亮点具体见表6.5。

表6.5 特斯拉反腐败政策亮点

极简的反腐败政策	"不要以任何理由向任何人行贿"
为什么反腐败	强调腐败将对品牌以及声誉造成长久的损害，此外也会导致数百万美元的罚金、处罚、相关人员的监禁
礼品、招待和娱乐	只限于正常商务活动，上限为50美元
通融费	特定情况下可允许通融费，但须取得许可

---

[1] 关于特斯拉反腐败政策全文，参见 https://www.tesla.com/sites/default/files/about/legal/tesla-worldwide-bribery-and-anti-corruption-policy.pdf。

（续表）

政治捐助	不允许任何政治捐助，即便所在地法律允许
高风险领域和流程	礼品、招待、娱乐、第三方

结合特斯拉的业务、流程，反腐败政策主要包括以下内容。

1. 礼物、招待和娱乐

基本的政策是不允许给予任何金钱或类似金钱的礼物，如礼品卡，且所有的礼物、招待（如餐饮和旅行）和娱乐都要适度及合理。由于较高价值的礼物和奢侈的娱乐可能被用来不当影响政府决策，因此均被禁止。适度及合理是指在正常商务过程中，不超过 50 美元的非金钱的礼物、餐饮或娱乐。

此外还有以下相关事项须特别注意。

◆ 交通、娱乐等开支若影响外国公职人员[1] 的廉洁或声誉，则被禁止。

◆ 除非法律顾问或法务授权，否则特斯拉不为外国公职人员及其家人、朋友的旅行支付费用。

◆ 特斯拉禁止任何为了影响公职人员在其职权范围内作出决定、行事或给予优待而提供、支付或承诺给予任何有价值之物（包括特斯拉所有的资产或任何有价值之物）。[2]

2. 通融费

通融费指为加快或确保"常规政府行为"而向外国政府公职人员、政党或政党官员支付的最低程度的费用。通融费不包括为了影响具有自由裁量性质的行为或决定而支付的费用，例如支付费用是为了获得合同奖励或减免费用。须注意，通融费并非在所有国家都合法。

特斯拉仅在特定情况下允许通融费，除满足以上条件还须在支付通融费之前，获得总法律顾问或法务部门的授权。

---

[1] 外国公职人员包括外国政府部门、分支或外国政府的实体机构的雇员；外国政府所有或控股的实体，在大多数国家包括电信、医疗、教育机构的雇员；国际组织，例如红十字会或世界银行的雇员；任何代表政府机构或公共机构行事，或为其利益行事的有公共职务的个人，包括机构雇用来为政府审核或接受投标的雇员。

[2] 包括决定不行使他的职权，或利用其本人或所在政党来影响外国政府或实体机构，以影响政府或实体机构的行为或决策，目的在于帮助特斯拉获得或保留业务，或转介业务予其他个人或实体。

3. 代理、代表、顾问或分销商

在与这些第三方进行交易或尽职调查时，尤其须注意以下可能构成不合规行为的警示、危险（即"红旗"信号）。

◆ 第三方在背景调查或声誉上有问题。

◆ 第三方由公职人员推荐，尤其是涉及的业务存在自由裁量权。

◆ 第三方明确反对特斯拉合同中提及的 FCPA 下应遵守的权利义务。

◆ 第三方与公职人员存在私人关系、亲属关系或商业联系。

◆ 第三方所要求的合同条款或付款方式在当地法律中可能存在问题，例如以现金支付、以他国货币支付或在第三国管辖区内进行支付。

◆ 第三方要求个人信息或公司信息、特斯拉车主信息、主管或雇员的信息匿名。

◆ 第三方的佣金超过正常范围且必须以现金支付。

特斯拉的原则非常简单：所有以上的"红旗"信号事件都必须被重视，必须立刻得到调查并作出解释。

如不确定是否构成"红旗"信号事件，或不知如何应对，必须马上联系法律顾问或法务部门。

4. 需要授权的事项

给予外国公职人员、政党或政党官员、候选人的任何有价值之物，无论具体价值是多少，都必须寻求法律顾问或法务部门的意见和授权，须明示且以书面形式作出解释或申请授权。

5. 账簿和记录／内控

账簿和记录必须准确反映交易内容；所有资产均须准确记录；禁止记录虚假、伪造的条目。

6. 政治捐赠

无论所在国家是否允许政治捐赠，特斯拉禁止所有直接或间接的政治捐赠，除非获得法律顾问或法务部门的书面授权。

7. 定期培训

经常与政府公职人员交往或向政府销售产品的雇员均须定期接受特斯拉

法务部门的培训，最少不低于三年一次。

8. 举报违规或涉嫌违规的行为

经理应对反腐败合规政策的落实负责；任何人如怀疑或发现违反特斯拉反腐败政策的行为，应立即向上级、首席财务官、法律顾问或法务部门报告；也可匿名直接向特斯拉总部举报；特斯拉不允许对任何善意且具有合理理据的举报人报复；特斯拉同时提供全球通用的举报热线。

第六节　小结

廉洁和道德对企业来说有多重要？西门子腐败案件达成和解后任命的首席执行官罗旭德（Peter Löscher），在被问到公司如何平衡商业廉洁和股东利益时，曾指出"没有人能够永远不为其不道德行为买单，所以必须完全抛弃这种行为"，也只有建立廉洁、诚信的企业文化，运营超过 170 年的西门子才能继续运营 170 年。[1]"人无信不立，国无法不安"，廉洁合规和诚信是企业运营的底线和起点。要让企业通过有竞争力的创新来发展，必须剔除所有不道德的行为。

企业在建立和落实廉洁合规制度中会遇到哪些困难？在关于中国合规管理调查的报告中，企业在回答"公司合规的困难有哪些"时表示，最大难题是"业务部门不配合"，占比为 21%；其他主要的合规障碍包括"合规的鸟儿没虫吃""合规岗位的合规技能有待提高""合规不能触及风控本质""公司领导不重视"等。[2]以上回答反映了企业合规常见的问题，以及市场存在劣币驱逐良币的现象。企业在复杂的环境中运作，单个企业很难应对各个市场和领域出现的风险，这也让"合规创造价值"在企业实际落实增加了难度。正如前文所述，各国政府都认识到廉洁合规在创造公平竞争的市场中的核心作用，从各个方面推动社会治理和企业治理；全球性的公共机构、非政

---

[1] 参见西门子：《保持商业诚信》，https://assets.new.siemens.com/siemens/assets/api/uuid:07cd346f-9612-4369-a0f8-df0043c4ae5b/maintain-business-integrity.pdf。

[2] 参见中国合规网发布的年度合规报告，编者查询到的最新一期是 2016 年，以上回答综合了 2014—2016 年的报告内容。

府组织、国际组织、企业也在联合行动，共同努力，致力于推动全球性或区域性的公平、透明市场的建立。

何为有效的廉洁合规？包括上述五家企业在内的所有跨国企业事实上都已经认识到，企业跨地域和跨文化的业务扩张实际上是促进了企业内部反腐败政策的建立和落实。因为企业在全球业务的整合需要处理财务和非财务的问题，而要想获得业务上的成功，必须要确保企业在全球运作的顺畅，而廉洁合规不仅可以帮助企业管理和运营，更可以使企业专注业务和创新。

通过回顾本章所解读的国外代表性企业的廉洁合规政策可知，一个完整、有效的廉洁合规体系不仅需要考虑企业自身的特点、运营情况、需求等，还需要企业非常清楚其业务和流程中潜在的问题并准确识别出所面临的风险。简言之，廉洁合规因公司特性或特点而异。

对跨国企业来说，由于业务遍及全球，需要满足不同法域的法律要求以及不同监管机构制定的廉洁合规标准，企业往往会选择法律和监管要求最为严格的法域，通过制定一套统一的廉洁合规制度来约束所有员工的行为。实践中，企业往往参考美国《反海外腐败法》、英国《2010 年反贿赂法》等法律和监管要求。近年来随着法国等其他国家陆续通过各自的反腐败和反贿赂法，企业也在逐步修正和完善其合规计划，以满足不同司法管辖区的法律和监管要求。

上述五家企业的共同点在于最高层有坚决和强大的反腐败决心，并清楚说明为何要将廉洁作为企业的核心价值观。尽管并非每家企业都如西门子一样明确表示要围绕最高层打造合规计划，但从其廉洁合规政策来看，显然都得到了最高层的充分支持。企业可以从严格的风险评估做起，根据业务、经营、企业自身的特点来识别高风险领域、设定廉洁合规政策的框架，再通过具体的流程和要求在业务中有效预防风险。企业也可以加入关于有效调查、发现、报告的规定，鼓励员工就可能的腐败和已发生的腐败进行询问或报告。贯彻廉洁合规需要保持时刻的警惕，才有可能确保企业在长期运作中不至于因为廉洁合规问题遭受重大损失，而这需要企业持之以恒的努力，将廉洁合规真正变为企业的文化。

　　这五家企业廉洁合规政策的不同点也正反映了本书第五章所总结的企业廉洁合规政策的两大原则：成比例和有效性。企业运营中的风险是不可避免的，因此需要考虑如何在业务和风险之间达至合理的平衡。

　　就成比例而言，这五家企业根据自身的业务、规模、人员等设计了成比例的廉洁合规计划，并非所有企业都需要像西门子一样投入巨额资金打造全面的合规计划；并非所有企业都遇到过或可能遇到类似的风险；并非所有企业都需要像特斯拉一样禁止政治捐助和只允许50美元以下的礼品、招待和娱乐，因为特斯拉的业务和运营模式相对更简单和直接，所以可以采取较为简洁的反腐败政策。

　　就有效性而言，除了建立内部廉洁合规计划，西门子为了有效预防、应对企业内部的廉洁合规问题，非常有前瞻性地指出，所有市场的参与者和利益相关者需要联合行动、统一目标。只有当所有人，包括企业领导、企业员工、政府机构、非政府组织、竞争对手等，都认可廉洁、公正、透明地开展业务的价值，并共同推动建立公平竞争环境，企业等组织乃至国家的廉洁合规才得以持续。企业当然需要总结过往经验和典型案例，将廉洁合规作为管理和开展业务的核心；但同时企业也无法单独行动，而是需要市场的所有参与者和利益相关者共同努力。

　　长远来看，走向廉洁合规经营是企业的必经之路。2007年，西门子耗费巨资建立企业合规管理体系，当时在企业商业诚信、反腐败合规上尚没有公认的标杆企业和最佳实践。短短十几年间，企业实践、行业监管、研究报告、国际标准、国家法律均出现重大变革，市场的参与者达成共识并创建了包含若干核心原则的实践模式。值此变革之际，有远见和担当的企业更应以其视野、格局和社会责任感，积极行动，既为实现企业的发展和使命，也为创造更美好、道德、有同理心的社会生活。

第七章
结论与建议

2020 年 11 月，中央全面依法治国工作会议首次提出习近平法治思想。在此次会议上，习近平总书记指出：要传承中华优秀传统法律文化，从我国革命、建设、改革的实践中探索适合自己的法治道路，同时借鉴国外法治有益成果，为全面建设社会主义现代化国家、实现中华民族伟大复兴夯实法治基础。可见，"借鉴国外法治有益成果"是我国建设和发展不可或缺的重要路径。

清华大学公共管理学院院长、教授、全国人大常委会委员、社会建设委员会副主任委员江小涓最近在《经济研究》2021 年第 6 期发文指出，随着我国继续扩大开放——中国开放道路的突出特色是渐进式开放，规则、规制、管理、标准等制度性开放成为中国必然而紧迫的任务，而"多年来开放理论研究的进展表明，在分析中国对外开放问题时，国际上通用的分析框架或许不是最恰当的，但起码是可以有效参考的。实际上，这些理论即使在分析发达国家的开放问题时，也并不见得十分贴切，存在许多重要争论和不同观点，理论本身也仍然在发展与变化之中，适宜总是相对的。讲好中国故事，总结我们的经验很重要，借鉴吸收他人的学术成果也有重要参考价值。"[1]我国最高人民法院原院长肖扬提出："如果一提国外法治文化和法治制度就不加分析地拒之门外，甚至谈虎色变，就等于闭关锁国，故步自封，刚愎自用。"[2]概言之，对我国有益的国外法治文化、法治制度和学术成果等，都可以以合适的方式加以借鉴吸收。

实际上，我国在改革开放历程中，许多制度经历了从舶来品到本土化再到逐步建立健全中国特色制度的过程。以反垄断领域为例，尽管"我国反垄断制度初步形成了一个完整而有效率的体系"，但最初"由于缺乏本土的制度传统，因此我国的反垄断制度在很大程度上是在参考国外经验的基础之上，全新建构出来的。在这个过程中，移植和借鉴的成分是比较大的。只要我们仔细读一下《反垄断法》的文本，就不难发现其中的很多条文和表述有着很明显的舶来特征。制度经济学的理论告诉我们，当一个制度被引入一个新的环境后，它一定会经历一个和'输入地'的制度环境、现实状况发生冲突、进行磨合的过程。只有在这个过程中不断吸收本土资源、适应本土环境，舶来的制度才能最终和本土环境有机融合，制度本身才能真正发挥其作用。"[3]

因此，本书主要运用比较研究方法、跨学科研究方法、文献研究方法和历史研究方法，在对廉洁合规基本理论进行探讨的基础上，对国际商会、透明国际、世界经济论坛、亚太经济合作组织、世界银行、经合组织、联合国、国际标准化组织等国际组织以及美国、英国、法国、新加坡、马来西亚、澳大利亚的廉洁合规标准进行解读，并对西门子、空客公司、微软公司、苹果公司和特斯拉这五个国外代表性企业的廉洁合规政策进行解析。通过分析可知，国际组织和上述各国的廉洁合规标准越来越呈现出趋同化现象，它们在一定程度上反映了国际社会反腐败的智慧和共识。这些廉洁合规

---

[1] 参见江小涓：《制度性开放成为中国必然而紧迫的任务》，2021年9月9日，https://www.sohu.com/a/488880944_644547。

[2] 参见《要借鉴国外法治文化》，2012年09月23日，http://news.sina.com.cn/c/2012-09-23/063925233322.shtml?source=1。

[3] 参见《中国的反垄断制度：从舶来品到本土化——〈中国反垄断十二年：回顾与展望〉书评》，2021年8月25日，https://www.bjnews.com.cn/detail/162981702814379.html。

的标准、框架、制度、机制、原则、规则、政策、程序等，对所有组织的廉洁合规治理都具有重要的参考价值和借鉴意义。本研究旨在尽可能全面、客观、准确地总结出廉洁合规的国际标准，希望有助于促进廉洁合规治理研究，并为企业廉洁合规治理和其他组织开展廉洁合规治理提供理论支持和尽可能翔实的国外相关资料。

2017 年 1 月 26 日，经合组织通过了《经合组织理事会关于公共廉洁的建议》（OECD Recommendation of the Council on Public Integrity），它为政策制定者提供了公共廉洁战略的蓝图，强调全面的、基于风险的廉洁政策并在整个社会培育廉洁文化。该建议提出了公共廉洁的三大支柱，即制度（system）、文化（culture）和问责（accountability），见表 7.1。事实上，这三大支柱及其具体要求在进行变通之后，基本上都可以适用于私营部门和非营利部门的企业等其他组织，能够为其开展廉洁合规治理提供思路、方法和措施等。

表 7.1 经合组织提出的公共廉洁三大支柱 [1]

1. 制度	（1）承诺	在公共部门的最高政治和管理层表明提升公共廉洁和减少腐败的承诺，尤其是通过以下方式： （a）确保公共廉洁体系可以定义、支持、控制和加强公共廉洁，并且被纳入更广泛的公共管理和治理框架中。 （b）确保有适当的立法和制度框架，使公共部门的组织可以负起责任，对本组织的活动及开展活动的公职人员进行有效的廉洁管理。 （c）为最高政治和管理层确立明确的预期，通过示范性个人行为（包括在履行公职过程中体现出高标准的适宜行为）为公共廉洁体系提供支持
	（2）责任	明确公共部门中的机构责任，以增强公共廉洁体系的有效性，尤其是通过以下方式： （a）明确相关级别（组织、地方或国家）机构在设计、领导和落实公共部门廉洁体系要素方面的责任。

---

[1] 参见《要借鉴国外法治文化》，2012 年 09 月 23 日，http://news.sina.com.cn/c/2012-09-23/063925233322.shtml?source=1。

（续表）

		（b）确保在各自司法管辖区具有制定、落实、加强和（或）监控公共廉洁体系要素之核心责任的所有公职人员、单位或团体［包括自治和（或）独立的团体］具备适当的职权和能力履行其责任。 （c）在该等公职人员、单位或团体之间推行水平和垂直合作机制，并在可能的情况下在地方各级政府之间推行此等机制，通过正式或非正式的手段支持实现一致性并避免重叠和空白，并且分享和建基于从良好实践中获得的经验
	（3）战略	为公共部门制定以证据为基础的战略方法，以缓释公共廉洁风险，尤其是通过以下方式： （a）采用基于风险的方法应对违反公共廉洁标准的行为，在此基础上设定公共廉洁体系的战略目标和优先事项，并考虑到有助于公共廉洁政策有效性的因素。 （b）设定基准和指标，并收集与公共廉洁体系的实施、绩效及整体有效性有关的可信数据
	（4）标准	为公职人员设定行为的高标准，尤其是通过以下方式： （a）在最低要求的基础上更进一步，强调公共利益优先，遵守公共服务价值观，建立一种促进和奖励组织学习并鼓励良好治理的开放文化。 （b）将廉洁标准纳入法律制度和组织政策（如行为守则或道德守则），以清晰地表明预期并在适当情况下作为纪律、行政、民事和（或）刑事调查和处罚的依据。 （c）制定明确和适当的程序，帮助预防违反公共廉洁标准的行为，并管理实际或潜在的利益冲突。 （d）在公共部门的组织内部并向私营部门、市民社会（civil society）和个人宣传公共部门的价值观和标准，并请求这些合作伙伴在与公职人员交往时尊重这些价值观和标准
2.文化	（1）全社会	提倡一种全社会参与公共廉洁的文化，与私营部门、市民社会和个人建立合作关系，尤其是通过以下方式： （a）承认私营部门、市民社会和个人与公共部门交往时尊重公共廉洁价值观在公共廉洁体系中的作用，尤其是鼓励私营部门、市民社会和个人将坚守这些价值观作为一项共同的责任。

（续表）

		（b）让利益相关方参与到公共廉洁体系的建立、定期更新和实施中。 （c）提高社会各界对公共廉洁益处的认识，降低对违反公共廉洁标准行为的容忍度，并在适当情况下对个人（尤其是在学校里）实施促进公共廉洁的公民教育活动。 （d）让私营部门和市民社会参与，通过在商业和非营利活动中坚守廉洁为公共廉洁的益处提供补充，并且分享和建基于从良好实践中得到的经验
	（2）领导力	致力于增强廉洁领导力，以表明公共部门的组织对于廉洁的承诺，尤其是通过以下方式： （a）将廉洁领导力纳入对组织各级管理人员的要求之中，将其作为选拔、任命或提升至管理岗位的要求之一，并根据组织的各级公共廉洁体系对管理人员进行绩效评估。 （b）明确职权、提供组织支持（如内部控制、人力资源文件和法律意见），进行定期培训和指导，以增强在涉及公共廉洁问题之事项中做出适当判断的意识并培养相关技能，从而支持管理人员发挥道德领袖的作用。 （c）建立促进识别和缓释公共廉洁风险方面管理责任的管理框架
	（3）基于绩效	促进致力于公共服务价值观和良好治理，且以绩效为基础的专业化公共部门，尤其是通过以下方式： （a）确保始终适用绩效和透明等基本原则的人力资源管理，从而为公共服务的专业化提供支持，预防偏袒和任人唯亲，防止不必要的政治干预，减轻滥用职权和行为不当的风险。 （b）确保客观标准和正式程序基础上的公平公开招聘、选拔和晋升体系，确保建立为问责和公共服务理念提供支持的评价体系
	（4）能力建设	为公职人员在工作场所践行公共廉洁标准提供足够的信息、培训、指导和及时的建议，尤其是通过以下方式： （a）在公职人员的整个职业生涯中，为他们提供明确和最新的信息，让他们了解与维持公共廉洁高标准有关的组织政策、规则和行政程序。

（续表）

		（b）在公职人员的整个职业生涯中，为他们提供入职和在职廉洁培训，以提升他们的意识并培养他们分析道德困境的必要技能，并且让公共廉洁标准在他们各自的工作环境中变得可适用和有意义。 （c）建立让公职人员可以方便地获得正式和非正式指导和咨询的机制，帮助他们将公共廉洁标准应用于日常工作并且管理利益冲突
	（5）开放	支持公共部门内对廉洁问题能做出适当反应的开放式组织文化，尤其是通过以下方式： （a）鼓励建设开放式文化，从而对道德困境、公共廉洁关切以及错误进行自由讨论，在适当时可以与员工代表进行讨论，同时领导层对有关问题作出响应并承诺提供及时的建议并解决这些问题。 （b）建立举报涉嫌违反廉洁标准行为的清晰规则和程序，并根据国内法的基本原则为诚实和合理的举报提供法律和现实保护，确保举报人不会受到各种不公正待遇。 （c）提供举报涉嫌违反廉洁标准行为的替代性渠道，包括在适当时允许向有职权、有能力进行独立调查的团体进行匿名举报
3. 问责	（1）风险管理	采用内部控制和风险管理框架维护公共部门组织的廉洁，尤其是通过以下方式： （a）确保建设有着清晰目标的控制环境，表明管理人员对于公共廉洁和公共服务价值观的承诺，并在合理的程度上确保组织的效率、业绩以及对法律和实践的遵从。 （b）确保采用战略性的方法来管理风险，包括评估公共廉洁的风险、应对控制薄弱环节（包括在关键流程中加入报警信号）以及为风险管理系统建立有效的监督和质量保证机制。 （c）确保控制机制的一致性，确保控制机制包括明确的程序来应对可信的涉嫌违法违规的行为，以及为举报人向有关部门举报提供便利并使其不用担心受到报复
	（2）执行	确保执行机制可以对公职人员涉嫌违反公共廉洁标准的所有行为以及牵涉其中的所有其他人员作出适当回应，尤其是通过以下方式：

（续表）

		（a）通过纪律、行政、民事和（或）刑事程序确保公共廉洁标准得到公平、客观、及时的强制执行（包括察觉、调查、处罚和上诉）。 （b）推进相关团体、单位和官员之间（在组织、国内和国家层面）的合作和信息交换机制，以避免重叠和缺口并建设更为及时、适度的强制执行机制。 （c）鼓励公共部门组织在内部以及向公众公开强制执行机制的效果和案件处理的结果（尤其是通过提供与案件有关的统计数据），同时尊重保密性以及其他相关的法律规定
	（3）监督	强化外部监督和控制在公共廉洁系统中的作用，尤其是通过以下方式： （a）通过向监督机关（比如最高审计机构、监察专员或信息委员会）、监管执法机关以及行政法庭的处罚、裁定和正式建议作出足够的反应（包括采取相关纠正措施），促进组织学习并表明公共部门组织的问责决心。 （b）确保强化公共廉洁的监督机关、监管执法机关以及行政法庭对第三方提供的有关涉嫌违法行为或不当行为的信息（比如企业、雇员和其他个人提出的投诉或指控）作出反应。 （c）确保监管执法机关公正执法（执法对象可能是公共和私营组织，也可能是个人）
	（4）参与	鼓励政治程序和政策周期各个阶段的透明度和利益相关方的参与，以便更好地进行问责和保护公共利益，尤其是通过以下方式： （a）提升透明度并打造开放型政府，包括确保公众可获得信息和公开数据，以及及时回应索要信息的请求。 （b）让所有利益相关方（包括私营部门、民间团体和个人）能够参与公共政策的制定和落实过程。 （c）对利益冲突进行管理，并且在游说活动中和为政党和选举活动提供资金方面实现透明，以避免公共政策被狭隘利益团体把持。 （d）鼓励建立一个包括"看门人"（watchdog）组织、公民团体、工会以及独立媒体在内的社会。

值得注意的是，经合组织提出了一个"政策俘获"（policy capture）问题，其实质是"狭隘利益对公共政策的俘获"，即"公共政策决策脱离公共利益，转向特殊利益，这会加剧不平等并破坏民主价值观、经济增长和对政府的信任"，因此经合组织"提出了通过让利益相关方参与其中、确保透明度、促进问责制和加强组织廉洁政策来确保公共利益得到优先对待的机制"[1]。概言之，解决"政策俘获"问题的措施有三种：（1）创造公平竞争的环境：让利益相关方参与到不同的利益中，以确保范围广泛的决策过程不容易被狭隘利益捕获，并促进游说活动和政治融资的廉洁和透明；（2）确保透明度和促进问责制：外部行为者和利益相关方需要在决策过程中获得可靠、及时和相关的信息，而外部控制、有效的竞争和监管政策能够使公共部门和私营部门承担责任；（3）识别"政策俘获"风险：通过适当的组织廉洁政策缓释风险，包括明确界定行为标准、在公共组织中促进廉洁文化，并确保健全的控制和风险管理框架有助于防范"政策俘获"。[2] 显然，所有组织都应警惕"政策俘获"问题，以实现国家利益、公共利益和（或）集体利益与个人利益之间的统一。当发现"政策俘获"问题时，组织可从上述三个方面及时加以有效解决，并防止类似问题再次发生。

我国内地和香港廉政公署的反腐败框架与经合组织提出的公共廉洁"三大支柱"（制度、文化和问责）具有异曲同工之妙，堪称反腐之路的殊途同归。与我国内地的"一体推进不敢腐、不能腐、不想腐"相比，"不敢腐"对应着问责，"不能腐"对应着制度，"不想腐"对应着文化；与香港廉政公署的执法、预防和教育"三管齐下"全方位打击腐败的策略或模式相比，执法对应着问责，预防对应着制度，教育对应着文化（见表7.2），而且，三者的目的实质上都是反腐倡廉。

---

[1] See https://www.oecd.org/gov/ethics/OECD-Recommendation-Public-Integrity.pdf.

[2] See OECD, Preventing Policy Capture: Integrity in Public Decision Making, OECD Public Governance Reviews, 2017, OECD Publishing, Paris, https://doi.org/10.1787/9789264249455-3-en.

表7.2 经合组织、中国内地和香港廉政公署的反腐败框架比较

		经合组织	中国内地	香港廉政公署
框架		公共廉洁"三大支柱"	"三不"一体推进	"三管齐下"打击腐败
核心要素	制度：降低腐败行为发生的可能性		"不能腐"：监督，制度约束	预防：审查，控制腐败
	文化：塑造一种对腐败零容忍的文化和社会氛围		"不想腐"：教育，正风肃纪	教育：警示，绝缘腐败
	问责：确保从事腐败行为者为其行为负责		"不敢腐"：遏制，高压震慑	执法：调查，打击腐败
目的		打击腐败、促进廉洁	反腐倡廉	肃贪倡廉

　　我国香港廉政公署负责执法、预防和教育工作的部门分别是执行处、防止贪污处（又称防贪处）和社区关系处。[1] 香港廉政公署认为："健全而又持续稳定的反贪制度及廉洁社会文化有助于缔造良好的营商环境及金融等产业的发展，更是香港赖以成功的重要基石。香港的肃贪倡廉工作得以成功，全赖市民大众的支持，对贪污采取绝不容忍的态度，和挺身举报贪污不法行为。"[2]

　　第一，执行处是香港廉政公署最大的部门，下设两个主要部门（分为四个调查科），分别负责调查公共部门和私营部门的贪污及相关罪行。其法定职责包括：（1）接受及审阅贪污指控；（2）调查任何被指控或涉嫌触犯《廉政公署条例》、《防止贿赂条例》及《选举（舞弊及非法行为）条例》的罪行；（3）调查任何订明人员涉嫌滥用职权而犯的勒索罪；（4）调查任何与贪污有关联或会助长贪污的订明人员行为，并向行政长官提交报告。执行处的策略是"主动出击"，因为他们认为"贪污授受相悦，不易被人揭发"。执行

---

[1] 本段及以下三段关于香港廉政公署的介绍，可参见香港廉政公署官网：https://www.icac.org.hk/tc/home/index.html。如前文第一章第一节所述，此处所指的"贪污"指的是腐败、"防贪"指的是防止腐败、"肃贪"实际上指的是反腐，而且，此处所指的诚信实际上都是廉洁，其英文都是integrity。

[2] See https://www.icac.org.hk/tc/c/msg/index.html.

处多年来采取主动调查贪污的方法，铲除贪污罪行，成效显著。执行处接受及处理贪污举报，其举报中心全年每天 24 小时运作，接受公众人士投诉及查询。在此基础上，执行处按照既定的程序开展调查工作。

第二，防止贪污处下设两个审查科。其法定职责包括：（1）审查各政府部门及公共机构的工作常规及程序，并建议修订容易导致贪污的工作方法及程序；（2）应私营机构和个别人士的要求，提供防贪建议。防止贪污处始终深信"预防胜于治疗"，致力于通过以下方法堵塞贪污漏洞：强化程序的透明度和问责性、加强管理和监督，以及改善系统管制及预防舞弊的机制。同时，防止贪污处还开展深入的防贪审查，以找出容易出现贪污行为的职能和系统；坚持"防患未然是最佳的防贪策略"，提出适时的防贪建议；将防止贪污作为机构管理层的基本责任。为此，防止贪污处采取了一系列措施，包括：建立公务员学有所"诚"资源网；发布《区议员防贪须知》；发布《公务员防贪要诀》；制作《管理"利益冲突"：政府人员诚信管理参考资料套》；发布《"持廉守正"公务员管理事务手册》；发布《专业诚信——医生实务防贪指引》；发布《"管理有道"公共机构人员实务指引》；为私营部门和公共机构编制一系列针对不同范畴的防贪锦囊及培训资源；建立专门针对青少年的"德育资源网"和"iTeen 大本营"；为不同种族人士编制防贪宣传单张；编制针对不同对象的《廉洁选举资料册》；等等。

第三，社区关系处下设两个社区关系科。其法定职责包括：（1）教育公众认识贪污的祸害；（2）争取公众支持肃贪倡廉的工作。社区关系处采用"全民廉洁"策略，为不同服务对象提供适当的倡廉教育项目；善用伙伴关系的方式与相关合作者筹划、推行和评价各项倡廉活动；增加使用新媒体；加强结合媒体宣传与"面对面"接触的活动。针对公共部门，社区关系处会向政府部门推广廉洁信息，包括为政府决策部门及人员举办倡廉教育活动，阐释常见的贪污漏洞，并就如何处理贪污贿赂情况提供意见；举办主题研讨会，并通过培训短片、防贪刊物及网上平台推广廉洁管理；与公务员管理部门及政府部门合办活动，深化机构的廉洁文化；为各级公职人员举办防贪讲座或工作坊；为管理人员制作防贪指引，并为一线人员制作培训短片和宣传刊物。针对商界，社区关系处会定期到商业机构探访，为不同行业及专业举办防贪讲座，提醒商界须提防贪污漏洞，并推行防贪措施；为商业机构提供免费的顾问服务，协助公司推行企业诚信管理计划，其中包括鼓励商业机构制定公司纪律守则、设立系统监控机制，以及向职员提供有关法律和道德问题的培训；成立香港商业道德发展中心，致力于与商界建立伙伴关系，携手在香港长远推动商业道德和专业操守；为不同行业编制诚信管理实务指引及培训教材，并设有一个资源网站，提供与商业道德和防贪相关的参考资料。当然，社区关系处也会广泛开展面向其他社会各界的廉洁教育活动。

对于公共部门、私营部门和非营利部门的所有组织而言，无论是企业廉洁合规治理，还是其他组织的廉洁合规治理，均可将制度、文化和问责作为其廉洁合规治理的三大支柱，即：（1）制度，强调监督、审查及预防，指的是制度建设，即通过建立严格、完备的制度体系（包括审查和建议机制）防控腐败，以防止发生系统性失灵；（2）文化，强调教育、警示及引导，指的是教育引导，即通过教育和塑造对腐败零容忍的文化及社会或组织氛围绝缘腐败，以防止发生集体失灵；（3）问责，强调调查、惩治及震慑，指的是查处惩治，即通过实施有效、科学精准、强有力的问责打击和遏制腐败，以防止发生个体失灵。（见图7.1）我国在"一体推进不敢腐、不能腐、不想腐"时，同样可以参考经合组织的公共廉洁三大支柱和香港廉政公署的"三管齐下"打击腐败模式，以更好地促进实现一体推进不敢腐、不能腐、不想腐体制机制创新。

图 7.1　廉洁合规治理的三大支柱

当前，随着《商业银行合规风险管理指引》（银监发〔2006〕76号）、《保险公司合规管理办法》（保监发〔2016〕116号）、《证券公司和证券投资基金管理公司合规管理办法》（证监会令〔2020〕166号）、《上海保险专业中介机构合规管理暂行办法》（沪银保监通〔2021〕26号）、《企业境外经营合规管理指引》（发改外资〔2018〕1916号）、《中央企业合规管理指引（试行）》（国资发法规〔2018〕106号）、《省出资企业合规管理指引（试行）》（鄂国资法规〔2021〕8号）以及其他有关规定的相继出台，我国银行、证券、保险、基金等金融行业企业及央企和国企已逐步建立了合规管理体系，并将合规管理融入了现有的公司治理体系中。

接下来，建议金融行业企业及央企和国企在现有合规管理体系的基础上，比照前文所述与廉洁合规有关的国际标准，即ISO 37001《反贿赂管理体系——要求及使用指南》、ISO 37301《合规管理体系——要求及使用指南》、ISO 37002《举报管理体系——指南》以及ISO 37000《组织治理——指南》，参考和借鉴国外代表性企业的廉洁合规政策，以制度、文化和问责三大支柱为基础，进一步开展廉洁合规建设、加强廉洁合规治理，争取赶超国际上最先进的廉洁合规治理水平。在实践中，为了加强组织治理，企业等组织可以根据自己的需要，建立单独的廉洁合规体系，例如反腐败合规体系或反贿赂合规体系，也可以将其嵌入组织的整个合规管理体系。同样，组织既可以建立单独的举报管理体系，也可以将其嵌入组织的廉洁合规体系或整个合规管理体系。

我国除了外向型企业尤其是"走出去"企业根据自己的需要在不同程度上对境外经营合规管理给予重视，大多数民营企业，包括头部企业、大型企业和中小型企业，普遍尚未建立合规管理体系，也就更谈不上建立有效的廉洁合规体系。建议我国头部企业尤其是外向型企业、高新技术企业主动了解廉洁合规的价值和意义，了解当前我国面临的严峻的境外反腐败合规风险（包括美、英、法等国的反腐败执法风险和世界银行的反腐败制裁风险等），通过建立合规管理体系、廉洁合规体系，开展廉洁合规治理，防范境外反腐败合规风险，同时借此进一步加强公司治理。中小企业可以根据其业务开展的需要、发展阶段、所属行业、自身性质和规模、可承受的资源投入程度、受到监管和执法的严格程度等，开展成比例的廉洁合规治理，力求在追求利润最大化的同时实现廉洁合规。

从全世界范围看，公共部门的廉政建设开展得较早，经验积累也较多，但如果从现代廉洁合规治理的角度看，则仍有很大的改进空间。特别是现在很多国家的公共部门和非营利部门都强调市场化运作、企业化管理和专业化服务，这就对这些部门的组织的治理尤其是廉洁合规治理提出了新的、更高的要求。因此，对于公共部门和非营利部门的其他组织而言，同样可以比照上述四个与廉洁合规有关的国际标准，在对本书提及的国际组织和美、英、法等国的廉洁合规标准及国外代表性企业的廉洁合规政策进行变通之后予以参考或借鉴，然后同样以制度、文化和问责三大支柱为基础，根据自身的需要开展廉洁合规治理、建立健全合规管理体系和廉洁合规体系。而且，随着企业廉洁合规治理理论研究和实践探索的不断推进，可以为公共部门和非营利部门的其他组织如何开展有效的廉洁合规治理提供思路、路径和方法等。

综上所述，在我国，通过在公共部门、私营部门和非营利部门全面推进廉洁合规治理，可以不断探索并逐渐实现全社会的廉洁合规治理。当然，这需要全社会的共同推进，尤其是立法、执法、司法、行政、监管、纪检监察等公共部门的支持和大力推动。例如：深圳市委、市政府提出要推进"大合规"建设，打造合规示范区；深圳市纪委监委提出要推进企业廉洁合规治理，打造廉洁治理高地；深圳市司法局提出要推进城市合规体系建设，构建合规建设示范区；深圳市检察院提出要试点企业合规改革，探索企业合规"深圳模式"。同时，各政党、媒体、市民社会、商界等也要参与其中，并在最大程度上发挥各自的作用。因为廉洁合规涉及社会、经济、政治、文化等方方面面，而且，它有助于社会公众意识的提高和良好社会价值观的确立。

就廉洁合规而言，政府的大力推动和干预，不仅是为了纠正负外部性等市场失灵和促进社会的公平与效率，更是如前文所述，推进廉洁合规治理尤其是企业廉洁合规治理，有助于帮助"走出去"企业防范境外反腐败合规风险，有助于推进我国国家治理体系和治理能力现代化，有助于创新一体推进不敢腐、不能腐、不想腐体制机制，有助于我国打造国际一流营商环境、提升我国国际声誉。要将廉洁合规有机融入党和国家的事业中，同时具备国际化视野，并将理论与实践相结合，从而扎实、稳步推进全社会的廉洁合规治理。相信在不久的将来，我国也可以为世界贡献具有国际先进水平的中国特色廉洁合规标准，使我国站在世界舞台中央，在讲好中国故事中提升话语权和主动权。

附录 I ISO 37301《合规管理体系——要求及使用指南》介绍

ISO 37301《合规管理体系——要求及使用指南》提出了合规管理体系的一般要素（见图 I.1）。该文件指出，合规管理体系的目标是廉洁、文化、遵从、声誉、价值和道德，原则是廉洁、良好治理、成比例、透明、问责和可持续。可见，廉洁是合规管理体系的首要目标、首要原则。该文件从计划（plan）、执行（do）、检查（check）和整改（act）四个阶段，规定了建立、制定、实施、维护、评估和改进组织内有效合规管理体系的要求和指南。

图 I.1 合规管理体系的一般要素

从内容上看，ISO 37301《合规管理体系——要求及使用指南》共由12部分组成，其中，前言、引言、"1　适用范围""2　参考标准""3　术语和定义"部分对该标准的制定、适用、核心术语等进行了说明，"4　组织背景""5　领导力""6　规划""7　支持""8　运行""9　绩效评价""10　改进"部分则详细说明了该标准的具体要求和使用指南。该文件的主要内容如下。

1. 合规的价值和意义

ISO 37301《合规管理体系——要求及使用指南》在引言部分指出，对于组织来说，针对合规有关风险开展有效和健全的管理是值得追求的机遇，因为合规管理会使组织受益，例如它可以：（1）带来商业机遇、增强企业可持续发展能力；（2）保护、提升组织的声誉和信用；（3）增强各利益相关方的预期；（4）展示组织对强有力地、高效地管控合规风险承诺的遵守；（5）增强第三方对组织拥有取得持续成功能力的信心；（6）将违规事件发生的风险以及相应的经济和声誉损失降至最低。

2. 重要定义

（1）组织（第3.1条），是指为实现其目标（待达到的结果）而具有自身职责、权力和关系的个人或群体。

（2）合规（第3.26条），是指履行组织的所有合规义务，包括组织强制必须遵守的要求以及组织自愿选择遵守的要求。

（3）合规风险（第3.24条），是指不合规发生的可能性和未履行组织的合规义务所造成的不合规后果，其中，风险是指不确定性对目标的影响（即预期的正面或负面偏差）。

（4）合规文化（第3.28条），是指贯穿于整个组织之中的价值观、伦理、信仰和行为（即影响客户、员工、供应商、市场和社区结果的行为和做法），并与组织结构和控制体系相互作用，产生有利于合规的行为规范。

（5）治理机构（第3.21条），是指对组织的活动、治理和政策负有最终责任和权力的个人或群体，包括但不限于董事会、董事会各委员会、监事会等。

（6）合规职能部门（第3.23条），是指对合规管理体系的运作负有责任和职权的个人或群体，其中，管理体系（第3.4条）是指一组相互关联或相互作用的组织要素，以建立政策（即组织的意图和方向）和目标以及实现这些目标的流程（即使用或转换输入以交付结果的相关或交互活动的集合）。

3. 组织背景（第4条）

（1）了解组织及其背景（第4.1条）。组织应确定与其宗旨相关并影响其实现合规管理体系预期结果能力的外部和内部因素。组织应考虑一系列广泛的因素，包括但不限于：商业模式，包括组织活动和运作的策略、性质、规模、复杂性和可持续性；与第三方业务关系的性质和范围；法律和监管环境；经济状况；社会、文化和环境背景；内部结构、政策、程序和资源；合规文化。

（2）了解利益相关方的需求与期望（第4.2条）。组织应确定与合规管理体系有关的利益相关方，以及利益相关方的有关需求和期望。

（3）确定合规管理体系的范围（第4.3条）。组织应确定合规管理体系的边界和适用性，并确定其范围。

（4）合规管理体系（第4.4条）。组织应建立、实施、维护并持续改进其合规管理体系，该体系应反映组织的价值、目标、战略、合规风险和考虑组织所处的环境，并以廉洁、良好治理、成比例、透明、问责和可持续的原则为基础。

（5）合规义务（第4.5条）。组织应系统地识别其活动、产品和服务所带来的合规义务，评估它们对其运行的影响，并将合规义务作为建立、制定、实施、维护、评估和改进合规管理体系的基础。

（6）合规风险评估（第4.6条）。组织应识别、分析和评估其合规风险。合规风险评估是建立合规管理体系的基础，也是根据合规风险分配资源和程序等的基础。

4. 领导力（第5条）

（1）领导力和承诺（第5.1条）。组织的治理机构和最高管理层应展示对合规管理体系的领导力和承诺，确保合规职能部门能直接接触治理机构（如直接汇报、提交定期报告和参加会议等）并具有独立性（即不受干扰或压力）和适当权限。组织应在所有层级中制定、维护和促进合规文化。

（2）合规政策（第5.2条）。组织的治理机构和最高管理层应制定与组织的宗旨、目标、要求和承诺等相适应的合规政策。合规政策可以为组织的合规管理确立总体原则和行动承诺。

（3）组织角色、职责和权限（第5.3条）。组织的治理机构和最高管理层应确保相关角色的职责和权限在组织内得到分配和传达。

第一，治理机构应以合规目标的实现来评价最高管理层，并就合规管理体系的运行对最高管理层进行监督。

第二，最高管理层应为建立、制定、实施、维护、评估和改进合规管理体系分配足够和适当的资源，确保有及时报告合规绩效的有效系统，确保战略和运营目标及合规义务的一致性，建立并维护问责机制，并确保将合规绩效纳入员工绩效考核。

第三，合规职能部门应负责合规管理体系的运行并行使监督职能，包括识别合规风险和合规义务、使合规管理体系与合规目标相适应、监控并评价合规绩效、建立合规报告和文件制度、确保定期对合规管理体系进行审查等；合规职能部门应具有权威性、地位和独立性——权威性意味着合规职能部门被治理机构和最高管理层授予足够的权力，地位意味着其他人员有可能听取和尊重其意见，独立性意味着合规职能部门尽可能不亲自参与暴露在合规风险之下的活动。

第四，管理层应在其权限范围内履行合规职责，包括：配合和支持合规运行；确保其管理范围内的所有人员都遵守组织的合规义务、政策、流程和程序；识别并就运营中的合规风险进行交流；将合规义务纳入其职责范围内现有的业务实践和程序中；参加并支持合规培训活动；培养员工的合规意识；鼓励员工提出合规关切，并防止任何形式的报复；积极参与合规相关事件与问题的管理和解决；在必要时提出并实施适当的纠正措施。

第五，所有员工应当遵守组织的合规义务、政策、流程和程序，报告合规关切和问题，并根据要求参加培训。

5. 规划（第 6 条）

（1）应对风险和机遇的行动（第 6.1 条）。组织在设计合规管理体系时应确定需要解决的风险和机遇，从而确保合规管理体系能达到预期的效果、防止或减少期望之外的影响以及实现持续改进。组织在设计合规管理体系时，应考虑到合规目标、可被识别的合规义务以及合规风险评估的结果。

（2）合规目标及如何规划以实现目标（第 6.2 条）。组织应在相关的职能和层级上确立合规目标。组织的合规目标应与合规政策一致、可衡量（若可行的话）、考虑到适用的要求、可被监控、可宣传交流、视情况更新以及可作为文件化信息提供。组织在规划如何实现合规目标时，应确定期望达成的目标、需要哪些资源、由谁来负责、何时完成以及如何评估结果。

（3）对变更进行规划（第 6.3 条）。组织应确保在需要对合规管理体系进行变更时，该变更可有计划地进行。

6. 支持（第 7 条）

（1）资源（第 7.1 条）。组织应确定并提供建立、制定、实施、维护、评估和持续改进合规管理体系所需的资源，包括财务、人力和技术资源，以及获得外部咨询和专门技能的机会、组织的基础设施、关于合规管理和法律义务的参考资料、职业发展和技术等。

（2）能力（第 7.2 条）。组织应确保在其管理下从事影响合规绩效工作的人员具备必要的能力，确保这些人员因适当的教育、培训或经验而能胜任工作。在适用的情况下，组织可采取措施以确保其获得必要的能力，并评估所采取措施的有效性。作为招聘程序的一部分，组织应考虑角色和人员带来的合规风险，并在任何雇佣、转移和晋升之前按照要求开展尽职调查。组织应对绩效目标、绩效奖金和其他激励措施进行定期审查，以检验是否有适当的措施来防止鼓励不合规行为。组织应自雇用开始起，定期为有关人员提供合规培训。

（3）意识（第 7.3 条）。组织应确保所有人员了解其合规政策、有效合规管理体系的益处、不符合合规管理体系要求的后果、提出合规关切的途径和程序、合规政策和与其职责有关的合规义务之间的关系，以及支持合规文化的重要性。

（4）宣传（第7.4条）。组织应分配适当的资源和具有相关知识的人员协调和促进宣传。宣传的方式包括网站和电子邮件、新闻稿、广告和定期通信、年度或其他定期报告、非正式讨论、开放日、焦点小组、社区对话、参与社区活动和电话热线等，这些方式可以促进对组织合规承诺的理解和接受。宣传应遵循透明、适当、可信、及时、容易获取和清晰的原则。

（5）文件化信息（第7.5条）。组织应创建和更新为其合规管理体系有效性所必需的文件化信息，包括：组织的合规政策和程序；合规管理体系的目标、定位、结构和内容；为合规分配角色和责任；相关合规义务的登记册；记录合规风险，并根据合规风险评估流程确定处理的优先级；记录不合规、未遂事件（即未造成不利影响的事件）和调查的情况；年度合规计划；人事记录（包括但不限于培训记录）；审计程序、审计进度表和相关的审计记录等。

7. 运行（第8条）

（1）运行规划和控制（第8.1条）。组织应通过按照标准实施流程控制、确保流程已按计划进行等方式，设计、实施和控制为满足要求所需的流程，并实施第6条确定的措施。组织应提供必要的文件化信息，以确保已按计划实施流程。

（2）建立控制和程序（第8.2条）。组织应实施控制来管理其合规义务和相关的合规风险，这些控制应予以维护、定期审查和测试，以确保其持续有效性。组织需要有效的控制，确保其合规义务得到满足以及不合规得到预防、发现和纠正。组织所采取的控制应设计得足够严格，以促进实现特定于组织活动和运营环境的合规义务。

（3）提出关切（第8.3条）。组织应建立、实施和维护举报流程，以鼓励和允许所有人员举报（在有合理理由相信信息是真实的情况下）企图、被怀疑或实际违反合规政策或合规义务的行为。在适当情况下，应向最高管理层和治理机构（包括相关委员会）报告事件或风险的升级。如果涉及不同的司法管辖区，即使当地法律没有要求，组织也应考虑制定一种允许匿名或秘密举报的举报人机制，以确保其员工和代理人可以举报不合规行为或寻求相关指导，而不用担心遭受报复。

（4）调查流程（第8.4条）。组织应制定、建立、实施和维护调查流程，对含有可疑或实际的不合规情况的报告进行评估、调查和结束。这些程序应确保公平和公正的决策。调查过程应由有能力的人员独立进行，且不存在利益冲突。组织应在适当时，将调查结果用于改进其合规管理体系。有效合规管理体系的一个特征是要有一个运作良好的机制，对组织及其员工或相关第三方的不法行为的任何指控或怀疑进行及时和彻底的调查。

8. 绩效评价（第9条）

（1）监控、衡量、分析和评价（第9.1条）。组织应对其合规管理体系进行监控，对其合规管理体系的绩效和有效性进行评估，以确保合规目标的实现。组织的监控是收集信息的过程，目的是评估合规管理体系的有效性和组织的合规绩效。对合规管理体系的监控通常包括：培训的有效性；控制的有效性；有效分配履行合规义务的责任；合规义务的通用性；解决以前发现的合规失灵方面的有效性；未按进度执行内部合规检查的情况；针对合规风险审查商业战略等。对合规绩效的监控通常包括：不合规和未遂事件；未履行合规义务的情况；未实现目标的情况；合规文化的现状；建立领先和落后的指标等。组织应建立、实施、评估和维护反馈流程，以便从各种来源中寻求和接受对其合规绩效的反馈。组织应制定、实施和维护一套适当的指标，以帮助组织评估其合规目标的实现和合规绩效；建立、实施和维护合规报告流程；保留组织相关合规活动的准确、最新的记录，以协助监控和审查过程，并证明其符合合规管理体系。

（2）内部审计（第9.2条）。组织应按计划的时间间隔开展内部审计，以确定合规管理体系是否符合组织自身对其合规管理体系的要求和本标准的要求，以及是否得到有效实施和维护。组织应计划、建立、实施和维护审计方案，包括频率、方法、职责、规划要求和报告。组织在制定内部审计方案时，应考虑有关过程的重要性和以往审计的结果。

（3）管理审查（第9.3条）。组织的治理机构和最高管理层应按计划的时间间隔审查组织的合规管理体系，以确保其适宜性、充分性和有效性。管理审查应包括：以往管理审查所采取措施的状况；与合规管理体系相关的外部和内部问题的变化；与合规管理体系相关的利益相关方的需求和期望的变化；合规绩效及继续改进的机会。管理审查的结果应包括与持续改进机会和合规管理体系变更的任何需要相关的决策。

9. 改进（第 10 条）

（1）持续改进（第 10.1 条）。组织应持续改进其合规管理体系的适宜性、充分性和有效性。当组织确定需要对合规管理体系进行变更时，该变更应有计划地进行。组织应考虑到变更的目的及其可能产生的后果、合规管理体系的设计和运行有效性、充足资源的可用性以及责任和权力的分配或再分配。

（2）不合规和纠正措施（第 10.2 条）。当不合规行为发生时，组织应作出反应，评估采取消除不合规行为措施的必要性，实施任何必要的措施，评估所采取的任何纠正措施的有效性，并在必要时对合规管理体系进行变更。但是，未能预防或发现一次性的不合规，并不一定意味着合规管理体系在预防和发现不合规方面是普遍无效的。组织应识别出导致不法行为的不遵守政策或程序或两者兼有的根本原因，并根据吸取的经验教训更新合规政策和程序。

需要指出的是，ISO 37301《合规管理体系——要求及使用指南》属于可认证的要求类（即 A 类）标准，它不仅适用于公共部门、私营部门和非营利部门的各类组织，也普遍适用于这些组织中的所有人员。

附录Ⅱ 深圳市《反贿赂管理体系》
（SZDB /Z 245—2017）[1]

前　言

本指导性技术文件依据 GB/T 1.1—2009 的规则起草。

本指导性技术文件参考了 ISO 37001《反贿赂管理体系》（英文版）。

本指导性技术文件由深圳市纪检监察机关提出并归口。

本指导性技术文件起草单位：中共深圳市纪律检查委员会（深圳市监察局、深圳市预防腐败局）、深圳市标准技术研究院、中国国际海运集装箱（集团）股份有限公司、万科企业股份有限公司。

本指导性技术文件编审委员会：

主　任：张子兴；

副主任：孟昭文；

起草人：李庞芳、姚文胜、杨丽琼、陈义波、何　红、楼中元、龚　艺、
　　　　周　文、黄曼雪、温利峰、朱海艳、孙　汀、裘晓东、王　娜、
　　　　王晓娅、曾凤珠、刘震环、杜广增、张珂翌。

引　言

为有效管控贿赂，目前国际上已通过一系列重要的国际公约，如《联合国反腐败公约》，要求签字国必须将贿赂定为犯罪行为并采取有效措施加以预防和处理，并于 2006 年对中国生效。近年来，国内也深入开展了一系列反腐败行动，体现了反贿赂反腐败的决心。

贿赂的成因是复杂的，在加强依法治理的同时，国际标准化组织（ISO）着手研制国际标准 ISO 37001《反贿赂管理体系》，并于 2016 年 10 月发布此

---

[1] 参见 https://www.sist.org.cn/ywgl/rzzx/fwly/rzfw/201903/P020200805622960248717.pdf。

标准。标准化必将成为国际社会反贿赂的制高点，也将成为组织走向国际市场的新要求。

本指导性技术文件旨在帮助组织有效建立和实施反贿赂管理体系，以预防和处置潜在的贿赂风险。体系内容参考了国内反腐败、反贿赂法律法规要求和国际上公认的良好实践。本指导性技术文件规定了组织应根据其面临的贿赂风险实施合理、恰当的政策、流程和管控措施。组织遵守本指导性技术文件并不能杜绝贿赂的发生，但可以帮助组织预防、发现和处理贿赂风险，并证明组织为实现上述目标已经实施了合理和适当的措施。

组织可以单独实施本管理体系，亦可与其他管理体系（如质量、环境、能源、安全）整合后实施。单独实施时可以与其他管理体系同时进行。

反贿赂管理体系

1 范围

本指导性技术文件适用于所有领域的商业组织，其他非商业组织可参照使用。本指导性技术文件为组织建立、实施、维护、评估以及改进反贿赂管理体系制定了具体要求，可以独立实施或与组织的其他管理体系整合实施。本指导性技术文件解决与组织活动相关的下列贿赂事宜：

a）公共、私营和非营利部门中的贿赂；

b）组织实施的贿赂；

c）组织的员工代表组织或为其利益而实施的贿赂；

d）组织的商业伙伴代表组织或为其利益而实施的贿赂；

e）对组织实施的贿赂；

f）在与组织相关的活动中对其员工实施的贿赂；

g）在与组织相关的活动中对其商业伙伴实施的贿赂；

h）直接和间接贿赂（例如，通过或由第三方给予或收受贿赂）；

i）介绍贿赂。

本指导性技术文件只适用于解决贿赂相关事宜，提出了反贿赂管理体系的具体要求，以帮助组织预防、发现和处置贿赂，并遵守适用于组织的反贿赂法律法规、规范性文件及自愿承诺。

本指导性技术文件并不解决欺诈、垄断、反竞争、洗钱等罪行或其他与腐败相关的问题，组织如将上述活动纳入管理体系范围内，本文件亦不予适用。

"贿赂"的具体形式由组织按其实际情况确定，但不得与反贿赂相关法律法规相冲突。

注： 贿赂的具体形式见 3.1 的注释。

2　规范性引用文件

下列文件对于本文件的应用是必不可少的。凡是注日期的引用文件，仅所注日期的版本适用于本文件。凡是不注日期的引用文件，其最新版本（包括所有的修改单）适用于本文件。

GB/T 19000—2015　《质量管理体系　基础和术语》

GB/T 23694—2013　《风险管理　术语》

GB/T 27921—2011　《风险管理　风险评估技术》

ISO 37001:2016　《反贿赂管理　体系要求及使用指南》

3　术语和定义

ISO 37001 和 GB/T 19000 界定的以及下列术语和定义适用于本文件。为方便使用，以下重复列出了 ISO 37001 和 GB/T 19000 中的某些术语和定义。

3.1

贿赂 bribery

无论在何地直接或间接地提供、承诺、给予、接受或索取任何价值的不当好处（可以是金钱的或非金钱的），以引诱或奖励个人利用职务之便的作为或不作为的行为。

注：以下形式可视为好处：

a）财物，包括任何馈赠、贷款、费用、报酬或佣金，其形式为金钱、任何有价证券或任何种类的其他财产或财产性利益；

b）任何职位、受雇工作或不当合约利益；

c）将任何贷款、义务或其他法律责任全部或部分予以支付、免却、解除或了结；

d）行使或不行使任何权利、权力或职责；

e）其他财产性或非财产性利益。

3.2

组织 organization

为实现目标（3.8），由职责、权限和相互关系构成自身功能的一个人或一组人。

注1：组织的概念包括但不限于代理商（人）、公司、集团、商行、企事业单位、行政机构、合营公司、协会、慈善机构或研究机构、上述组织的部分或组合，无论是否为法人组织、公有或私有。

注2：对于拥有一个以上运营部门的组织，其中一个或一个以上的部门都可以定义为一个组织。

3.3

利益相关方 interested party; stakeholder

可影响决策或活动，受决策或活动所影响，或自认为受决策或活动影响的个人或组织（3.2）。

注：利益相关方可以是组织内部或组织外部的。

3.4

管理体系 management system

组织（3.2）用于建立方针（3.7）、目标（3.8）以及实现这些目标的过程（3.11）的相互关联或相互作用的一组要素。

注1：一个管理体系可以针对单一领域或几个领域。

注2：管理体系包含的要素有组织架构、组织角色和职责、规划、执行等。

注 3：管理体系的范围可包括整个组织、组织中可被明确识别的职能或可被明确识别的部门，以及跨组织的单一职能或多个职能。

3.5

最高管理者 top management

领导和控制组织（3.2）的一个或一组高层管理人员。

注 1：最高管理者拥有在组织内部授权和提供资源的权力。

注 2：如果管理体系（3.4）的范围仅覆盖组织的一部分，最高管理者则指领导和控制这部分的人员。

注 3：组织的形式有多种，取决于其运营所遵照的法律框架及其规模大小、所属行业等。因此，在运用第 5 章的要求时，应考虑这些关于组织及其责任的变化情况。

3.6

有效性 effectiveness

规划的活动及其预期结果所实现的程度。

3.7

方针 policy

最高管理者（3.5）正式表达的组织（3.2）的意图和方向。

3.8

目标 objective

要实现的结果。

注 1：目标可能是战略性的、战术性的或运行层面的。

注 2：目标可能涉及不同的领域（例如财务、销售与营销、采购、健康和安全以及环境等方面的目标），并能够应用于不同层面（例如战略、组织范围、项目、产品和过程）。

注 3：可以用其他方式例如预期结果、目的、操作标准来表示反贿赂目标，也可以用其他具有相同含义的词语（例如目的、指标等）表达。

注 4：反贿赂管理体系（3.4）中，反贿赂目标由组织（3.2）自己设定，并要求其与反贿赂方针（3.7）保持一致，以实现具体结果。

3.9

风险 risk

不确定性对目标（3.8）的影响。

注 1：影响指对预期的偏离，包括正面或负面的。

注 2：不确定性是一种状态，是指对某一事件、其后果或其发生的可能性缺乏信息、理解或知识。

注 3：风险通常被描述为潜在的"事件"（见 ISO 指南 73:2009 中 3.5.1.3 的定义）与"后果"（见 ISO 指南 73:2009 中 3.6.1.3 的定义）或两者的组合。

注 4：风险通常以事件后果（包括环境的变化）与相关的时间发生的"可能性"（见 ISO 指南 73:2009 中 3.6.1.3 的定义）的组合来表示。

3.10

能力 competence

应用知识和技能实现预期结果的本领。

3.11

过程 process

将输入转化为输出的一系列相互关联或相互作用的活动。

3.12

绩效 performance

可度量的结果。

注 1：绩效可能是定量或定性的。

注 2：绩效可能与活动、过程（3.11）、产品（包括服务）、体系或组织（3.2）的管理有关。

3.13

监视 monitoring

确定体系、过程（3.11）或活动的状态。

注：为确定状态，可能需要实施检查或监督。

3.14

审核 audit

获取审核证据并予以客观评价，以判定审核准则满足程度的系统、独立并形成文件的过程（3.11）。

注1：审核可以是内部审核（第一方）或外部审核（第二方或第三方），也可以是联合审核（结合两个或两个以上的领域）。

注2：内部审核由组织自己实施或由外部其他方代表组织实施。

注3："审核证据"和"审核标准"在 ISO 19011 中有定义。

3.15

符合 conformity

满足要求。

3.16

不符合 nonconformity

未满足要求。

3.17

纠正措施 correction action

为消除不符合（3.16）的原因并预防其再次发生所采取的措施。

3.18

持续改进 continuous improvement

不断提升绩效（3.12）的活动。

3.19

员工 personnel

组织（3.2）的董事、监事、官员、雇员、临时员工或工人、志愿者等为组织工作的人员。

注：不同类型的员工面临的贿赂风险（3.9）的类型和程度不同，因此，组织在实施贿赂风险评估和贿赂风险管理过程中，应予区别对待。

3.20

商业伙伴 business associate

组织（3.2）已经或计划与其建立某种业务关系的外部方。

注1： 商业伙伴包括但不限于客户、顾客、合资方、合资伙伴、联盟伙伴、外包商、承包商、专业顾问、分包商、供应商、一般顾问、代理人、分销商、代表、中介和投资方。该定义较为宽泛，组织可根据自身贿赂风险偏好确定可能会为组织带来贿赂风险的商业伙伴。

注2： 不同类型的商业伙伴面临的贿赂风险（3.9）的类型和程度不同，组织（3.2）对不同类型的商业伙伴的影响也不同。因此，组织在实施贿赂风险评估和贿赂风险管理程序时应区别对待。

注3： 本文件中的"业务"广义上指与组织运营目标相关的活动。

3.21

利益冲突 conflict of interest

员工履职时可能会影响其判断的商业、金钱、家庭、政治或个人利益的情形。

3.22

公职人员 public official

包括任命或选举产生的拥有立法、司法、执法权力的人员；履行公共职能（包括为政府机关、事业单位、人民团体、国有企业服务）的人员；国内或国际组织的官员或代理人。

3.23

尽职调查 due diligence

进一步评估风险（3.9）性质及程度的过程（3.11），以帮助组织（3.2）对特定的交易、项目、活动、商业伙伴（3.20）和员工（3.19）作出决策。

3.24

反贿赂合规职能 anti-bribery compliance function

拥有运行反贿赂管理体系（3.4）职责和权限的一个或多个人。

4 反贿赂管理体系

4.1 总则

组织应按本文件的要求建立反贿赂管理体系并形成文件，在实施过程中逐步完善，以保持体系的有效性。

组织应：

a）确定建立和实施反贿赂管理体系所需的过程及其在组织中的应用；

b）确定这些过程的顺序和相互作用；

c）确定所需的准则和方法，以确保这些过程的运行和控制有效；

d）配置必要的资源和信息，以支持这些过程的运行和监视；

e）监视、测量（适用时）和分析这些过程；

f）实施必要措施，以实现所策划的结果和对这些过程的持续改进；

g）建立、实施、评审和维护反贿赂管理体系的组织保障，将该职责分配给具有反贿赂合规职能的人员；

h）制定反贿赂方针和目标。

4.2 识别利益相关方的需求和期望

组织应确定：

a）与反贿赂管理体系相关的利益方；

b）这些利益相关方的需求。

注：在识别利益相关方的需求时，组织可区分出它们是属于强制性要求、非强制性期望或是自愿承诺。

4.3 确定体系范围

组织应明确反贿赂管理体系的边界和适用性，以确定其覆盖范围。确定范围时应考虑：

a）组织的规模、结构及委托决策权；

b）组织正在开展或即将开展的业务区域和行业；

c）组织活动及运营的性质、规模和复杂性；

d）组织的商业模式；

e）受组织控制的机构或控制组织的机构；

f）组织的商业伙伴；

g）与公职人员来往的性质和程度；

h）需履行的法定、监管、合同以及专业的义务和责任；

i）4.2 中的要求；

j）6.1 中提及的风险评估结果。

注：组织对不纳入体系范围的情形应说明理由并形成文件，任何未纳入范围的
情形不影响反贿赂管理体系的要求。

4.4 制定方针

组织应制定适用的反贿赂方针，至少包含以下内容：

a）明确禁止贿赂，遵守适用于组织的所有反贿赂法律法规；

b）与组织宗旨相适应，包括对满足反贿赂管理体系要求的承诺；

c）提供制定、审核与实现反贿赂目标的框架；

d）申明反贿赂合规职能的权限和独立性；

e）鼓励对反贿赂管理的正面关注，鼓励基于善意与信任的汇报，表明违
反反贿赂方针的后果。

反贿赂方针应：

a）由组织最高管理者审批和发布；

b）形成文件并保存；

c）在组织内以恰当的方式向员工宣贯，并向商业伙伴传达；

d）定期评审和更新，确保其可被利益相关方获取。

4.5 确立目标

组织应确定相关部门和人员的反贿赂目标，以减少及避免贿赂行为。目
标应可测量、监视和沟通，并形成文件。

适用时，反贿赂目标可为：

a）贿赂风险的管控率；

b）贿赂事件发生率；

c）贿赂事件有效处置率；

d）通过公平、公正和公开采购、营销的业务量比例等。

组织应适时评审反贿赂目标，并适当更新。

5　管理职责

5.1　管理承诺

最高管理者应通过以下活动，对其建立、实施反贿赂管理体系并持续改进的承诺提供证据：

a）审批和签发反贿赂方针；

b）制定反贿赂目标；

c）进行管理评审；

d）确保资源得到配置；

e）在组织内传达有效反贿赂管理和满足反贿赂管理体系要求的重要性；

f）在组织内营造适当的反贿赂文化；

g）促进反贿赂管理体系的持续改进；

h）支持其他管理岗位在其职权范围内预防和识别贿赂风险。

5.2　职责、权限与沟通

5.2.1　职责和权限

最高管理者应确保组织内的职责、权限得到规定和沟通。

各级管理者应确保所属部门的员工遵守并执行与其职责相关的反贿赂管理体系要求。

5.2.2　反贿赂合规职能

最高管理者应任命合适人员或合适部门负责反贿赂管理体系实施和运作，并确保其具有以下职责和权限：

a）确保反贿赂管理体系所需的过程得到建立、实施、维护和持续改进；

b）确保反贿赂管理体系符合适用的法律法规及本文件的要求；

c）组织风险评估；

d）对举报的贿赂事件进行管理、调查及核实；

e）向员工提供反贿赂管理体系以及反贿赂相关问题的培训、建议和指导；

f）定期或适时向最高管理者汇报反贿赂管理体系的成效；

g）与执纪执法等部门进行沟通和对接。

注： 反贿赂合规人员可以由专职或兼职人员担任。

5.2.3　沟通

组织应建立适当的内外部沟通渠道，向员工及商业伙伴公开和传达其反贿赂方针及反贿赂管理体系的其他要求。组织应确保所有员工了解并遵守反贿赂相关要求，并保留相关记录。

6　贿赂风险评估

6.1　总则

组织应建立科学、系统的贿赂风险评估程序，以识别、分析、评价和处置风险，并定期评审风险评估程序及评估结果的适宜性和有效性。

风险评估程序应包括：

a）确定评估范围；

b）评估频率；

c）风险优先级划分的标准；

d）风险处置策略和管控措施；

e）形成文件并留档保存。

注： 贿赂风险识别的具体方法可参考 GB/T 27921—2011。

6.2　风险识别

风险识别是认知和记录贿赂风险的过程，组织在识别其活动过程中的贿赂风险时，应检查：

a）可适用的法律法规及规范性文件的要求；

b）经营活动及业务获得的方式；

c）组织机构及岗位职责；

d）新增项目、交易、活动或供应商；

e）商业伙伴的透明程度；

f）利益相关方；

g）以往案例；

h）行业或商业惯例等。

识别出的风险，应包含以下要素：

a）涉及人员；

b）诱因；

c）发生时间；

d）发生地点；

e）如何发生。

注：组织面临的贿赂风险根据其规模大小、行业运作情况、性质和复杂性等因素变化。

6.3　风险分析

组织应分析已识别的风险，以确定风险高低。组织进行风险分析时，可考虑以下因素：

a）风险性质；

b）风险发生的可能性；

c）风险的影响程度。

6.4　风险评价

组织应确定适宜的风险评价标准，以划分所识别风险的等级。

6.5　风险处置

确定风险等级后，组织应为每种类别或等级的风险制定适用的风险管控措施，并评估此类风险现有管控措施的有效性。

组织应根据组织环境、法律法规的变化，对风险管控措施进行定期评审和修改。

7　支持

7.1　文件化信息

反贿赂管理体系文件应包括：

a）反贿赂方针与目标；

b）贿赂风险管控措施规划和监视程序；

c）贿赂行为的汇报和处置程序；

d）风险评估和尽职调查程序；

e）贿赂风险清单；

f）为确保过程有效策划、运行和控制所需的文件，包括记录。

注1：文件可采用任何类型的媒介进行保存。

注2：文件复杂程度因组织的规模、业务类型、体系过程及相互作用的复杂程度、人员能力以及面临的风险等因素的不同而不同。

组织在创建、维护和更新反贿赂管理体系相关文件信息时，应：

a）确保这些文件包含必要的信息（如标题、日期、版本、审核与批准状态等），并易于理解（如以工具表、流程表等形式）、获取和传播（如纸质版、电子版）；

b）采取适当的措施对相关文件信息进行存档和管理，以确保文件得到有效的保护、分发、使用和处理。

注：组织可依据自身的文件保留政策自行决定存档方式。

7.2　资源支持

组织应当明确并提供建立、实施、维护和持续改进反贿赂管理体系所需的人力、物力和财力等资源。

组织在配置人力资源时，应：

a）确保从事影响反贿赂绩效相关工作的人员（如反贿赂合规职能）具备

适合的教育背景、培训、技能和经验，以确保反贿赂管理体系有效运作；

b）如有必要，提供培训或采取其他措施以获得所需能力，并评价采取措施的有效性；

c）保留作为能力证据的适当文件化信息。

注： 适用的措施可包括：对员工进行培训、指导，或重新任命人员、雇用优秀人才等。

7.3 雇用程序

对所有的员工，组织应：

a）雇用条件中要求被雇用人员必须遵守组织的反贿赂方针，同时有权对任何违反反贿赂方针的行为进行处置；

b）员工入职后，在合理时间内提供反贿赂方针或获取渠道，并提供相关的培训机会；

c）制定违反反贿赂方针的处理程序；

d）如有以下情况，员工不会受到报复、歧视或纪律处分（如威胁、孤立、降级、限制晋升、调岗、解雇、欺负、伤害或其他形式的干扰）：

　　1）因合理识别出活动的贿赂风险在低风险以上水平且组织尚未管控到该风险，而拒绝参与或毁约；

　　2）善意或基于合理相信提出、汇报企图、实际或可疑的贿赂，或者违反反贿赂方针、反贿赂管理体系的情况（不包括个人参与的情况）。

对于低贿赂风险以上的员工，组织应：

a）在对其聘用或晋升之前进行背景调查，以确定可合理地相信其能遵守反贿赂方针和反贿赂管理体系的要求；

b）定期审查员工的绩效奖金、绩效目标和其他薪资奖励因素，以确保员工的利益得到合理的保障；

c）此类员工及最高管理者必须根据已识别的风险程度定期发布声明，表明其遵守反贿赂方针。

7.4　意识与培训

组织应提高员工的反贿赂风险意识并为员工提供充分和适当的培训。

组织应根据员工的岗位、面临的贿赂风险以及不断变化的内外部环境，定期（具体周期由组织决定）提供反贿赂意识培训；应根据需要定期更新培训方案以反映相关新信息。

组织向员工提供培训时，应包括以下内容：

a）组织的反贿赂方针和流程，反贿赂管理体系，以及员工遵守政策与体系的责任；

b）贿赂对组织和员工造成的风险和损失；

c）可能发生的与其职能相关的贿赂情况，及其识别方法；

d）如何预防和避免贿赂发生，并识别关键风险指标；

e）员工对反贿赂管理体系有效性的贡献，包括提升反贿赂绩效及汇报可疑贿赂带来的效益；

f）违反反贿赂管理体系要求所带来的影响和潜在后果；

g）发现任何问题时的汇报对象和途径；

h）可用培训和资源的相关信息；

i）基于已识别的风险，组织应对低贿赂风险以上的商业伙伴提供适当的反贿赂培训。

注：对商业伙伴的培训与要求可通过合同或类似文件进行沟通，可由组织、商业伙伴或其他机构执行。

8　反贿赂管理体系的实施

8.1　总则

组织应根据反贿赂方针实施包括但不限于 8.2 至 8.12 中提及的管控措施，形成文件并留档，以确保流程按计划执行。

组织应确保外包流程得到控制和监督。

8.2 尽职调查

对低贿赂风险以上的，组织应对风险的性质和程度进行尽职调查，以获取充分信息评估风险。

组织应对以下方面开展尽职调查：

a）特定的交易、项目或活动；

b）计划或持续与特定类别的商业伙伴建立或维持业务关系；

c）特定岗位的某些员工（见 7.3）。

组织应评估在特定交易、项目和活动中，商业伙伴和员工相关的贿赂风险性质和程度。评估应包括任何必要的尽职调查并定期更新，以适时关注最新变更信息。

组织可以根据必要性、合理性和适当性原则，决定是否对上述商业伙伴和员工进行尽职调查。

8.3 财务控制

组织应实施财务控制措施，以及时、准确、充分和定期记录组织的财务交易，实行合理的财务管理。根据组织规模和交易频繁程度，财务管理措施可包括：

a）履行单一职责，同一人不能同时拥有提出和批准付款的权利；

b）付款审批实行适当的梯度授权制度；

c）确保支付人的任命和工作或服务已经得到授权；

d）付款审批要求至少有两人签名；

e）付款同意书需要附带合适的支持文件；

f）限制现金的使用并采取有效的现金控制方法；

g）确保记账时款项的分类和描述准确、清晰；

h）对重大财务实施定期管理评审；

i）实施定期和独立的财务审核并定期变更实施审核的人员或组织。

8.4 非财务控制

组织应在采购、运营、销售、业务、人力资源、法律和监管活动以及其他非财务业务管理方面采取措施以降低贿赂风险，这些措施包括：

a）使用通过资格预审的分包商、供应商和顾问；

b）评估商业伙伴对组织提供服务的必要性和合法性，以及对其提供服务的付款是否合理合适；

c）适用时执行公开、公平、合适、透明的招投标制度；

d）适用时需要至少两人评估投标和批准签订合同；

e）在允许和合理的条件下，应该在至少有三名竞标人参与公平透明的竞标后再订立合同；

f）订立合同、修改合同条款、批准合同规定或者提供有关工作内容的文件要求至少两人的签名；

g）对潜在的高贿赂风险交易实施严格的管理监督；

h）保护投标和其他价格敏感信息的完整性和机密性；

i）向员工提供合适的工具和模板（如实操指南、行为准则、审批层级、检查清单、表格、IT工作过程等）。

8.5 礼物、招待、赞助费、捐赠和类似利益

组织应确定并实施礼物、招待、赞助费、捐赠和类似利益的标准和规定并形成文件，以预防和处理以贿赂为目的或有理由被视为以贿赂为目的而提供或接受的礼物、招待、赞助费、捐款和类似利益。

上述利益可包括：

a）礼物、娱乐或招待；

b）政治或慈善捐款；

c）客户或公职人员旅行；

d）宣传费用；

e）赞助；

f）团体好处；

g）培训；

h）俱乐部会员；

i）商业环境中的个人喜好；

j）机密信息或机密资料。

组织确保上述利益：

a）符合相关法律法规规定和程序；

b）由合适的管理人员进行审批；

c）相关费用限制在一合理水平。

8.6 在受管控组织及商业伙伴中实施反贿赂管控措施

组织应采取措施确保其管辖内的组织遵守和使用其反贿赂管理体系，或者制定独立的反贿赂控制措施。

针对低贿赂风险水平以上的商业伙伴，组织应确定：

a）其实施了反贿赂控制措施，并评估该措施管控风险的有效性；

b）当其未实施反贿赂控制措施，或无法确定其是否实施控制措施时，在允许的范围内，应要求其对相关业务、项目或活动实施反贿赂控制措施；或在对其进行风险评估、订立业务关系时关注此因素；

c）商业伙伴进行反贿赂承诺，并确保其了解组织反贿赂方针及处置贿赂事件的程序。

8.7 汇报程序

组织应建立汇报程序，以明确员工和其他利益相关方向反贿赂合规负责人员或其他合适人员汇报意图、可疑或实际的贿赂行为，任何违反反贿赂管理体系或体系本身不足之处的路径。允许员工直接上报、通过一个合适的第三方上报或越级汇报。同时，允许匿名汇报，确保举报人的身份信息不被泄露并禁止报复行为。

注：该汇报程序可与组织内用于汇报其他问题（如安全事故、不正当行为或其他严重风险）的程序一致或部分一致。

8.8 贿赂调查和处理

组织应建立贿赂调查程序，以实现：

a）对汇报、监视或怀疑的任何贿赂、违反反贿赂控制措施的行为进行调查；

b）明确调查者的权利，并要求相关员工配合调查；

c）调查发现情况属实的，应采取处置措施；

d）确保向反贿赂合规负责人员汇报调查的状态和结果。

注：调查人员的角色或职位应与被调查范围无关，组织可委托第三方开展调查并汇报调查结果。

组织应就下列行为建立处置程序：

a）任何贿赂行为；

b）违反反贿赂控制措施的行为。

组织应对贿赂的调查和处置过程形成文件并留档，并将处置结果向外部利益相关方汇报。

8.9 对反贿赂控制措施不足的管理

当对特定交易、项目、活动或商业伙伴关系展开风险评估后，发现现有控制措施无法管理贿赂风险，且组织不能或不愿额外实施或改善现有反贿赂控制措施，或采取其他合适措施促使组织管理相关贿赂风险时，组织应针对不同情况采取以下措施：

a）如果是已经开展的交易、项目、活动或业务关系，根据交易、项目、活动或关系的风险和性质采取合适的措施；如果可行，尽快终止、停止、暂停或撤销交易、项目、活动或业务关系。

b）如果是提议的新交易、项目、活动或业务关系，则可延迟或不再继续。

9 绩效评估

9.1 监视、测量、分析和评价

组织应：

a）在适当的阶段采取适宜的方法对反贿赂措施的有效性进行监视和测量；

b）对监视和测量结果进行分析和评价；

c）合理地运用分析和评价结果。

组织应对监视、测量、分析、评价过程及结果形成文件并存档。

组织应收集和分析反贿赂管理体系监视、测量、内部审核和管理评审的结果，以评价管理体系的适宜性、有效性和持续改进空间。组织可分析以下信息：

a）汇报的贿赂事件；

b）贿赂事件典型案例；

c）未能满足法律法规及相关规定的不符合情况。

9.2 内部审核

9.2.1 组织应按计划间隔开展内部审核，以证实反贿赂管理体系：

a）是否符合组织自身对反贿赂管理体系的要求及本文件的要求。

b）反贿赂管理体系是否得到有效的实施和维护。

注 1：ISO 19011 提供了关于管理体系审核的指南。

注 2：组织内部审核的范围和规模可依据组织的规模、结构、成熟度和所在区域等决定。

9.2.2 组织应：

a）策划、建立、实施和维护审核方案，包括频次、方法、责任、策划要求和报告等要素，并考虑相关过程的重要性和以往审核结果；

b）规定每次审核的准则和范围；

c）挑选能够胜任的审核员进行审核，确保审核过程的客观性和公正性；

d）确保审核结果报告给相关管理层、承担反贿赂合规职能的部门或人员及最高管理者；

e）保留作为审核方案实施和审核结果证据的文件信息。

9.2.3 审核应是合理、适当且基于风险考虑的，审核应包括内部审核或其他程序审核，以检查程序、管控措施和体系是否出现：

a）贿赂或涉嫌贿赂；

b）违反反贿赂方针或反贿赂管理体系的要求；

c）商业伙伴未能遵守适用组织的反贿赂要求；

d）反贿赂管理体系的不足或改进空间。

9.2.4　为确保审核方案的客观性和公正性，组织应确保审核者为以下情况之一：

a）为审核过程成立或任命的独立部门或人员；

b）反贿赂合规职能的人员（审核范围为评估反贿赂管理体系评价或由反贿赂合规职能负责的类似工作除外）；

c）被审核部门以外的一名合适的员工；

d）合适的第三方；

e）由a）到d）中抽调组成的小组。

注1：组织应确保审核员不参与涉及自身工作的审核。

注2：审核员可由组织内部独立于审核对象的人员或合适的外部方担任。

9.3　管理评审

组织管理层应定期对反贿赂管理体系进行评审，以检查：

a）以往管理评审提出措施的落实情况；

b）与反贿赂管理体系相关的内外部因素变化情况；

c）反贿赂管理的绩效信息，包括不符合及改进措施、监视和测量结果、审核结果；

d）持续改进反贿赂管理体系的可能性及措施。

注1：组织应保留评审记录。

注2：组织可邀请外部专家对其反贿赂管理体系的建立和实施效果进行评审。

10　改进

10.1　不符合和纠正措施

组织应采取措施，以消除导致不符合的原因，防止不符合的发生。纠正措施应与不符合的影响程度相适应。

当出现不符合时，组织应：

a）及时应对不符合，适用时：

1）采取控制措施，纠正不符合；

2）处理造成的后果。

　b）为防止不符合再次发生或在其他地方发生，通过以下方式评价消除不符合原因所需的措施：

　　1）评审不符合；

　　2）确定不符合的原因；

　　3）检查是否存在类似不符合及其发生的可能性。

　c）确定需要采取的任何措施；

　d）评审所采取纠正措施的有效性；

　e）如有必要，修改反贿赂管理体系。

纠正措施应与不符合的影响程度相适应。

组织应保留文件，作为以下信息的证据：

——不符合项的性质，以及后续采取的措施；

——纠正措施的结果。

10.2　持续改进

组织应不断提高反贿赂管理体系的适宜性、充分性和有效性。

参考文献

【1】ISO 31000:2009　风险管理　原则与实施指南

【2】GB/T 23694—2013　风险管理　术语

【3】GB/T 27921—2011　风险管理　风险评估技术

【4】BS 10500:2011　反贿赂管理体系规范

【5】IS 15900:2010　组织欺诈和腐败控制指引

附录Ⅲ　广州市南沙区《反贿赂管理规范》（GZNSBZ 1—2018）[1]

前　言

本标准依据 GB/T 1.1—2009 的规则起草。

本标准由广州市南沙区市场和质量监督管理局提出并归口。

本标准主要起草单位：广州市南沙区市场和质量监督管理局、广州市标准化研究院。

本标准主要起草人：邱晓钧、谢瑞元、严红春、刘婉贞、何庆红、杨晓峰、冯文希。

反贿赂管理规范

1　范围

本标准规定了反贿赂的管理规范的总体要求、管理职责、沟通、支持、实施、绩效评估、改进等内容。

本标准适用于南沙自贸区内小型、中型和大型企业，其他类型的组织如政府部门、社会团体、事业单位等可参照使用。

2　规范性引用文件

下列文件对于本文件的应用是必不可少的。凡是注日期的引用文件，仅所注日期的版本适用于本文件。凡是不注日期的引用文件，其最新版本（包括所有的修改单）适用于本文件。

---

[1] 参见 http://www.gzns.gov.cn/xxgk/ns102/201909/W020190906417968406281.pdf。

GB/T 23694—2013　风险管理　术语

GB/T 27921—2011　风险管理　风险评估技术

ISO 37001　反贿赂管理体系

"1+1+10"产业政策体系文件（穗南开管办〔2017〕1号）

关于印发中国（广东）自由贸易试验区广州南沙新区片区深化商事制度改革先行先试若干规定的通知（穗南自贸办〔2017〕2号）

《中共广州市南沙区委反腐败协调小组工作制度》

《广州市南沙区反腐败组织协调联席会议制度》

《广州市南沙区反腐败国际追逃追赃工作协调机制》

《广州市南沙区新一轮推进基层正风反腐专项治理工作方案》

3　术语和定义

ISO 37001　界定的以及下列术语和定义适用于本标准。

3.1

贿赂

无论在何地违反适用法律直接或间接地提供、承诺、给予、接受或索取任何价值的不当好处（可以是金钱的或非金钱的），以引诱或奖励个人利用职务之便的作为或不作为。

3.2

利益相关方

可以影响决策或活动，或受决策或活动影响，或认为自身受决策或活动影响到的个人或组织。

3.3

最高管理层

领导和控制组织（3.2）的一个或一组高层管理人员。

3.4

尽职调查

进一步评估风险性质及其程度的过程，以帮助组织对特定的交易、项目、活动、商业伙伴和员工作出决策。

4 总体要求

4.1 总则

4.1.1 组织应按本标准的要求建立反贿赂管理规范,将其形成文件,加以实施和保持,并持续改进以保持其有效性。

4.1.2 组织应确定解决贿赂的事宜。

4.1.3 在实施的过程,组织应:

a)确定反贿赂管理规范所需的过程及其在整个组织中的应用;

b)确定这些过程的顺序和相互作用;

c)确定所需的准则和方法,以确保这些过程的运行和控制有效;

d)配置必要的资源和信息,以支持这些过程的运行和监视;

e)监视、测量(适用时)和分析这些过程;

f)实施必要措施,以实现所策划的结果和对这些过程的持续改进;

g)建立、实施、评审和维护反贿赂管理规范的组织保障,将该职责分配给具有反贿赂合规职能的人员;

h)确定实施反贿赂管理规范必需的资源(包括人力、物力和财力资源);

i)制定反贿赂政策和目标。

4.2 识别利益相关方的需求和期望

组织应确定:

a)与反贿赂管理规范相关的利益方;

b)这些利益相关方的相关需求。

4.3 确定反贿赂管理规范的范围

组织应明确反贿赂管理规范的边界和适用性,以确定其覆盖范围。确定范围时,组织应该考虑:

a)组织的规模、结构及其委托决策权;

b)组织所在或即将开展的业务区域和行业;

c）组织活动和运营的性质、规模和复杂性；

d）组织的商业模式；

e）受组织控制的机构或控制组织的机构；

f）组织的商业伙伴；

g）与公职人员来往的性质和程度；

h）可适用的法定、监管、合同以及专业的义务和责任；

i）本标准中提及的风险评估结果。

4.4　反贿赂政策

4.4.1　组织应制定至少包含以下内容的反贿赂政策：

a）明确禁止贿赂，遵守适用于组织的所有反贿赂法律法规；

b）反贿赂的目标；

c）反贿赂管理规范的组织架构；

d）不遵守反贿赂规定的处罚措施。

4.4.2　反贿赂政策应：

a）由组织最高管理层进行审批和发布；

b）形成文件并进行保存；

c）以恰当的形式进行宣传和对外公布，并直接与超过低风险的员工和商业伙伴进行沟通；

d）定期进行评审和更新。

4.5　反贿赂目标

组织应确定相关部门和人员的反贿赂目标，以减少及避免贿赂行为。设置的目标应可量化、可测量、可监视和可沟通。

反贿赂目标为：

a）贿赂风险的管控率；

b）贿赂事件发生率；

c）贿赂事件有效处置率；

d）通过公平、公正和公开采购、营销的业务量比例等；

e）组织应适时地评审反贿赂目标，并适当地进行更新。

5 管理职责

5.1 管理承诺

最高管理层应通过以下活动，对其建立、实施反贿赂管理规范并持续改进其有效性的承诺提供证据：

a）审批和签发反贿赂政策；

b）制定反贿赂目标；

c）进行管理评审；

d）确保资源得到配置；

e）在组织内传达有效反贿赂管理和满足反贿赂管理规范要求的重要性；

f）在组织内营造适当的反贿赂文化；

g）促进反贿赂管理规范的持续改进；

h）支持其他相关管理岗位在其职权内预防和识别贿赂风险。

5.2 职责、权限与沟通

5.2.1 职责和权限

5.2.1.1 最高管理层应确保组织内的职责、权限得到规定和沟通。

5.2.1.2 各层级管理者应负责确保所属部门或项目中的员工遵守和执行与其职责相关的反贿赂管理规范的要求。

5.2.2 反贿赂合规人员

最高管理层应任命一名合适人员承担反贿赂管理规范实施和运行工作，并使其具有以下职责和权限：

a）确保反贿赂管理规范所需的过程得到建立、实施、维护和持续改进；

b）确保反贿赂管理规范符合适用的法律法规及本标准的要求；

c）组织风险评估；

d）对举报的贿赂事件进行管理、调查及核实；

e）向员工提供关于反贿赂管理规范以及贿赂相关问题的培训、建议和指导；

f）定期或适时地向最高管理层汇报反贿赂管理规范的成效；

g）与外部执法部门进行沟通和对接。

5.2.3　沟通

5.2.3.1　组织应建立适当的内外部沟通渠道，以向员工和商业伙伴公开和传达其反贿赂政策及反贿赂管理规范的其他要求。

5.2.3.2　组织应确保所有员工阅读并遵守反贿赂政策，并保留相关的记录。

6　沟通

6.1　总则

6.1.1　组织应确立科学、系统的贿赂风险评估程序，以识别、分析、评价、处置、监视和沟通风险，并结合《中共广州市南沙区委反腐败协调小组工作制度》《广州市南沙区反腐败组织协调联席会议制度》《广州市南沙区反腐败国际追逃追赃工作协调机制》《广州市南沙区新一轮推进基层正风反腐专项治理工作方案》等一系列文件内容，定期评审风险评估程序及其评估结果的适宜性和有效性。

6.1.2　风险评估程序应包括：

a）评估范围的确定；

b）评估频率；

c）风险优先级划分的标准；

d）风险处置策略和管控措施；

e）形成文件并进行留档保存。

注：贿赂风险识别的具体方法可参考 GB/T 27921—2011。

6.2 风险识别

6.2.1 风险识别是认知和记录贿赂风险的过程，组织在识别其活动过程中的贿赂风险时，应检查：

　　a）可适用的法律和规章要求；

　　b）经营活动及业务获得的方式；

　　c）组织机构及其岗位职责；

　　d）新增项目、交易、活动或供应商；

　　e）商业伙伴的透明程度；

　　f）利益相关方；

　　g）以往案例；

　　h）行业商业惯例等。

6.2.2 识别出的风险，应包含以下要素：

　　a）涉及人员；

　　b）诱因；

　　c）发生时间；

　　d）发生地点；

　　e）如何发生。

6.3 风险分析

6.3.1 组织应对识别出的风险进行分析，以确定风险值高低。

6.3.2 组织开展风险分析时，可考虑以下因素：

　　a）风险发生的可能性；

　　b）风险的影响程度。

6.4 风险评价

　　组织应确定适宜的风险评价标准，以划分所识别出的风险的等级。

6.5 风险处置

6.5.1 确定风险等级后，组织应为每种类别或等级的风险制定适用的风险管控措施，并评估此类风险现有管控措施的有效性。

6.5.2 应根据组织环境、法律法规要求的变化对风险管控措施进行定期评审和修订。

7 支持

7.1 文件要求

7.1.1 反贿赂管理规范文件应包括：

　　a）反贿赂政策；

　　b）贿赂风险管控措施规划和监视的程序；

　　c）贿赂活动的汇报和处置程序；

　　d）风险评估和尽职调查程序；

　　e）贿赂活动清单表；

　　f）组织确定的为确保其过程有效策划、运行和控制所需的文件，包括记录。

7.1.2 组织在创建、维护和更新反贿赂管理规范相关的文件信息中，应：

　　a）确保这些文件包含必要的信息（如标题、日期、版本、审核与批准状态等），并易于理解（如以工具表、流程表等形式）、获取和传播（如纸质版、电子版）；

　　b）采取适当的措施对相关文件信息进行存档和管理，以确保文件得到有效的保护、分发、使用和处理。

7.2 资源支持

7.2.1 组织应当明确并提供建立、实施、维护和持续改进反贿赂管理规范所需的人力、物力（办公用品、培训材料）和财力等资源。

7.2.2 组织在配置人力资源时，应：

　　a）确保从事影响反贿赂绩效相关工作的人员具备适合的教育背景、培训、技能和经验，以确保反贿赂管理规范能够有效运作；

　　b）如有必要，提供培训或采取其他措施以获得所需能力，并评价采取措施的有效性；

c）保留作为能力证据的适当文件化信息。

7.3　雇用程序

7.3.1　对所有的员工，组织应当实施：

a）雇用条件中要求被雇用人员必须遵守组织的反贿赂政策，同时保留对任何违反反贿赂政策的行为进行处置的权利；

b）员工入职后一段合理时间内提供反贿赂政策或获取渠道，以及与此相关的培训机会；

c）组织拥有这样的程序，以对违反反贿赂政策或反贿赂管理规范的人员采取适当的纪律处分。

7.3.2　对于超出低贿赂风险的员工，组织应：

a）在对其聘用或晋升之前应进行背景调查，以确定可合理地相信其会遵守反贿赂政策和反贿赂管理规范的要求；

b）定期审查员工的绩效奖金、绩效目标和其他薪资奖励因素，以确保员工的利益得到合理的保障；

c）此类员工及最高管理层必须根据已识别风险程度定期发布声明，表明其遵守反贿赂政策。

7.4　意识与培训

7.4.1　组织应当提高员工的反贿赂风险意识并为员工提供充分和适当的培训。

7.4.2　组织应根据员工的岗位、面临的贿赂风险以及不断变化的内外部环境，定期（具体周期由组织决定）为其提供反贿赂意识培训；应根据需要，定期更新培训方案以反映相关的新信息。

7.4.3　组织向员工提供培训时，应包括以下内容：

a）组织的反贿赂政策和流程，反贿赂管理规范以及人员遵守政策与体系的责任；

b）贿赂对组织和工作人员造成的风险和损失；

c）可能发生的与其职能相关的贿赂情况，以及如何识别这些情况；

d）应该帮助员工如何预防和避免贿赂发生并识别关键风险指标；

e）员工对反贿赂管理规范有效性的贡献，包括反贿赂绩效的提升及汇报可疑贿赂所带来的效益；

f）不遵守反贿赂管理规范的要求所带来的影响和潜在后果；

g）发现任何问题时的汇报对象和途径；

h）可用的培训和资源的相关信息；

i）考虑到所识别出的风险，组织应当对超出低贿赂风险的商业伙伴提供适当的反贿赂培训。

8 实施

8.1 总则

8.1.1 组织应在其反贿赂政策的总领下实施包括但不限于本标准中所提及的管控措施，并形成信息化文件进行留档，以确保流程按计划执行。

8.1.2 组织应确保外包流程得到控制和监督。

8.2 尽职调查

8.2.1 作为风险评估过程的一部分，对超出低贿赂风险的，组织应对其所涉及的相关风险的性质和程度进行尽职调查，以获取充分信息评估风险。

8.2.2 组织应对以下方面开展尽职调查：

a）特定的交易、项目或活动；

b）计划或持续与特定类别的商业伙伴维持或建立业务关系；

c）特定岗位的某些员工。

8.2.3 组织应评估与特定交易、项目、活动、商业伙伴和员工相关的贿赂风险性质和程度。评估应包括任何必要的尽职调查，以获取充分信息评估风险。组织应定期更新尽职调查，以适时关注变更的最新信息。

8.2.4 组织可以决定对上述类别的员工和商业伙伴进行尽职调查的必要性、合理性或适当性。

8.3　财务控制

组织应实施财务控制措施，以及时、准确、充分和定期记录组织的财务交易，实行合理的财务管理。根据组织规模和交易的频繁程度，组织可实施的财务措施可包括：

a）履行单一职责，同一人不能同时拥有提出和批准付款的权利；

b）付款审批实行适当的梯度授权制度（大型交易需要更高管理层批准）；

c）确保支付人的任命和工作或服务已经得到授权；

d）付款审批要求至少两个签名；

e）付款同意书需要附带合适的支持文件；

f）限制现金的使用并采取有效的现金控制方法；

g）确保记账时款项的分类和描述准确、清晰；

h）对重大财务实施定期管理评审；

i）实施定期和独立的财务审核并定期变更实施审核的人员或组织。

8.4　非财务控制

组织应在采购、运营、销售、业务、人力资源、法律和监管活动以及其他非财务业务管理方面采取措施以降低贿赂风险，这些措施包括：

a）使用通过资格预审的分包商、供应商和顾问；

b）评估商业伙伴对组织所提供服务的必要性和合法性，以及对其提供的服务的付款是否合理合适；

c）适用时执行公开、公平、合适、透明的招投标制度；

d）适用时需要至少两人评估投标和批准签订合同；

e）如果条件允许和合理，合同应该在开展至少有三名竞标人参与的公平和透明的竞标活动后订立；

f）合同、修改合同条款、批准合同规定或提供的工作内容的文件要求至少两人的签名；

g）对潜在的高贿赂风险交易实施严格的管理监督；

h）保护投标和其他价格敏感信息的完整性和机密性；

i）向员工提供合适的工具和模板（例如，实操指南、行为准则、审批层级、检查清单、表格、IT 工作过程等）。

8.5 礼物、招待、赞助费、捐赠和类似好处

8.5.1 组织应确定和实施礼物、招待、赞助费、捐赠和类似好处的标准和规定，以预防和处理以贿赂为目的或有理由被视为以贿赂为目的而提供或接受的礼物、招待、赞助费、捐款和类似好处。包括：

a）礼物，娱乐和招待；

b）政治或慈善捐款；

c）客户或公职人员旅行；

d）宣传费用；

e）赞助；

f）团体好处；

g）培训；

h）俱乐部会员；

i）商业环境中的个人喜好；

j）机密信息和机密资料。

8.5.2 组织应根据上述好处形成信息化文件。

8.6 在受管控组织及商业伙伴中实施反贿赂管控措施

8.6.1 组织应采取程序确保其管辖内的组织遵守和使用其反贿赂管理规范，或者制定独立的反贿赂控制措施。

8.6.2 针对贿赂风险超过低贿赂风险水平的商业伙伴，组织应确定：

a）其实施了反贿赂控制措施，并评估该措施对管控相关风险的有效性；

b）当其没有实施反贿赂控制措施，或无法确定其是否实施控制措施时，在允许的范围内，应要求其对相关业务、项目或活动实施反贿赂控制措施；或在对其进行风险评估、订立业务关系时关注此因素。

8.7 汇报程序

组织应建立汇报程序，以明确员工或其他人向反贿赂合规负责人员或其

他合适人员汇报意图、可疑和实际的贿赂行为及任何违反反贿赂管理规范或体系不足之处的路径。允许员工直接上报或通过一个合适的第三方上报或越级汇报。同时，允许匿名汇报，确保举报人的身份信息不被泄露并禁止报复行为。

8.8　贿赂调查和处理

8.8.1　组织应建立贿赂的调查程序，以实现：

　　a）对汇报、监视或怀疑的任何贿赂、违反反贿赂控制措施的行为进行调查；

　　b）明确调查者的权利，并要求相关员工在调查中进行合作；

　　c）调查中如果发现情况属实，应采取处置措施；

　　d）确保向反贿赂合规负责人员汇报调查的状态和结果。

8.8.2　组织应就下列行为建立处置程序：

　　a）任何贿赂行为；

　　b）违反反贿赂控制措施的行为。

8.8.3　组织应对贿赂的调查和处置过程形成文件并进行留档，并将处置结果向外部利益相关方进行汇报。

8.9　对反贿赂控制措施不足的管理

　　当对特定交易、项目、活动或商业伙伴关系展开风险评估后，发现现有的控制措施无法管理贿赂风险，且组织不能或不愿额外实施或改善现有反贿赂控制措施，或采取其他合适措施促使组织管理相关贿赂风险，组织应针对不同情况采取以下措施：

　　a）如果是已经开展的交易、项目、活动或业务关系，根据交易、项目、活动或关系的风险和性质采取合适的措施；如果可行的话，尽快地终止、停止、暂停或撤销交易、项目、活动或业务关系。

　　b）如果是提议的新交易、项目、活动或业务关系，则可延迟或不再继续。

9 绩效评估

9.1 监视、测量、分析和评价

9.1.1 组织应：

　　a）在适当的阶段采取适宜的方法对反贿赂措施的有效性进行监视和测量；

　　b）对监视和测量结果进行分析和评价；

　　c）合理地运用分析和评价结果。

9.1.2 组织应对监视、测量、分析和评价过程及其成果形成文件，并进行适当的存档。

9.1.3 组织应收集和分析反贿赂管理规范的监视、测量、内部审核和管理评审的结果，以评价管理规范的适宜性、有效性和持续改进空间。组织可对以下信息进行分析：

　　a）汇报的贿赂事件；

　　b）贿赂事件典型案例；

　　c）未能满足法律法规及相关要求的不符合情况。

9.2 内部审核

9.2.1 组织应按计划的时间间隔开展内部审核，以证实反贿赂管理规范是否：

　　a）符合：

　　　　1）组织自身对反贿赂管理规范的要求；

　　　　2）本标准的要求。

　　b）反贿赂管理规范得到有效的实施和维护。

9.2.2 在审核过程中，组织应：

　　a）策划、建立、实施和维护包括频次、方法、责任、策划要求和报告等要素的审核方案，在此过程中应考虑相关过程的重要性和以往的审核结果；

　　b）规定每次审核的准则和范围；

c）挑选能够胜任的审核员进行审核，确保审核过程的客观性和公正性；

d）确保审核结果报告给相关管理层、反贿赂合规职能部门、最高管理层及主管部门（如果适当的话）；

e）保留作为审核方案实施和审核结果证据的文件信息。

9.2.3　审核应是合理、适当且基于风险考虑的，审核应包括内部审核过程或其他程序，以检查程序、管控措施和体系是否出现：

a）贿赂或涉嫌贿赂；

b）违反反贿赂政策或反贿赂管理规范的要求；

c）商业伙伴未能遵守组织的可适用的反贿赂要求；

d）反贿赂管理规范的缺陷或改进的空间。

9.2.4　为确保审核方案的客观性和公正性，组织应确保审核者为以下其中之一：

a）为审核过程成立或任命的独立部门或人员；

b）反贿赂合规职能（审核范围包括评估反贿赂管理规范评价或由反贿赂合规职能负责的类似工作除外）；

c）被审核部门以外的一名合适的员工；

d）合适的第三方；

e）由 a）到 d）中抽调组成的小组；

f）组织应确保审核员不得参与涉及自身工作的审核。

9.3　管理评审

组织管理层应定期对反贿赂管理规范进行评审，以检查：

a）以往管理评审提出措施的落实现状；

b）反贿赂管理规范相关的内外部因素的变化情况；

c）反贿赂管理的绩效信息，包括不符合和改进措施、监视和测量结果、审核结果；

d）持续改进反贿赂管理规范可能性和措施；

e）组织应保留评审记录。

10 改进

10.1 不符合和纠正措施

10.1.1 组织应采取措施，以消除不符合的原因，防止不符合的发生。纠正措施应与所遇到不合格的影响程度相适应。

10.1.2 当出现不符合时，组织应：

a）及时应对不符合，适用时：

　　1）采取控制措施和纠正不符合；

　　2）应对后果。

b）为使不符合不再发生或在其他地方发生，通过以下方式评价消除不符合原因所需的措施：

　　1）评审不符合；

　　2）确定不符合的原因；

　　3）排查是否存在类似不符合或其发生的可能性。

c）需要采取的任何措施；

d）评审所采取的纠正措施的有效性；

e）如果有必要，修改反贿赂管理规范。

10.1.3 纠正措施应与所遇到的不符合项的影响程度相适应。

10.1.4 组织应保留文件信息作为以下信息的证据：

a）不符合项的性质和任何后续采取的措施；

b）任何纠正措施的结果。

10.2 持续改进

组织应不断提高反贿赂管理规范的适宜性、充分性和有效性。

附录 A

（资料性附录）

反贿赂管理规范运行文件清单（参考）

A.1　运行文件清单

a）反贿赂管理手册；

b）反贿赂方针；

c）采购管理制度；

d）合同管理制度；

e）商业伙伴风险评估程序；

f）招待及礼品管理办法；

g）内部举报管理制度；

h）公司销售规章制度；

i）反腐败反贿赂行为守则；

j）反贿赂行为的声明；

k）风险防控流程；

l）业务招待费和礼品赠送管理规定。